吕荧全集

译作卷／下

许振轩 编

时代出版传媒股份有限公司
安徽教育出版社

(1915—1969)

本卷说明

本卷收录吕荧先生1944年至1954年翻译出版的文学作品集，分别为《叶普盖尼·奥涅金》（普希金著，1954年人民文学出版社出版），《仲夏夜之梦》（莎士比亚著，1954年作家出版社出版）。

全集附录收于本卷卷末，收文吴腾凰与吕荧先生后人潘怡、潘悦合力考据后撰著的《吕荧年谱简编》，华东师范大学朱志荣教授的学术专研文章《论吕荧美学思想的价值》。

目录

叶甫盖尼·奥涅金

第一章　005

第二章　049

第三章　080

第四章　115

第五章　149

第六章　181

第七章　213

第八章　253

第九章　294

第十章　311

《叶甫盖尼·奥涅金》的注释　321

附录　331

普希金论《叶甫盖尼·奥涅金》　370

关于《叶甫盖尼·奥涅金》　378

校改后记 386

译序 391
剧中人物、地点 401

第一章 403
第二章 416
第三章 433
第四章 455
第五章 465

仲夏夜之梦

吕荧年谱简编 / 吴腾凰、潘怡、潘悦 483
论吕荧美学思想的价值 / 朱志荣 493

编后记 / 许振轩 509

附录

叶甫盖尼·奥涅金

普希金 著

给彼得·亚历山大罗维奇·普莱特纽夫[1]

无意娱悦上流社会,
感念着友情的关怀,
我本想能向你呈献
配得上你,
配得上满怀神圣的憧憬,
生动的明朗的诗意,
崇高的思想和真纯的,
美丽的灵魂的挚礼;
可是就是这样了——请用偏爱的手
接受这册芜杂的诗章,
它们一半可笑,一半可悲,
有些通俗,有些理想,
这是我的娱乐,
失眠,易动的灵感,
未成熟而已萎谢的年岁,
理智的冷静的观察,
和心的悲哀的记录的草率的果实。

---

[1] 普莱特纽夫(1792—1862)诗人,文学批评家,普希金的友人。

> *Pétri de vanité il avait encore plus de cette espèce d'orgueil qui fait avouer avec la même indifférence les bonnes comme les mauvaises actions, suite d'un sentiment de supériorité, peut-être imaginaire.*
>
> —*Tiré d'une lettre particulière*[1]

---

[1] 极端的自负,他而且还非常骄傲,以至于他以同样漠然的态度承认自己好的行为和坏的行为,这是由于一种或许只是自以为优越的优越感。
——录自一封私信(法文)

第一章

急于生活也忙于感受。

——甫雅柴姆斯基公爵[1]

一

"我的最讲究规矩的伯伯,
当他病得沉重起来,
就叫别人去孝敬他,
真是想得再好没有了。
他的样子旁人真该学学:
可是,我的上帝,那是多么地闷人,
白天夜里都陪病人坐着,
一步也不能够走开!

---

[1] 甫雅柴姆斯基公爵(1792—1876),普希金同时的诗人,这句诗引自他的《初雪》。

要用多么下贱的殷勤

去使半死的人开心,

要替他把枕头放放好,

要忧愁满面地送上药去,

自己只有唉声叹气地想:

什么时候鬼才把你抓走!"

二

年青的放荡的公子这样想着,

坐着驿车在尘土里飞驰,

由于宙斯[1]的至尊的意志,

他是他们这一家唯一的继承人。——

刘德密拉和鲁斯朗的朋友们[2]!

允许我不用什么序文,

马上就来给你们介绍

我的小说的主人公:

奥涅金,我的好朋友,

他生长在涅瓦河畔[3],

你们,或许,我的读者,

也在那里生长,或者是显耀过一番。

---

[1] 宙斯,希腊神话里众神的王,宇宙的主宰。
[2] 普希金第一部叙事诗《鲁斯朗和刘德密拉》里的两个主人公。鲁斯朗和刘德密拉的朋友们,即指读者们。
[3] 涅瓦河穿过彼得堡流入波罗的海,普希金在诗里常常写到"涅瓦河畔",即指彼得堡。

在那里我也曾经游玩过，

可是北方对于我很为有害〔一〕[1]。

三

他的父亲做过非常之大的官，

可是靠着借债生活，

每年要开三次跳舞会，

最后终于荡尽了家产。

命运很照顾叶甫盖尼：

起初是"马丹"抚养他，

后来代替她的又是"麦歇"[2]；

孩子很顽皮，可是很可爱。

麦歇拉拜[3]，一个法国的穷人，

为的不要累坏了孩子，

全教给他一些玩艺，

不用严正的道学来烦恼他，

对恶作剧轻微地责备几句，

还常领着他到夏园[4]里去散步。

---

[1] 当时普希金因为他的革命诗，被沙皇政府放逐到南俄比萨拉比亚的吉希纽夫，所以这么说。文中〔一〕的注文，统收在书后"《叶甫盖尼·奥涅金》的注释"中。后同。

[2] 马丹，法文，太太。麦歇，法文，先生。当时俄国贵族流行雇用法国人做保姆和家庭教师，让孩子受法文教育。

[3] 麦歇拉拜，法文，意思是神父先生。当时有些法国的教士，在法国大革命之后逃亡到俄国，做贵族的家庭教师。

[4] 夏园，彼得堡一个有名的公园。

四

当叶甫盖尼到了
心猿意马的青春,
善感和多愁的时候,
就把麦歇赶出了大门。
于是我的奥涅金自由了:
头发剪成最时髦的样式,
穿着得和伦敦的 dandy〔二〕一般——
并且最后走进了社交界。
他的法文是
完全地能说而且能写;
玛朱加舞[1]跳得灵活,
鞠躬也鞠得从容;
你们说还要怎样呢?
社交界都认为,他聪明而且很是可爱。

五

我们全都这样那样地
胡乱地读了一些什么,
这样,谢谢上帝,

---

[1] 玛朱加舞,一种波兰舞。

炫耀学识在我们一点不难。

奥涅金,按照许多人

(那些重要的严格的评判家)的意见,

是个饱学的少年,可是是个狂士。

他有幸运的才能,

会在谈话里随机应变地

什么都谈上几句,

他会带着专家的博学的神气

在重大的争论里保持缄默,

还会用意外的讽刺的警句

引起太太小姐们的微笑。

六

拉丁文现在是过时了:

是的,如果告诉你们实话,

他倒是很懂得拉丁,

像讲解讲解书前引用的格言,

谈谈犹维纳尔[1]

在信的结尾放上 vale[2]

他还记得《爱尼德》[3]里的两行诗句,

虽然不是没有一点错误。

---

[1] 犹维纳尔(约 60—140),罗马讽刺诗人。
[2] 安好。(拉丁文)
[3] 《爱尼德》,罗马诗人维尔吉里(公元前 70—公元前 19)的叙事诗,拉丁名著。

他没有兴趣去发掘

地球上的历史的

纪年的尘土：

可是过去时代的轶事，

从罗姆尔[1]直到我们现在，

他都记在自己的心里。

七

他没有为了诗文不惜生命的

那种高度的热情，

他分不清抑扬格和扬抑格[2]，

无论我们怎样地努力。

他骂荷马，骂费奥克里特[3]：

可是他读亚当·斯密斯[4]，

并且是一个深奥的经济学家，

这就是，他能够论断

国家怎样富起来的，

它靠什么而生存，

---

[1] 罗姆尔，罗马传说里的第一个君主。
[2] 抑扬格，扬抑格，这是俄国诗的两种格律。抑扬格的诗第一音节抑（轻读），第二音节扬（重读）；扬抑格的诗相反。
[3] 荷马约生活在公元前九世纪，希腊叙事诗人，名作是《伊里亚德》和《奥德赛》。费奥克里特，约生活在公元前三世纪，希腊田园诗人。
[4] 亚当·斯密斯（1723—1790），英国资本主义古典派经济学家，名作有《国富论》等。他的学说当时正在风行。

以及当它有"天然物产"的时候,

为什么它不需要黄金。

他的父亲不能够理解他,

还是老把田地拿去抵押。

八

所有的,叶甫盖尼还知道的东西,

我没有工夫一一细述了,

可是他真正的天才的所在,

他晓得的最拿手的学问,

他少年时候的

工作,苦恼,安慰,

整天地使他

念念不已的,——

那是温柔的爱情的学问;

纳梭[1]曾经歌颂过它,

他是为了它的受难者,

终结他的光辉的多难的生涯,

在摩尔达维亚,在草原的荒野,

---

[1] 纳梭(公元前43—17),罗马奥古斯特大帝时的诗人,写过很多爱情诗,名作有《爱的艺术》和《变形记》。后来被流放到黑海边上的摩尔达维亚。郁郁地死在那里。纳梭被流放,一般的说法是因为和奥古斯特的孙女尤丽亚发生恋爱,触了奥古斯特之怒。但是这个说法并不可靠,普希金在原注〔三〕里就反驳了这种说法。纳梭的流放,恋爱事件可能只是一个借口,实际上多半是因为他对奥古斯特晚年的政治措施表示不满。

远远地离开他的意大利〔三〕。

九　附录一

……………………………………
……………………………………
……………………………………
……………………………………
……………………………………

一〇

多早他就会做作了，
会隐瞒住情意，会嫉妒，
会使人不信，也会叫人相信，
会显得忧郁，憔悴，
会装得骄傲和柔顺，
亲切，或是冷淡！
他沉默了是多么惆怅，
他雄辩了是多么热烈，
在情书里又是多么的大意！
为了一个人活着，只爱一个人，
他多么的会倾心啊！
他的眼神是多么灵活和温柔，
羞怯而又大胆，并且有时候

还闪烁着顺从的眼泪!

一一

他多会玩新的花样,
他会开玩笑使天真的女郎吃惊,
用准备好的绝望来吓她,
用好听的奉承逗她欢喜,
他会抓住动情的一瞬间,
用理智和热情来征服,
天真的年岁的成见,
他会等待不由自主的爱意,
会恳求和要求爱的表白,
他会谛听心灵的初动的声音,
会猛烈地追求爱情,于是忽然地
达到了秘密的幽会……
以后就两个人面对面
他悄悄地教给她许多功课!

一二

多早他已经就会
挑动老练的风情女子的心!
当他要消灭
他的敌手的时候,

他的坏话是多么的狠毒!
他给他们安排下什么样的网罗!
可是你们,幸福的男人们,
你们仍然把他当做朋友:
喜爱他的,有狡猾的丈夫,
有福布拉斯[1]的老学生,
还有多疑的老头子,
还有总是自己满意自己,
满意自己的饭菜和妻子的,
戴绿帽子的达官贵人。

一三 一四

……………………………………
……………………………………
……………………………………
……………………………………
……………………………………

一五

通常,他还躺在床上,

---

[1] 福布拉斯,法国作家库弗莱(1760—1796)的小说《福布拉斯骑士的情史》里的主人公,一个专门引诱女子的人物。

就给他把帖子送来了。

什么？请帖？一点也不错，

一晚上有三家邀请，

这里是跳舞会，那里是孩子的节日。

我的放荡的公子到哪里去好呢？

他要从哪一家开始？全都一样：

各处都去一去并不困难。

这时候，穿着便装，

戴上宽大的"波力法尔"〔四〕，

奥涅金走到林荫路[1]上，

就在那里逍遥自在地散起步来，

直到从不休息的布莱格特[2]

告诉他到了吃饭的时候。

一六

天已经黑了：他坐上一部雪橇。

"让开，让开！"车夫喊将起来；

寒霜的粉粒[3]

使他的海狸皮领子银光闪烁。

他向着 Talon〔五〕驶去：他相信，

---

[1] 就是涅瓦大街。在当时（1820年左右），涅瓦大街中间种有许多行树木，所以也是一条林荫路。
[2] 布莱格特，表的名字。这种表上有小的闹铃，到指定的时间自己会响起来，像闹钟一样。
[3] 俄国冬天天气寒冷，呼出的暖气可以在衣领上冻结成霜。

卡维林[1]已经在那里等着他了。

他走了进去：于是软木塞子飞向天花板，

彗星酒[2]的琼浆喷了出来，

在他面前摆着血迹斑斑的 roast-beef[3]，

香菌，青春时代的奢华，

法国菜里顶上的美味，

还有斯特拉斯堡[4]的不会坏的馅饼，

在里姆堡[5]的新鲜的干酪

和金黄色的凤梨中间。

一七

他很想还要再来几杯

解解肉排的热的油腻，

可是布莱格特的响声告诉他

新的芭蕾舞已经开演了。

剧院的严格的立法人，

漂亮的女演员的

朝三暮四的崇拜者，

---

[1] 卡维林（1794—1855），普希金的友人，骠骑兵军官，十二月党人。普希金曾经写过两首给他的诗。
[2] 1811年法国南部葡萄空前丰收，做的葡萄酒特别好。刚好那一年秋天出现一个特别明亮的彗星，人们就说那年葡萄丰收是因为这个彗星；普希金时代最好的酒就被称为彗星酒。
[3] 烤牛肉。（英文）
[4] 斯特拉斯堡，法国的城市，用鹅肝做的馅饼极为著名。
[5] 里姆堡，比利时的城市，以出产干酪著名。

后台的贵宾,

奥涅金向剧院飞驰去了,

在那里,每一个人都自由自在的,

准备打打 entrechat[1] 的拍子,

嘘嘘菲德拉[2],克里奥巴特拉[3],

喊喊玛伊娜[4],

为的是要人们听到他的声音。

一八

迷人的地方啊!在那里在往年,

勇敢的讽刺大师,

自由的友人,冯维逊[5]放过光辉,

还有那位善于模仿的克雅希宁[6],

在那里奥柴罗夫[7],

和年青的赛苗诺娃[8]

---

[1] 舞蹈中的跳跃。(法文)
[2] 菲德拉,希腊神话里克里特岛国王米诺斯的女儿。歌舞剧里常用她做女主人公。
[3] 克里奥巴特拉(公元前69—公元前30),埃及女王,也是歌舞剧里常用的女主人公。
[4] 玛伊娜,奥柴罗夫所作的悲剧《芬加尔》里的女主人公。1820年左右常演这个剧。
[5] 冯维逊(1745—1792),俄国喜剧作家,名作有《旅长》和《未成年者》,都是写实的作品。
[6] 克雅希宁(1742—1791),俄国悲剧作家,他的作品多半模仿西欧的剧作。
[7] 奥柴罗夫(1770—1816),俄国悲剧作家,多写保守的爱国主义和感伤主义的作品,在当时获得很大的成功。
[8] 赛苗诺娃(1786—1849),著名的悲剧演员,原来是一个农奴的女儿。普希金非常赞美她的艺术天才。

分享人们不由自主的流泪的鼓掌；

在那里我们的卡杰宁[1]

复活了高乃伊[2]的辉煌的天才；

在那里尖刻的夏霍夫斯科伊[3]

演出了他的那些热闹的喜剧，

在那里吉德罗[4]也得到了光荣，

在那里，在那里，在后台的天幕底下

我的年青的日子飞逝了过去。

一九

我的女神们！你们怎样了？你们在哪里？

听听我的悲哀的声音吧：

你们还是那样吗？别的女郎们，

轮着班了，不代替了你们？

我会重新听到你们的合唱？

我会再看到十足的

俄国的黛尔勃西荷拉[5]风味的飞舞？

还是在闷人的舞台上

---

[1] 卡杰宁（1792—1853），俄国诗人，戏剧家，十二月党人，曾经译过不少西欧的戏剧作品。
[2] 高乃伊（1606—1684），法国古典主义悲剧作家。
[3] 夏霍夫斯科伊（1777—1846），俄国喜剧作家，写了很多的喜剧。
[4] 吉德罗（1767—1837），著名的芭蕾舞导演，曾经把普希金的《高加索的俘虏》和《鲁斯朗和刘德密拉》改编成歌舞剧。
[5] 黛尔勃西荷拉，希腊神话里的舞蹈女神。

惆怅的视线再也找不到熟识的面孔,

于是,拿着失望的观剧镜

面对着陌生的世界,

我这欢乐的冷淡的看客,

只有默默地打呵欠

并且追怀过去的回忆?

二〇

剧院已经满座了;包厢灿亮;

正厅和前厅,全都鼎沸着;

楼座上不耐烦地鼓着掌,

于是,帷幕发出响声,飘升上去了。

光华灿烂地,飘飘欲仙地,

配合着迷人的弦乐,

围绕着一群仙女,

伊斯妥密娜[1]站在那里;

她用一只脚脚尖点着地板,

另一只脚慢慢地划着圆弧,

忽然地纵身跳跃,忽然地飘飘飞舞,

飞舞的时候,好像是爱奥尔[2]吹送的羽毛;

她的身体一会儿蜷缩,一会儿伸张,

---

[1] 伊斯妥密娜(1799—1848),著名的舞蹈家,她表演吉德罗的歌舞剧非常成功,曾经演过《高加索的俘虏》里的女主角。
[2] 爱奥尔,希腊神话里的风神。

并且迅速地用小脚互相拍击。

二一

全鼓起掌来。奥涅金走了进来，
他从人膝中挤进前厅，
用双筒的观剧镜
横扫过不认识的太太小姐们的包厢；
一眼瞥过所有的各层座位，
全都看见了：那些脸孔，那些打扮，
都使他非常的不满；
同四面八方的男子招呼过了，
然后十分冷漠地
向舞台上看了一眼，
他转过身子——就打了一个呵欠。
并且说道："全都到了换换的时候；
这些芭蕾舞我忍受得够久了，
就是吉德罗我也厌倦了。"〔六〕

二二

那些爱神，魔鬼，恶龙[1]，
还在舞台上跳跃和嚷闹；

---

[1] 当时流行以古代神话做题材的歌舞剧，所以有这些神怪出场。

那些疲倦了的仆人

还在门厅里在皮大氅上面睡觉；

人们还在不停地跺脚，

擤鼻涕，咳嗽，发嘘声，鼓掌；

里里外外

还是到处照耀着灯火；

那些冻僵了的马，讨厌它们的马具，

还在挣扎着，

那些马车夫，还围住火，

詈骂着老爷们并且拍打着手[1]：

可是奥涅金这时候已经走出去了，

他坐车回家去装扮自己。

二三

我要不要用一幅真实的图画

描写一下那间清静的房间，

这位模范的时髦的学生

在那里穿衣，脱衣，重又穿衣的地方？

所有那些迎合各色各样奇怪的想望，

伦敦的杂货商人经营的，

经过波罗的海的波涛

运到我们这里交换木材和油脂的东西，

---

[1] 俄国人在冬天冷的时候常反复地拍手，借此取暖。

所有那些在巴黎狂热地风行,

赚钱的企业选上它,

为了消遣,为了奢华,

为了时髦的享乐设计出来的东西,——

这一切装饰着

这个十八岁的哲学家的房间。

二四

这里有皇堡[1]的琥珀的烟斗,

瓷器和古铜的摆设,

还有,娇养的感官喜欢的,

装在磨花的水晶瓶里的香水;

这里有小梳子,钢的小锉子,

直的剪刀,弯的剪刀,

还有三十种不同的刷子,

也有刷指甲的,也有刷牙齿的。

卢梭[2](我顺便说一句)

不能够明白,怎么庄严的格里姆[3]

敢在他的面前清理指甲,

---

[1] 皇堡,君士坦丁堡的古名。
[2] 卢梭(1712—1778),法国作家,民主主义者,曾作《社会契约论》。主张"人是生而自由的",拥护人民的权利,反对君主专制,所以普希金称他"自由和权利的辩护者"。
[3] 格里姆(1723—1807),男爵,德国作家、政论家、外交家,出仕法国,曾经参加法国《百科全书》的编辑工作。

在善辩的狂人面前〔七〕。
自由和权利的辩护者
在这件事上一点也不公道。

二五

就是一个有道理的人,
也要想到指甲的美观;
为什么徒劳无功地来和时代吵嘴?
风俗在人们中间就是专制的君王。
我的叶甫盖尼,第二个卡达叶夫[1],
害怕那些嫉妒的指责,
在自己的穿着上是个讲究的人,
也就是我们所叫做的花花公子。
在各种镜子前面,至少,
他要花上三个钟头,
于是仿佛是飘飘的维纳拉[2]
从化妆室里走了出来,
仿佛是女神穿上了男子的服装,
去赴化妆跳舞会一样。

---

[1] 卡达叶夫,即卡阿达叶夫(1794—1856),普希金的好友,思想前进的哲学家,作有《哲学书信集》,对普希金的思想影响很大。他对于服装非常讲究。
[2] 维纳拉,古意大利神话里美和爱的女神。

二六

我们的好奇的视线，
已经看过了最时式的化妆，
我很想能在博学的社会面前
在这里描写一下他的服装；
自然这是大胆的，
虽说描写本是我的事情；
可是"西装裤""燕尾服""坎肩"，
这些名字俄文里面全都没有[1]；
并且我知道，真对不起你们，
就是这样，我的拙劣的诗文里
已经不能不夹杂了
许许多多外国文，
虽然在早先
我也查过那部《大学辞典》〔八〕。

二七

我们现在说的不是本题：
最好我们还是赶快来看舞会，

---

[1] 从彼得大帝时代起，俄国人才穿西装，所以这些名字都是外国字，《俄国大学辞典》(1789—1794年间出版)里也没有这一类的名词。

我的奥涅金坐上出租的马车
已经向着那里驰去。
在薄暗的房屋前面，
沿着入睡的街道，
一排排马车的双灯，
放出欢乐的光辉，
在雪上映成条条的彩虹；
四处罗布着灯盏，
壮丽的府邸辉煌灿烂；
沿着高大的窗户人影走动着，
时时闪过头的侧影，
有女子也有时髦的怪物。

二八

这时我们的主人公到了门口，
走过门房的身旁
箭一样飞上大理石的台阶，
他用手掠一下头发，
走了进去。大厅里满都是人，
音乐已经轰鸣得疲倦了，
人群跳着玛朱加舞，
四处都是喧哗和拥挤，
近卫军骑兵军官的马刺锵锵地响着，
可爱的太太小姐们的小脚飞舞着。

随着她们的迷人的足迹,

飞射着火热的视线,

而提琴的呼号的声音

压倒了时髦的妻子的嫉妒的低语。

二九

在欢乐和希望的日子里

我曾经迷恋过舞会:

对求爱和传递信件

没有比这更可靠的地方。

你们啊,可敬的丈夫们!

我要向你们贡献我的忠告,

请留心我的话:

我要预先警告你们。

你们,妈妈们,也是一样,更加小心地

紧紧看定你们的女儿:

拿好自己的观剧眼镜!

如果不这样……不这样,上帝啊!

我之所以写下这些,

是因为我已经许久不犯这种罪过了。

三〇

唉,在各种各样的娱乐上,

我消耗了多少生命!

如果不是因为伤风败俗,

我到今天还是爱着舞会。

我爱热烈的青春,

人群,华丽,快乐,

和女子的别出心裁的服装;

我爱她们的小脚,

在整个的俄国你真难找出

三双好看的女子的脚来。

啊!许久我都不能忘记

那两只小脚……我悲哀,冷淡,

可是总是记得它们,

在梦里它们也来扰乱我的心。

三一

在什么时候,和什么地方,在什么样的荒野里,

疯子,你才会忘记它们?

啊,小脚,小脚!现在你们在什么地方?

在哪里踏着春天的花?

在东方[1]的娇养中长大,

在北方的凄凉的雪上

你们没有留下踪迹:

---

[1] 指东欧,即高加索,克里米一带。

你们爱好接触

豪华的柔软的毡毯。

那才有多久,为了你们我忘记了

对名誉和赞扬的渴望,

还有故乡,还有流放?

青春时代的幸福消逝了,

好像你们在草地上轻微的足迹一样。

三二

狄亚娜[1]的胸,费罗拉[2]的颊,

都是绝美的,亲爱的朋友们!

然而黛尔勃西荷拉的小脚

在我比什么都要更美。

它对眼睛预言着

无价的报酬,

以有限条件的美

引起无尽的种种想望。

我爱它,我的朋友爱尔维娜[3],

无论它在长桌布的下面,

春天在草地的草上,

冬天在火炉的铁上,

---

[1] 狄亚娜,罗马神话里月的女神。
[2] 费罗拉,罗马神话里花的女神。
[3] 爱尔维娜,在十八世纪末十九世纪初俄国诗人的作品里常用的一个女子的名字。

在大厅的镜子似的嵌花地板上,

还是在海边在花岗岩上。

三三

我记得在暴风雨之前的海:

我多么嫉妒那些波浪,

它们更番地汹涌奔流

带着爱拥向她的脚下!

那时我多么想望和波浪一起

用嘴唇去接触那双可爱的小脚[1]!

不,在我的狂热的青春的

火热的日子中间,

我从来没有带着这样的痛苦

想望去吻那些年青的阿尔密达[2]的唇,

或是玫瑰色的火红的颊,

或是充满幽怨的胸。

不,热情的冲动从来没有

这样的苦恼过我的灵魂!

---

[1] 玛丽亚·伏尔康斯卡亚(1805—1863),拉叶夫斯基将军的女儿,后来和十二月党人伏尔康斯基公爵结婚。1825年起义失败之后,她自愿到严寒的西伯利亚去陪伴流放到那里做苦工的丈夫。她后来写了一本《札记》,里面说到普希金这几句诗写的是她年青的时候在克里米海边的情形。
[2] 阿尔密达,意大利诗人塔梭的《解放的耶路撒冷》里一个美丽的回教女郎,她爱上十字军的武士里纳尔多,把他带到遥远的海岛上,后来又扔下他逃走了。这里比喻那些轻浮放荡的女子。

三四

我记得另外一个时候!

有一回在思恋的想望里

我抓住幸运的足镫……

感觉到小脚在我的手里;

想象重新沸腾起来,

它的接触重新

在枯萎的心里燃烧起了血流,

重新是痛苦,重新是爱!……

但是用我的饶舌的竖琴

把那些骄傲的赞美够了。

她们既不值得热爱,

也不值得歌唱,为她们而动灵感:

那些迷人精的话和眼睛都是骗人的……

好像她们的小脚一样。

三五

我的奥涅金怎样了?昏昏沉沉的

他从跳舞会上了床铺:

而扰攘的彼得堡

已经被鼓声所唤醒。

商人起身了,叫卖的小贩行走着,

马车夫踱向停车场，

奥赫达区的女孩子[1]带着牛奶瓶奔走，

早晨的雪在她脚下沙沙作响。

早晨的愉快的喧哗睡醒了，

百叶窗都打开了；烟囱里的烟

像淡蓝色的柱子向上升起，

那做面包的，准时的德国人，

戴着白布的帽子，

已经不止一次地打开他的"便窗"[2]。

三六

可是，被舞会的喧哗弄疲倦了的，

娱乐和奢华的孩子，

还把早晨当做半夜

安静地睡在幸福的影子里面。

下午醒来了，于是到第二天早晨

重又过那安排定了的生活，

单调而又花样百出，

明天又是如此，还和昨天一样。

但是我的叶甫盖尼是不是幸福，

自由自在，在最好的青春的年岁，

---

[1] 奥赫达，彼得堡近郊的一区，这里指送牛奶的女孩子。
[2] "便窗"，当时面包店都从小窗子里卖面包。

在光辉的胜利里面,

在日常的享乐里面?

尽管他在宴会上不知道保重,

他不是还健康吗?

三七

不,情感早已在他心里冷却了,

社交界的骚扰使他厌烦,

美人做他心思的对象

这个时期并不长久,

多次的变心使他疲劳,

朋友和友谊也使他厌倦,

因为,不能够总是

Beef-steaks[1]和斯特拉斯堡馅饼

灌成瓶的香槟酒

倾吐尖刻的语言,

当头痛起来的时候;

虽然他是一个性如烈火的浪子,

可是终于他也不再喜爱

争斗,刀剑和枪弹。

---

[1] 牛排。(英文)

三八

这种病症,早就到了
寻找它的原因的时候,
类似英国的"脾气郁结症",
简短点:俄国的"忧郁病"
渐渐地缠上了他;
他对自杀,谢谢上帝,
没有想去尝试;
可是对生活完全冷淡了。
他像 Child-Harold[1] 一样,
阴沉地,忧郁地在客厅里面出现;
不论是社交界的流言,或是波士顿牌,
不论是亲爱的顾盼,或是深情的叹息,
什么都不能打动他,
他对什么都不留意。

三九 四〇 四一

....
....

---

[1] 卡尔德·哈罗德,英国诗人拜伦的叙事诗《卡尔德·哈罗德》里的主人公,是一个愤世的阴郁的青年。

四二

上流社会的女怪啊!
他首先舍弃了你们;
那也是真的,在我们这个时代
高尚的谈吐真够叫人气闷;
虽然,或许,也有些女子
谈谈沙伊和班达姆[1],
但是一般的她们的谈话令人难以忍受,
虽说只是一些天真的胡话;
同时她们是这样的纯洁,
这样的庄严,这样的智慧,
这样的满怀虔信,
这样的谨慎,这样的正派,
对男子们是这样的不可亲近,
她们的样子就能引起你的"忧郁病"来〔九〕。

---

[1] 沙伊(1767—1832),法国资产阶级自由主义的政治经济学家。班达姆(1748—1832),英国资产阶级法学家。他们的著作在当时俄国思想进步的人士中很流行。

四三

还有你们,年青的美人们,

时常在夜深

飞快的马车载着你们

在彼得堡的马路上急驶,

我的叶甫盖尼也抛弃了你们。

狂欢的享乐的舍弃者,

奥涅金把自己关在家里,

打着呵欠,拿起笔来,

他想要写作,——可是

艰难的工作使他厌烦;

他的笔下什么也写不出来,

所以他也没有加入这种人的扰攘的行会,

关于这种人我不想来评判,

因为,我自己也属于他们的一群。

四四

于是重新,这个无事可做的人,

苦恼着灵魂的空虚,

他带着值得赞美的目的坐下来

讨学别人的智慧;

他把书成排地摆上书架,

读来，读去，可是全都毫无道理：
这里是无聊，那里是骗人或是胡说；
在这里不讲良心，在那里没有意思；
全都有各种不同的镣铐。
旧的陈腐了，
新的也模仿旧的。
像舍弃女人一样，他丢开了书，
把书架子，连满是灰尘的书的家族，
都用黑色的绸子蒙了起来。

四五

摆脱了社交界里的重负，
和他一样，抛弃了空虚的浮华，
在那时候我和他做了朋友。
我喜欢他的特点，
自然而然地爱好幻想，
学也学不来的古怪，
还有锐利的，冷静的理智。
我是愤慨的，他是阴郁的；
我们两个人都知道爱情的把戏，
生活都使我们两个人苦恼，
在我们的心里热火都熄灭了，

盲目的福尔杜娜[1]和人们的恶意
在等待着我们，
正当着我们的年岁的初晨。

四六

谁生活过而且思想过，
谁就不能不在心里轻蔑人们；
谁动过情感，
不再复返的日子的幻影就扰乱谁，
他已经没有了迷恋，
可是记忆的蛇，
悔恨咬啮着他。
这一切常常地
大大增加谈话的趣味。
起初奥涅金的唇舌使我困窘，
可是不久我就习惯了
他的讥讽的议论，
半带辛辣的笑话，
以及那些恶毒的阴郁的警句。

四七

常常在夏天的时候，

---

[1] 福尔杜娜，罗马神话里的幸运女神。

当涅瓦河上夜晚的天空

透明而又光亮〔十〕,

当河水的欢乐的镜子

没有映着狄亚娜的容光[1],

回忆起往日的艳事,

回忆起过去的爱情,

重新又是伤感,阔淡,

我们默默地沉醉着

轻柔的夜的呼吸!

仿佛是睡梦中的囚徒

从监狱里被带进绿色的森林,

我们这样的借着幻想

驰向青春生活的初年。

四八

带着充满惆怅的心灵,

靠着花岗石的河堤,

叶甫盖尼沉思地站着,

像诗人描写的他自己一样〔十一〕。

一切都是静寂的,

只有夜晚的哨岗彼此的呼应;

---

[1] 狄亚娜是罗马神话里的月亮女神,这里指月亮。彼得堡在五月的时候,因为北极光的照耀,夜晚就是没有月亮也是"透明而又光亮"的,所以有"白夜"之称。

还有忽然从密尔翁那亚街传来

马车的远远的声音；

只有一叶小艇，打着桨，

在微微睡去的河上荡漾；

远处的角笛和雄壮的歌声

使我们迷惘……

可是更美妙的，在夜晚的娱乐里面，

是陀尔卡多[1]的八行诗的旋律！

四九

亚得利亚海的波涛，

布兰塔河[2]啊！不，我要去看看你，

并且，重新充满灵感，

我要听听你的迷人的声音![3]

对于阿波罗[4]的子孙它是神圣的；

从阿尔比翁[5]的高傲的竖琴

我认识了它，我亲切地爱它。

在意大利的黄金的夜晚，

我要自由自在地享受欢乐，

和一会儿滔滔不绝，一会儿沉默无言的

---

[1] 陀尔卡多·塔梭（1544—1595），意大利诗人。
[2] 布兰塔河，意大利的一条河，流入亚得利亚海。
[3] 普希金当时想离开专制反动的俄国，到外国去，意大利是他想去的地方之一。
[4] 希腊神话里的太阳神，也是音乐和诗的神。
[5] 英国的古名。"阿尔比翁的高傲的竖琴"指拜伦的诗。

年青的威尼斯女郎，

在神秘的游艇里荡漾；

和她们在一起，我的唇舌也会发现

彼特拉克[1]的和爱的语言。

五〇

我的自由的时候要来了吧？

应该来了，应该来了！——我呼唤着它。

我在海滨徘徊〔十二〕，

等待天时，招呼船帆。

在大风暴里，和波浪搏斗，

在大海的自由的路上

什么时候我才开始自由地奔驰？

是时候了，离开这对我有敌意的元素[2]的

困人的岩岸，

并且在南方的波涛中间，

在我的阿非利加的天空底下〔十三〕，

怀念阴霾的俄国，

在那里我痛苦过，在那里我爱过，

在那里我埋葬了心。

---

[1] 彼特拉克（1304—1374），意大利文艺复兴的先驱者，诗人，曾经写过爱情诗歌唱一个叫做罗拉的女子。

[2] 古代希腊唯物论哲学家认为水是构成世界的元素之一，所以普希金称水为"元素"，这里就是指黑海。普希金当时流放在黑海边上的奥德萨，受到伏隆曹夫伯爵的迫害，急切希望能够离开俄国。

五一

奥涅金本来准备和我一起
去看看外国的地方,
可是很快
我们就被命运长期分离开了。
他的父亲那时候去世了。
在奥涅金前面
聚会了一大群贪婪的债主。
各人都有自己的想法和意见:
叶甫盖尼厌恶打官司,
他满足自己的运命,
就把遗产交给了他们,
也不顾这有多大的损失,
或者他预先就料到了
远方的年老的伯父的逝世。

五二

忽然他确确实实地接到
管家送来的报告,
说是伯父病在床上临死了
想和他见最后的一面。
读了这封悲伤的书信,

叶甫盖尼立刻就

急忙坐上驿车赶去会面,

并且预先已经打起了呵欠,

当他准备为了钱的缘故,

去叹气,烦闷和装样

(也就是从这里我开始了我的小说)。

可是,飞驰到伯父的乡村之后,

发现他已经躺在桌子上面[1],

成了准备献给大地的供奉了。

五三

他发现满院子都是帮忙的人:

从四面八方来吊死人的

有仇人也有朋友,

热心丧事的人都聚会到了一起。

死人埋葬了。

神甫和客人吃了,喝了,

然后就郑重地分了手,

仿佛做了一件什么大事。

现在我们的奥涅金成了乡村里的人了,

那些工场,河流,森林,田地的

完完全全的主人,而在这之前

---

[1] 俄国风俗,死人在安葬之前,停尸在桌子上。

他是一个规律的对头和挥霍的角色，

并且他很高兴，

先前的道路多少有了改变。

五四

寂寥的田野，

阴暗的树林的阴凉，

静静的小河的低语，

头两天他还觉得新鲜；

到第三天，树丛，小丘和田野，

都不再使他发生兴趣了；

后来竟使他瞌睡起来；

后来他清楚地看到了，

在乡村里也是一样的气闷，

虽然这里没有大街，没有府邸，

没有纸牌，没有舞会，没有诗文。

忧郁病像看守似的等待着他，

并且紧紧地跟在他的后面，

好像影子或是忠实的妻子一样。

五五

我生来爱好平静的生活，

爱好乡村的静寂。

在乡野里竖琴的声音更加响亮,
创作的幻想也更生动。
意在清静的闲散,
我在荒芜的湖边游荡,
而 far niente[1] 就是我的法律。
我每天早晨醒来
为的是舒适的安逸和自由:
读得少,睡得长,
不去追求飘浮的名利。
在过去的那些年里我不是这样,
在无所事事里面,在阴影里面,
度过了我的最幸福的日子。

五六

花,爱,乡村,闲散,田野!
我衷心地爱好你们。
一向我总想能来谈谈
奥涅金和我的差别,
让好嘲笑人的读者
或者是这样那样的
巧妙的鬼话制造家,
在这里看看我的特点,

---

[1] 无为。(意大利文)

以后不要胡乱地再说,

我涂写的是自己的肖像,

好像拜伦,那高傲的诗人一样,

仿佛我们就没有可能

写关于别人的诗,

而写的一定就是自己。

五七

顺便我说一句:所有的诗人——

都是幻想的爱情的友人。

常常,我梦见一些可爱的人物,

于是我的心灵上

深深印下了她们的神秘的形象。

以后缪斯[1]就复活了她们:

这样,淡漠的我,

就歌唱了山中的女郎[2],我的理想,

还有沙吉尔河畔的女囚[3]。

现在从你们那里,我的朋友们,

我时常听见这个问题:

"你的竖琴思恋的是谁?

---

[1] 缪斯,希腊神话里的文艺女神。
[2] "山中的女郎"指普希金在1820到1821年间写的《高加索的俘虏》里的车尔克斯女郎。
[3] "沙吉尔河畔的女囚"指普希金在1822年写的《巴赫齐沙拉伊泉水》里的玛丽亚和沙莱玛。

对谁,在嫉妒的女郎的群里,
你将音律呈献给她?

五八

谁的顾盼,激动你的灵感,
用甜蜜的爱抚
报答你的忧郁的歌声?
谁是你的诗文崇拜的人?"
然而,朋友们,谁也不是,实实在在的!
爱情的疯狂的骚扰
我悲戚地经验过了。
幸福的是,谁把诗的热情
和它结合在一起,
他就可以增加诗的神圣的狂热,
步着彼特拉克的后尘[1]。
平静下心里的痛苦,
同时把荣誉也弄到了手里;
可是我,我爱过,那时候愚蠢而且沉默。

五九

爱情过去了,缪斯来临了,

---

[1] 彼特拉克所歌唱的罗拉,相传是一个意大利的女郎,她早就和人结婚了,彼特拉克说他是第一个爱她的,写了许多诗赞美她。

糊涂的智慧也清楚起来。

自由自在了，就重新寻求

迷人的声音，情感和思想的结合。

我写着，心里没有一点思恋，

笔，当出神的时候，

也不在没有完的诗句旁边，

画女子的小脚，或者是头[1]。

熄灭的灰烬已经不再燃烧，

我全心悲伤。可是已经没有了眼泪，

并且很快地，很快地

在我心灵里风暴的余波就要完全平息。

到那时候我就要开始

写一部二十五章的诗篇。

六〇

我已经想过了情节的样子，

以及怎样称呼我的主人公；

在这里我结束了

我的小说的第一章，

全部严格地重看了一遍；

矛盾的地方还有许多，

可是不想改正它们了；

---

[1] 普希金常在他的诗稿上画一些人像或是别的图画。

我要向检查官还我的债,
并且把我的劳作的果实
交给评论家们去宰割;
到涅瓦河畔去吧,
新生的作品,
你要给我应得的光荣——
曲解,喧哗和詈骂!〔十四〕

第二章

啊乡村!

——贺拉斯[1]

啊罗斯[2]

一

叶甫盖尼在那里觉得气闷的乡村,

是一处美丽的地方;

在那里,享受天然乐趣的朋友

一定会赞美上天。

单独一座地主的宅第,

有山岭可以挡风

临着一条小河。远远的

迎面是色彩斑斓的

牧场和金黄的麦田,

---

[1] 原文为拉丁文:O rus! ——Hor.
  贺拉斯(公元前65—公元前8),罗马诗人。
[2] 罗斯,俄罗斯的古名。这两句引诗读音相同,含意很深。

村庄隐约可见；

这里那里一群群牛羊在牧场上游荡，

巨大的，荒芜的花园，

沉思的德里亚德[1]安身的地方，

密布着苍郁的浓荫。

二

尊贵的府第建筑得

像一般的府第应该的那样：

出色的坚固和舒适，

完全按着聪明的古时候的式样。

到处都是高大的房屋，

客厅里糊着绢的壁纸，

墙上挂着沙皇的肖像，

还有彩色炼砖砌成的壁炉。

这一切现在都过时了，

我也不知道为什么这是对的。

不过我的那位朋友觉得

这并没有什么多大要紧，

因为，在时髦的和古老的大厅里

他都一样地要打呵欠。

---

[1] 德里亚德，西欧古典神话里的森林女神。

三

他在这所房屋里住下来了,
在这里,那个乡下的土老儿
曾经有四十年的光景,和女管家吵吵架,
靠着窗子看看,打打苍蝇。
一切都很简单:橡木的地板,
两个柜子,一张桌子,一张羽毛沙发,
无论哪里都没有一个墨水点子。
奥涅金打开柜子,
在一个里面找到了开支的账簿,
在另一个里面是整排的果子酒,
许多坛苹果露,
还有一八〇八年的历书:
这个老头子有许许多多事情,
别的书他从来没有看过。

四

一个人住在自己的领地中间,
只是为了消磨消磨时间。
我们的叶甫盖尼首先想起了
创立一种新的制度。
这位隐居的贤人在自己的偏僻的乡下

用轻的地租来代替

古来的徭役的重负[1];

奴隶们于是都赞颂命运的保佑。

他的精于算盘的邻人,

看到这有可怕的损失,

因此在自己的角落里愤懑起来;

另外的一个奸滑地笑了一笑,

于是众口同声地这样决定了,

他是一个最危险的怪物。

五

起初全都坐车拜访他,

可是因为他总是

只要听到了

顺着大路跑来的是他们的乡下马车,

就叫从后门的门口

把顿河的母马给他牵来[2]。

受了这样的行为的侮辱,

---

[1] 俄国农奴制度当时有两种形式。一种是徭役,就是农奴以力役贡奉地主,代耕地主的土地,常常整个星期都要在地主的田上工作,这是古代传下来的制度。另外一种是地租,就是农奴向地主缴纳免役税而不代耕,农奴的负担要轻一些,也自由一些。这是农奴制度衰落时期徭役制不能维持的时候施行的制度。当时思想进步的十二月党人有的就在自己的领地上实行地租制,给农奴以初步的自由,但是遭到守旧的贵族地主猛烈的反对。
[2] 这就是说,他故意跑出去,不接待他们。

全都和他断绝了友谊。

"我们的邻居是个无知之徒,是个狂人;

他是个共衣会会员[1];

他只喝一杯杯的红酒[2];

他不走到女太太们跟前去吻她们的手;

总是'是'和'不是';而不说'是,阁下'

或是'不是,阁下'。"

一般的论调都是如此。

六

一个新地主就在这个时候

驰骋到了自己的乡村,

他在邻居中间

也引起了同样严格的批评。

他的名字叫做乌拉吉米尔·连斯基,

十足的哥廷根[3]的神气,

一个美男子,在盛放的华年,

一个康德[4]的崇拜者又是一个诗人。

---

[1] "共济会会员"的音误。共济会是一种宗教的秘密组织,以互助友爱为宗旨。原来发生在西欧,十八世纪中传入俄国,许多十二月党人都加入过这个组织,宣传反对沙皇专制政府的思想。当时在那些地主们看来,共济会会员就是革命党、无神论者、危险人物。后来沙皇亚历山大一世在1821年下令查禁共济会组织。
[2] 指法国的葡萄酒,他们乡下喝果子酒或白酒,都成瓶一气喝下。
[3] 指德国著名的哥廷根大学,当时很多俄国贵族子弟都到那里去读书。
[4] 康德(1724—1804),德国哲学家。

他从雾气沉沉的德国
带来了学问的果实:
爱好自由的幻想,
热烈而且足够奇怪的性情,
总是热情洋溢地说话,
黑色的鬈发一直垂到双肩。

七

还没有被社会上的
冷酷的淫乱所残伤,
他的灵魂
被朋友的情意和女郎的爱抚温暖着;
他的良善的心地是纯真的,
希望怀抱着他,
并且世界的新的繁华的声色
又俘虏了年青的理智。
他用美好的幻想
来排解自己心里的疑惑;
我们的生活目的对于他
是一个富于诱惑性的不可解的谜,
他茫然地苦苦思索着它
并且揣想种种的奇迹。

八

他相信,有一个亲爱的灵魂

应该要和他结合,

他相信,她在郁郁不乐地叹息,

天天都在等待着他;

他相信,朋友们都准备着

为了他的名誉去受镣铐,

他们会毫不踌躇地

去打破毁谤者的头颅;

他相信有一些命运所选择的

人类的神圣的友人;

他们这个永生的家族

总有一个时候,会以无比灿烂的光明,

照耀着我们

并且给与世界以幸福。

九

愤慨,怅恨,

对于善美的纯真的爱,

还有荣誉的甘甜的痛苦,

这些早就激动了他的血流。

他带着竖琴在世界上漫游过;

在席勒和歌德的天空底下[1],

他们的诗的火花

燃烧起了他的灵魂;

并且这个幸运的人,他没有辱没了

崇高的缪斯们的艺术[2]:

他在诗歌里总是骄傲地保存着

崇高的情感,

童贞的幻想的冲动,

以及庄严的质朴的美。

一〇　附录二

他歌唱爱,这个爱情的忠仆,

他的歌是明朗的,

好像是处女的纯真的思想,

好像是孩子的梦,

好像是澄静的天空里的月亮,

那个爱情的秘密和思恋的女神;

他歌唱别离和悲伤,

还歌唱"某些什么"[3],"烟雾朦胧的远方"[4]

---

[1] 指德国。席勒(1759—1805),歌德(1749—1832),都是德国诗人。
[2] 指诗。
[3] 十二月党诗人丘赫尔贝克尔(1797—1846)讽刺当时的哀歌,说是在它们里面经常看到的"只是……'某些什么'和'什么什么'"。
[4] 这是当时浪漫主义诗人在诗里常常歌唱的。

和浪漫的玫瑰[1]；

他歌唱那个遥远的国土，

在那里，长期地在静寂的怀抱里

他曾经倾流过热泪，

差不多在十八岁的年纪

他就歌唱过褪色的生命的花朵。

一一

在这偏僻的乡下，只有叶甫盖尼一个人

能够赏识他的才华，

他不喜欢邻居村庄上

那些绅士们的宴会；

他逃避他们的嘈杂的谈天，

他们的高明的谈话总是

谈割草，谈酒，

谈猎狗，谈自己的亲戚，

当然，这既没有情感，

也没有诗的火花，

也没有机巧，也没有智慧，

也没有社交的艺术；

可是他们的娇妻的谈话

比较起来还要更不聪明。

---

[1] 当时浪漫主义者好用玫瑰做比喻，所以称之为"浪漫的玫瑰"。

一二

又有钱,又漂亮,
连斯基到处都被当做未婚夫看待。
乡村里的习俗就是如此,
全把自己的女儿预先许给了
这位"半俄国的邻人"。
他一走进来,立刻他们的谈天
就把话头引到了
独身生活的闷人。
他们招呼这位邻人坐到茶炊旁边去,
而杜娘[1]就来倒茶了,
于是对她悄悄地说:"杜娘,注意呀!"
以后就拿来了六弦琴,
她就尖声地叫了起来(我的上帝!):
"到我的幸福的闺房里来呀!……"〔十五〕

一三

可是连斯基,自然,
并不想受结婚的束缚,
他衷心地希望和奥涅金

---

[1] 这里是泛举的一个女孩子的名字。

做更亲密的朋友。
他们结交起来了。波浪和岩石，
诗和散文，冰和火，
都不像他们这样的不同。
起初因为互相合不来，
他们彼此都感到乏味；
后来喜欢起来了；
后来天天骑着马会面，
并且很快变得分离不开了。
人们就像这样的（我第一个要来承认）
由于"无事可做"于是做了朋友。

一四

可是连这样的友谊在我们中间都还没有。
消除了一切的偏见，
我们认为所有的人都是零，
而只有一个人——这就是自己。
我们全都仿效拿破仑：
千千万万的两只脚的畜生
对于我们只是一种工具，
感情在我们看来野蛮而又可笑。
叶甫盖尼比许多人都更宽厚：
虽然他是，当然，知道人们的
并且一般的轻视他们，

但是（没有一种法则没有例外）
他把有些人看得很不一样，
虽然没有感情而很尊重感情。

一五

他带着微笑听着连斯基。
诗人的热烈的谈话，
那些还在动摇中的思想，
还有那永远总是激动的目光，
对于奥涅金这一切都是新鲜的；
他竭力地把冷言冷语
压在自己的嘴里，
并且想道：这是愚蠢的，
我来搅扰他的短暂的幸福；
就是没有我那个时候也会到来的，
让他现在生活着，
并且相信世界的美满吧；
我们原谅这种青春时代的狂热，
年青的热情和年青的胡话。

一六

他们之间老是发生争论
并且引起他们思考：

过去的人类的契约[1],

科学的成果,善与恶,

还有那些自古以来的成见,

还有坟墓的命定的秘密,

接着就是命运和生命,

一切都受到他们的评判。

诗人议论得兴奋起来,

忘形了,这时候

就念上几段北国的诗章[2],

而谦逊的叶甫盖尼,

虽然不大了解它们,

也聚精会神地倾听着这个青年。

一七 附录三

不过我们这两个隐士的思想

更常常用在爱情上面。

脱离了爱情的暴乱的统治,

奥涅金谈到它,

带着不由自主的惆怅的叹息;

幸福的是,谁明白它的激动

并且最后离开了它;

---

[1] 指政治制度,这个用语出自法国作家卢梭的《社会契约论》,这本书对当时俄国进步人物影响很大,普希金很早就读过这本书。
[2] 即指俄国的诗作。

不过更幸福的是，谁根本就不知道它，
他借别离来冷淡爱情，
借咒骂来发泄仇恨；
有时跟朋友跟妻子打打呵欠，
不受嫉妒的痛苦的骚扰，
也不把祖先的靠得住的资本，
信托给那靠不住的纸牌。

一八

当我们跑到了
聪明的平静的旗帜下面，
当爱情的火焰熄灭了的时候，
于是它的任性，或者它的冲动
以及它后来的反响，
对我们都变得可笑起来，
可是平静也并不是易事，
我们有时候也爱听听
别人的热情的激动的语言，
而且它也会使我们动心。
正如同留在自己的茅屋里的
年老的残废军人，
他的用心的耳朵总想去听听
两撇八字胡子的年轻人的故事。

一九

所以那火一般的青春
什么它也隐藏不住。
仇恨,爱情,悲伤和欢喜,
它都准备倾吐出来。
认为自己是爱情里的残废军人,
奥涅金带着庄重的神气听着,
这个爱好心灵的自白的诗人,
怎样来倾诉他自己;
他天真地吐露出
自己的轻易相信别人的心地。
叶甫盖尼很容易地明白了
他的年轻的爱情的小说,
这种充满情感的故事,
在我们早就已经不新奇了。

二〇

啊,他爱着,像我们在那样的年岁
全都已经不爱了。
可是只有诗人的疯狂的灵魂
注定了还是要爱:
随时随地总是那幻想,

总是那习以为常的希望,
总是那习以为常的悲伤。
无论是冷清的远方,
或是多年的别离,
或是献给缪斯的时光,
或是异国的佳人,
或是欢乐的声色,或是学问,
都改变不了他内心的灵魂,
那被童贞的火温暖着的灵魂。

二一

差不多还是个孩子,他就成了奥尔伽的俘虏
还不知道爱情的苦恼,
他是她童年的游戏的
动容的看客:
在橡树林的浓密的阴影里
他分享她的娱乐,
他们的父亲,朋友兼邻居,
也早就预定下了孩子们的婚礼。
在偏僻的乡下,在温柔的爱护下面,
充满天真的美丽,
在双亲的眼睛里,
她好像是一朵盛开在
茂密的草丛中的铃兰,

既没有蝴蝶,也没有蜜蜂知道。

二二

她给与这位诗人
年青的喜悦的最初的幻梦,
而对她的思念鼓舞了
他的芦笛的第一声吟哦。
再会吧,幸福的游戏!
他爱上了茂密的丛林。
孤独,静寂,
还有夜,星星和月亮,
他爱月亮,这天空的明灯,
我们都曾经对它奉献过
夜晚的黑暗里的散步,
以及眼泪,那秘密的痛苦的安慰……
可是我们现在把它
只是看做昏暗的街灯的代替品。

二三

总是和气的,总是温顺的,
总是像早晨一样的欢乐,
像诗人的生命一样的天真,
像爱情的吻一样的甜蜜,

眼睛像天空一样的蔚蓝；

微笑，棕色的鬈发，

动作，声音，轻盈的身段，

这就是奥尔伽……

可是你拿一本爱情小说来，

包你就能找到她的肖像：

它是很可爱的；我自己先前也爱过它，

可是我对它极端地厌倦了。

请允许我，我的读者，

来说说那位姐姐。

二四

她的姐姐叫做达吉雅娜……〔十六〕

我们一定要第一次

用这样一个名字

开始小说的爱情的故事。

这有什么呢？它悦耳，响亮。

不过跟它一起，我知道，分离不开的，

会令人想起老太婆们或是丫头们来[1]！

我们全都应该承认，

在我们身上和我们的名字里

---

[1] "达吉雅娜"这个名字在当时并不流行。贵族小姐都不叫这个名字，丫头们倒有叫这个名字的，从前的老年人也有叫达吉雅娜的。普希金要用它做一个小姐的名字，所以加以解说。

风味是很少的
（更不必去说那些诗文）：
教育并没有使得我们文雅，
我们从它得到的只是
虚伪的做作——再就没有别的什么了。

二五

这样，她叫做达吉雅娜。
她既不会以她妹妹的美丽，
也不会以她的鲜艳的绯红，
吸引人们的目光。
羞涩，忧郁，沉默，
像森林里的母鹿一样胆怯，
她在自己父母的家里
好像是一个别人家的女儿。
她不会讨她父亲的欢喜，
对她的母亲也是一样；
她是一个孩子，
但是不想在孩子群里嬉戏跳跃，
她常常整天的一个人
默默地坐在窗子旁边。

二六

沉思，

她从摇篮时代起的女友,
用幻想给她点缀了
乡村里的闲暇的时间。
她的娇柔的手指不会针线;
她也不伏在刺绣架子上,
用丝的花样
使亚麻布生动起来。
那是爱好统治的征象:
一个孩子总是准备
跟那顺从的洋娃娃
拿礼仪、社会的法律来开玩笑,
并且郑重其事地
对它重复自己妈妈的教训。

二七

可是洋娃娃,就在那些年里
达吉雅娜也不拿在手上;
也不和它
谈城里的消息,谈时髦。
孩子们淘气的把戏,
跟她都合不来;
在冬天,在夜的黑暗里面,
怕人的故事更能迷住她的心。
当乳母替奥尔伽

把她的所有的小朋友
都召集到广阔的牧场上面，
她也不去玩捉迷藏的游戏，
她讨厌她们的高声大笑，
以及她们的轻浮的娱乐的喧哗。

二八

她爱在黎明升起之前
到阳台上去，
那时候，在灰暗的天空上
星星的圆舞[1]消散了，
静静地，大地的边缘明亮起来，
早晨的使者，风吹着，
白天慢慢地升了上来。
在冬天，当夜的阴影
还漫漫地统治着半个世界的时候，
并且漫漫地，在昏沉的寂静里，
在朦胧的月光底下，
懒惰的东方还在长睡，
在习惯的时候醒来了，
于是她就点着蜡烛起身。

---

[1] 圆舞，俄国农民的一种集体舞蹈。

二九

她早就喜欢小说了,
它们代替了她的一切。
她爱李卡德森[1]
和卢梭[2]的杜撰。
她的父亲是一个好好先生,
一个落后的过去时代的人物,
可是觉得书还没有什么害处。
他,向来是不读书的,
认为它们是些无用的玩意,
所以他也不去关心,
在他女儿那里有本什么秘密的书籍,
藏在枕头底下睡到第二天早晨。
至于他的妻子
自己就是一个李卡德森迷。

三〇

这位太太爱好李卡德森,
并不是因为,她曾经读过他,

---

[1] 李卡德森(1689—1761),英国十八世纪感伤主义小说家,他的小说在当时流行全欧。
[2] 卢梭写过两部小说,《爱弥尔》和《新爱罗伊斯》,在当时也很流行。

并不是因为,她不大喜欢罗浮拉斯

更要喜欢格郎吉松〔十七〕;

而是因为从前女公爵阿里娜,

她的莫斯科的表姐,

时常对她反复地讲到他们。

那时候她的丈夫

还是一个未婚夫,可是这是不得已的。

她思恋的是另外一个人,

他在她的心意里

要格外喜欢得多:

这位格郎吉松是一个著名的花花公子,

赌徒和近卫军的军士。

三一

像他一样,她穿着得

总是时式而且合身;

可是并没有征求她的同意,

他们就领着这位姑娘去行了婚礼。

为了排解她的悲伤,

懂事的男人赶快就去到了

自己的乡村,在那里,

上帝知道是些什么人在她周围,

起初她发脾气并且哭泣,

跟丈夫差一点没有离婚;

后来忙起家务来，
习惯了，于是也就觉得满意了。
习惯是上天赐给我们的：
它这幸福的代替品〔十八〕。

三二

习惯能使悲伤愉快起来，
使那用什么都排解不了的悲伤。
一个大大的发现很快地
使她完全得到了安慰：
她在忙碌和闲暇中间发现一个秘密，
就是怎样专制地
来管制她的丈夫，
于是那时一切都变得有意思起来。
她坐车出去料理料理田务，
腌腌过冬的菌子，
算算账目，送送农奴[1]，
每星期六到浴室去洗澡[2]，
生起气来打打婢女——
这一切都不去征求男人的意见。

---

[1] 原文是"剃剃额头"。俄国地主常送触犯了他们的农奴去服兵役，检查合格之后，就要剃去覆在额上的头发。意即她送农奴去当兵。
[2] 俄国风俗，星期日之前要洗澡。

三三

往常,她总是在纪念册上

像温柔的姑娘们那样题字,

自己叫做波林娜代替勃拉斯科夫亚,

并且用抑扬的调子说话[1],

穿很紧的束腰,

还会在鼻子里

把俄文的 H 发得像是法文的 N。

可是很快就把这一切都丢开了:

束腰,纪念册,波林娜女公爵,

那个多愁善感的小诗的本子,

她也忘记掉了;她开始称呼

从前的塞林娜叫做阿库尔加[2],

并且最后也穿戴上了

棉的长袍和帽子。

三四

可是男人真心诚意地爱她,

不去过问她的主意,

---

[1] 这是莫斯科人说话的调子,好像唱歌一样。
[2] 波林娜和塞林娜是文气的名字;勃拉斯科夫亚和阿库尔加是粗俗的名字。

一切完全放心地信任她,
他自己就穿着长袍吃和喝,
他的生活过得很安静。
邻居的和善的家庭,
不拘礼仪的朋友,
有时候在傍晚来到了。
这就悲伤,挖苦,
嘲笑些什么事情。
时间一点一点地过去,
同时吩咐奥尔伽预备茶,
一会儿吃晚饭,一会儿到了睡觉的时候,
于是客人们就出了大门。

三五

他们在平静的生活里
保持着亲爱的古代的风习;
他们在油腻的谢莘节[1]
做俄国的油饼;
一年他们斋戒两次[2];
他们爱团团旋转的秋千,

---

[1] 谢莘节,大斋节之前的一个星期,过这个节应当大吃油腻,跳舞宴会,过了这个节就要斋戒。
[2] 一次在大斋节,一次可以自己选择。

爱圣诞节歌[1]，爱圆舞；

在降灵节[2]那一天，

当人们打着呵欠在听祈祷的时候，

他们感伤地在那束独活草上

滴上两三滴泪珠[3]；

酸麦汤对他们像空气一样需要，

在他们家里请客人吃饭，

上菜的时候是按着官阶来的。

三六

就这样他们两个人到了老年。

并且最后，在丈夫面前

打开了坟墓的门，

于是他接受了新的冠冕[4]。

他死在午饭之前的时候，

哀悼他的有自己的邻人，

孩子们，和忠实的

比别人更要伤心的妻子。

---

[1] 当时的风俗，在圣诞节晚上，未婚的姑娘们占卜她们未来的命运。她们或是把盘子盛满水，或是盖起来，或是翻过来，里面放着东西，于是一面唱歌，一面把东西一样样地取出来；这时就看取出来的是谁的东西，唱的是什么歌，预卜谁的命运的好坏。

[2] 降灵节，在复活节之后的第七个星期日。

[3] 当时的风俗，在降灵节的时候，有些地方用花草去扫父母的坟墓，据说可以替他们清洗眼睛。这里是说拉林夫妇为了表示追念死去的父母，而滴下泪珠。

[4] 当时死人的额头要放上绘有基督、圣母、约翰的纸片或绸缎，可以说是"新的冠冕"，也就是"死的冠冕"。

他是一个朴实的良善的地主,
于是在那里,在他的尸灰埋葬的地方,
墓碑上说道:
"谦卑的罪人,德密特里·拉林,
主的奴隶和旅长,
在这块石碑之下永享安息。"

三七

回到了自己的比纳特斯们[1]那里,
乌拉吉米尔·连斯基去拜访了
这位邻人的谦卑的墓碑,
他对尸灰深深地叹息,
并且心里长久地都在哀伤。
"Poor Yorick!"[2]〔十九〕他伤感地说了,
"他曾经把我抱在手上。
小孩子的时候我那样常常地
玩他的奥卡科夫奖章[3]!
他把奥尔伽许给了我,
他说:我会等到那一天吗?……"
于是满心真诚地悲伤,

---

[1] 比纳特斯们,罗马神话里的家神。意即:连斯基回到了自己的家里。
[2] "可怜的尤里克!"(英文),详见普希金原注〔十九〕。
[3] 奥卡科夫,俄国的一个城市,十八世纪末原是土耳其的要塞,叶卡吉林娜二世(1729—1796)时,苏瓦罗夫在1788年攻陷了这个要塞。为了纪念胜利,颁发了奥卡科夫奖章。

乌拉吉米尔立刻做出了

一首献给他的哀悼的挽歌。

三八

在那里他又用悲伤的诗文

献给父亲和母亲，流着泪，

他向家长的尸灰致了敬礼……

唉！在生活的田垄上

世世代代的人，仿佛那转瞬即逝的五谷，

遵照天命的神秘的意旨，

萌芽，成熟和凋谢：

别人又跟在他们后面走去……

我们这浮生的种族也这样地

成长，骚动，扰攘，

拥向祖先的坟墓。

将要来到了啊，我们的时候也将要来到，

于是我们的子孙到时候

也要将我们逐出这个世界！

三九

现在你们沉醉它，

这轻浮的生活吧，朋友们！

我了解它的空虚，

所以对它也很少眷恋。

对于种种的幻影我已经闭上了眼帘，

可是那些遥远的希望

不时还来扰乱我的心：

没有留下什么微末的遗迹，

离开这个世界我不甘心。

生活，写作，不是为了赞赏，

不过我，总觉得，

想来宣扬一下自己的悲哀的运命，

为的是即使有那末一句诗文，

好像忠实的友人，能够使人回忆起我来。

四〇

而且或许它会感动什么人的心，

并且托命运的保佑；

或许，我所作的诗章，

不会沉没进列达河[1]里；

或许（诱惑人的希望啊！）

将来的无知无识的人

也会指住我的著名的肖像，

并且说道：那是一个什么样的诗人！

---

[1] 列达河，西欧神话里冥府的"忘川"，相传饮了这条河里的水，就会忘记一切生前的事情。意即：诗人的诗章将不会被人遗忘。

接受我的感谢吧,
和平的阿奥尼亚人[1]的崇拜者,
你啊,在你的记忆里将要保存着
我的短暂的作品,
并且用亲切的手
拍拍老人的桂冠!

---

[1] 阿奥尼亚人,希腊东部比奥吉亚地方的居民。阿奥尼亚是比奥吉亚的古名,相传缪斯女神住在这个地方,所以"阿奥尼亚人"即指诗人。

第三章

她是个女孩子,她爱了。

——玛尔菲莱特尔[1]

一

"哪里去?我的好诗人!"
"再会,奥涅金,我是时候了。"
"我不耽搁你,可是你在哪里
度过你的晚上?"
"在拉林家里。"——"这个可就奇怪。
对不起!你就不觉得难过,
每天晚上都在那里消磨光阴?"
"一点也不。"——"我真不懂。
从这里我就看见,那是怎么一回事:

---

[1] 原文为法文:Elle était fille, elle était amoureuse. ——Malfilâtre
玛尔菲莱特尔(1732—1767),法国诗人,这句诗引自他的长诗《维纳拉岛上的仙女》。

首先（听着，我对不对？）
一个平常的，俄国的家庭，
招待客人十分地热心，
果酱呀，永远那一套的谈天呀，
谈雨，谈亚麻，谈牛栏……"

二

"我倒还没有看到有什么不好。"
"可是气闷，这就是不好，我的朋友。"
"我厌恶您的时髦的社会，
乡下的环境对于我更要可爱，
在这里我可以……"——"又是牧歌来了！
可是够了，亲爱的，看上帝的面子。
怎么吧？你要走了：很可惜。
啊哈，听着，连斯基；能不能呢，
我去见见那个菲丽达[1]，
思想，文字，
眼泪，韵律 et cetera[2] 的对象？……
介绍我吧。"——"你开玩笑。"——"不是。"
"我很高兴。"——"什么时候呢？"——"立刻就去。
她们会十分地欢迎我们。"

---

[1] 菲丽达，古代牧歌里常用的一个女主人公的名字，如罗马诗人维尔吉里的《牧歌集》里就用过它。这里指奥尔伽。
[2] 等等。（拉丁文）

三

"走吧。"——
朋友们飞驶起来,
到了;他们受到丰盛的
有时是繁重的
古来的殷勤的招待。
这是全都知道的款客的仪式:
送上几小碟果酱,
在打过蜡的小桌子上
摆上一罐红覆盆子露。
....
....
....
....
....

四

他们走顶近的路,
向家里尽快地飞驰〔二十〕。
现在我们来听听
我们的主人公的谈话。
"喂,怎么了,奥涅金?你打呵欠。"

"习惯,连斯基。"——"可是你好像
气闷得更厉害了。"——"不,一样的。
然而地里已经黑了。
快些!快跑,快跑,安德留希加[1]!
多么乏味的地方!
而,那个拉里娜很朴实,
并且是一个和蔼的老太太。
我怕:红覆盆子露
不要惹我害起病来。

五

你说说,哪个是达吉雅娜?"
"她是呀,那一个,忧郁而且沉默,
好像斯维特拉娜[2],
走进来就在窗子旁边坐下了。"
"难道你爱上了那个小的?"
"怎么呢?"——"我要选另外的一个,
假如我像你一样是个诗人。
在奥尔伽的相貌里没有生命。
恰恰像是房达克[3]的玛东娜[4]:

---

[1] 安德留希加,安德莱的卑称,奥涅金的车夫。
[2] 斯维特拉娜,俄国诗人茹科夫斯基诗里的女主人公。
[3] 房达克(1599—1641),弗兰德斯画家,以画人像著名,弗兰德斯画派的先驱者。
[4] 玛东娜,即圣母玛丽的像。

她的脸是圆圆的,红红的,
就像这个乏味的地平线上的
这个乏味的月亮。"
乌拉吉米尔冷冷地回答了一声,
以后在整个的路上守着沉默。

六

奥涅金在拉林家里出现
对所有的人
发生了很大的影响,
也让所有的邻居得到了消遣。
种种的猜测出来了。
全都开始偷偷地议论,
说笑,下些不是没有恶意的判断:
达吉雅娜许了求婚的了;
有些人甚至于肯定地说,
婚礼全都布置好了,
不过得等一等,
因为新式的戒指还没有打到。
至于连斯基的婚礼,
他们早就已经决定了。

七

达吉雅娜带着愤怒,

听着这些流言；可是秘密地

带着说不出来的安慰

情不自禁地想到这桩事情；

并且心里也就有了意思：

时候到了，她恋爱了。

仿佛是落在田地里的种子，

受到春的火焰勃发了生机。

她的想象，

早就被柔情和苦闷燃烧着，

渴望命定的食粮；

心的痛苦，

早就压迫她的年青的胸膛；

她的灵魂在等待着……一个什么人，

八

这可等到了。……一睁开眼睛，

她就说，这是他！

唉！现在在白天，在夜里，

都是那热烈的唯一的梦，

一切都充满了他；

一切不断地用迷人的魔力

使可爱的女郎想念到他。

她厌烦那些亲切的讲话的声音，

仆人们的关心的视线。

沉没在愁闷里面，
她不理会那些客人，
并且诅咒他们的空闲，
他们的意外的到来
以及他们长时间的坐谈。

九

现在她用什么样的注意
阅读那种甜蜜的小说，
用什么样热烈的迷恋
沉醉那种诱惑的幻景！
那些被幻想的幸福的力量
所鼓舞的人物，
尤丽亚·伏尔玛尔的情人，
马列克·阿戴尔和德·里纳尔，
还有维特[1]，热情的受难者，
还有那个使我们瞌睡的
无双的格郎吉松〔二十一〕，——
这一切在柔情的女梦想家，
都看成一个唯一的形象，
都化成了一个奥涅金。

---

[1] 维特，歌德《少年维特的烦恼》里的主人公。

一〇　　附录四

想象着她就是自己心爱的

作者们的女主人公,

克拉丽莎,尤丽亚,黛尔菲娜[1],

达吉雅娜在静寂的树林里,

一个人带着危险的书籍徘徊,

她在书里寻找,并且找到了

自己的秘密的热情,自己的幻想,

心里的繁多的感触,

叹息着,并且,把别人的欢喜,

别人的悲伤,都看做是她自己,

忘情地喃喃地背诵着

给可爱的男主人公的书信……

可是我们这位主人公,无论他是怎样,

已经确确实实的不是格郎吉松[2]。

一一

按照高尚的格调构造自己的文章,

---

[1] 克拉丽莎,李卡德森小说里的女主人公。尤丽亚,卢梭《新爱罗伊斯》里的女主人公。黛尔菲娜,法国女作家斯泰尔夫人仿《新爱罗伊斯》作的一部小说《黛尔菲娜》里的女主人公。
[2] 格郎吉松是一个仁义道德的君子,十全的完人,他在路上救了一个多情善感的姑娘,并且后来和她结了婚。奥涅金不是这样一个人。

往常，热情的作者

总是把他的主人公

写成一个十全的模范[1]。

他总是把多情的灵魂，智慧，

和迷人的容貌，

给那总是遭受邪恶的迫害的

可爱的人儿。

而热情的男主人公，

总是怀着最纯洁的爱情的烈火

准备去牺牲自己，

并且在最后结尾的部分，

总是恶受到了惩罚，

善得到了应得的花冠。

一二

可是现在所有的头脑都昏迷了，

道德只能够使我们瞌睡，

罪恶在小说里也是可爱的，

就是在那里它也获得胜利[2]。

不列颠的缪斯的谎话

---

[1] 指十八世纪李卡德森等人的小说。这些小说以劝恶扬善、宣讲道德为主题，小说的主人公都加以理想化，写成十全的模范。

[2] 指十九世纪初的小说，它们和十八世纪的小说相反，以罪恶的人物和行为为题材，构造离奇的恐怖的故事。

扰乱了女孩子的清梦，
不论是阴沉的吸血鬼，
或是梅尔摩特，忧郁的漂泊者，
或是流浪的犹太人，或是海盗[1]，
或是神秘的斯波嘉尔〔二十二〕，
现在都成了她的偶像。
拜伦爵士凭藉巧妙的幻想，
在消沉的浪漫主义里
掩藏着绝望的自我主义。

一三

我的朋友们，这有什么意思？
或许，遵从天意，
我要停止做诗人了，
新的魔鬼要来附在我的身上，
于是，不怕菲波瓦[2]的威胁，
我要降低到质朴的散文；
那时候，我要将这愉快的没落
带给一部旧式的格调的小说。
我不想在它里面
可怕地描写秘密的罪恶的痛苦，

---

[1] 流浪的犹太人，据一般的推测，是当时流行的一本通俗的英国恐怖小说里的主人公。《海盗》，拜伦的诗作。
[2] 菲波瓦，希腊神话里的太阳神和诗神，阿波罗的别名。

不过要简单地告诉你们

俄国家庭的传统，

爱情的迷人的梦，

和我们古来的风俗。

一四

我要讲父亲或是年老的伯伯的

平常的谈话，

孩子们在老菩提树下，在小河边上

约好了的会晤；

不幸的嫉妒的痛苦，

分离，和好的眼泪，

重新又起的争吵，在最后

我要带他们举行婚礼……

我要回忆热情的温柔的语言，

思恋的爱情的字句，

它们在过去的日子里

在美丽的爱人的脚边

都曾经到过我的嘴上，

不过现在我已经不习惯了。

一五

达吉雅娜，亲爱的达吉雅娜！

我现在陪你流下眼泪：

你已经把自己的命运

交在一个时髦的暴君手里。

你要毁灭的，亲爱的。

但是首先，你在灿烂的希望中

呼唤着渺茫的幸福，

你知道了生命的快乐，

你喝着希望的迷人的毒酒，

幻想追踪着你：

到处你都想象成

幸福的会晤的地方；

到处，到处在你面前的

是你的那个致命的诱惑的人。

一六

爱的痛苦追逐着达吉雅娜，

她就是走到花园里也在忧伤，

忽而呆滞的眼睛低垂下来，

并且她懒得向前举步。

胸部微微地起伏，

双颊上一阵阵遮着火红，

嘴边消失了叹息，

耳朵鸣响，眼睛也花乱起来……

夜降临了：月亮巡视着

天空的遥远的苍穹，
夜莺也在树林的暗处
开始唱起嘹亮的歌曲。
达吉雅娜在黑暗里还没有睡，
她低低地在和乳母说话：

一七

"睡不着，姆妈。这里这样闷人！
开开窗子，坐到我跟前来。"
"什么，达尼亚[1]，你怎么了？"
"我闷，我们来谈谈古时候吧。"
"谈什么呢，达尼亚？我呀，往常，
记得不少的
古时候的事情，
关于恶魔和女郎的古话。
可是现在我全记不清了，达尼亚，
我晓得的，全忘记了，是呀，
轮到了坏时辰了！
糊涂起来了……"——
"讲给我听，姆妈，
讲讲你的过去：
那时候你爱过吗？"

---

[1] 达尼亚，达吉雅娜的爱称。

一八

"好,得了,达尼亚!在你这样的年纪

我们没有讲过什么爱情,

不然那个死鬼的婆婆,

就会要我的命了。"

"那么你怎样结的婚呢,姆妈?"

"那呀,明明白白的,上帝的命令。

我的瓦尼亚[1]比我年轻,亲爱的,

而我那时候是十三岁。

媒婆到我父母那里

跑了两个星期,最后

父亲就给我祝了福。

我因为害怕苦苦地哭泣,

我哭着人们解开了辫子[2],

唱着歌把我带进了教堂。

一九

于是就领进了别人的家……

可是你并没有听着我呀……"

---

[1] 瓦尼亚,伊凡的爱称。
[2] 当时的风俗,姑娘出嫁,举行婚礼的时候,把头发结成两条辫子。

"唉哟,姆妈,姆妈,我闷,

我难过,我的亲爱的:

我哭,我想痛哭!……"

"我的孩子,你不舒服?

上帝慈悲保佑啊!

你想要什么,要呀……

让我来洒点圣水[1],

你在发烧……"

"我没有病:

我……你知道,姆妈,……爱了。"

"我的孩子,上帝保佑你啊!"

于是乳母就祈祷着,

用衰老的手给女郎画了十字。

二〇

"我爱了,"

重新喃喃地

她对老婆婆悲哀地说了。

"心爱的好人,你不舒服。"

"不要管我:我爱了。"

这时候月亮照耀着,

---

[1] 当时的迷信,在施洗日(1月6日)这天留的水,祈祷过,画过十字,就是圣水,可以治病。

幽暗的月光照着
达吉雅娜的苍白的面容，
那散开的头发，
那滴滴的泪珠，也照着坐在凳子上
在年轻的女主人公跟前，
白发的头上扎着头巾，
穿着长袍的老婆婆。
一切都微睡在静寂里，
在感人的月光下面。

二一

达吉雅娜的心远远地飞翔。
她凝视着月亮……
忽然她的思想里生了一个主意……
"走吧，让我一个人。
给我，姆妈，笔，纸，
再把桌子挪过来；我很快就睡；
再见。"就是她一个人了。
一切都是静寂的。月亮照着她。
支着手臂，达吉雅娜写着，
想的完全都是叶甫盖尼，
在这封不假思索的信里
吐露出天真的女郎的爱情。
信写好了，折起来了……

达吉雅娜！它是给谁的啊？

二二

我知道许多难以接近的，

像冬天一样冷酷，清白，

严厉，方正，

理智所不能理解的美人。

我惊奇她们的时式的骄傲，

她们的天生的德行，

并且，我要承认，我逃避她们，

并且，我觉得，我是带着恐怖读着

在她们眉头上面的地狱的题词：

"永远地放弃希望吧。"〔二十三〕

动了爱情对于她们就是不幸，

吓了人们对于她们就是快乐。

或许，在涅瓦河畔

你们也见到过类似的女子。

二三

我见过在顺从的崇拜者们

包围之中的另外一些古怪的女子，

她们自尊地冷淡地

对待热情的叹息和赞美。

可是我惊讶地发现了什么？

她们，用严厉的行为

惊吓了胆怯的爱情，

却会重新来引诱它，

最低限度，抱抱歉，

最低限度，讲话的声音

有时似乎温柔了些，

于是带着轻信的眩惑

年轻的爱人重新又

跟在可爱的空虚后面追逐起来。

二四

为什么达吉雅娜就更该责备？

是为了这，为了在可爱的纯真里

她不知道欺骗，

并且相信那选定了的幻想？

是为了这，为了她真诚地爱着，

顺从感情的意向，

为了她是这样的容易轻信，

为了上天赐给了她

活泼的想象，

智慧和生气勃勃的意志，

还有刚毅的头脑，

和热烈而且温柔的心？

难道你们就不原谅
她这热情的轻率?

二五

风情的女子冷冷地评判,
达吉雅娜爱得过于认真,
而且无条件地委身给爱,
就像是一个可爱的小孩。
她不说:我们犹豫——
这样才会增高爱情的价值,
会更靠得住地把他捕在网里;
我们起初要用希望刺激虚荣,
接着要用踌躇苦痛他的心,
然后再用
嫉妒的烈火使他兴奋;
不然的话,享乐得厌烦了,
那狡猾的俘虏
时时刻刻都准备挣脱枷锁。

二六

我还预先看到了些困难:
为了维护祖国的荣誉,
我应当要来,无疑地,

翻译一下达吉雅娜的信。

她晓得的俄文很坏，

没有读过我们的那些杂志，

用自己祖国的语言

她难以表达自己，

这样，她是用法文写的……

有什么法子呢！我再来重复一遍：

直到现在女子的爱情

不是用俄文来表白的，

直到现在我们的荣耀的语言

还不惯于做通信的散文。

二七　　附录五

我知道：有人想强迫女子来读俄文。

真的，可怕！

我可以自己想象一下，

手里拿着《良友》〔二十四〕的她们！

我请问你们，我的诗人们，

是不是真的：那些可爱的人儿，

你们因为自己的罪过，

给她们秘密地写过诗，

向她们呈献过自己的心，

不全都是这样吗？

俄文读得既不行而且费力，

并且这样可爱地歪曲了它,
而外国话在她们嘴里
不是变成了本国的语言?

二八

上帝不要让我在舞会上,
或是在门廊里道别的时候,
碰到穿黄披肩的神学校的学生,
或是戴头巾的研究院的院士![1]
我不爱没有文法错误的俄国话,
就像我不爱
没有微笑的胭红的嘴唇。
或许,这是我的不幸,
新的一代的美人们,
听了杂志的呼呼的声音,
就要我们习惯文法,
在诗里也要通用起来。
可是我……这在我又有什么?
我还是要信守着古风。

二九

不正确的,不留心的含混,

---

[1] "披肩""头巾",都是女子的服装,这里都指女性。

话里的不准确的发音，

还和以前一样的

要在我的胸中引起心的颤动。

我一点都不懊悔，

对于我法国风味还是可爱的，

好像是过去年青时代的罪过，

好像是波格达诺维奇[1]的诗。

可是够了。现在我应该说到

我的美人的书信。

我把话说出来了，但是怎么办呢？

真正的，现在就想取消了。

我知道：温柔的巴尔尼[2]的文章

在我们今天并不时髦。

三〇

宴会和悲伤的歌人〔二十五〕，

假使你还和我在一起，

我就要用不客气的请求

来烦扰你了，我的亲爱的：

因为你能把热情的女郎的

外国的文字，

---

[1] 波格达诺维奇（1743—1803），俄国诗人。
[2] 巴尔尼（1753—1814），法国抒情诗人。

翻译成迷人的诗章。
你在哪里呢？来吧：我要把我的权利
带着敬礼交给你……
但是，在阴森的岩石中间，
心里失去了赞美的情调，
一个人，在芬兰的天空底下，
他漫游着，他的灵魂
也没有听见我的悲哀。

三一

达吉雅娜的信在我面前。
我神圣地保存着它，
带着说不出的痛苦读着，
而且总是读不厌倦。
谁教给她这种柔情，
这种可爱的疏忽的文字？
谁教给她这种动情的胡话，
又引诱人，又有害的，
热烈的心的倾诉？
我不能够明白。可是这里
就是那不到家的，拙劣的翻译，
生动的图画的减色的摹写，
或是胆怯的女学生的手指

弹奏出来的《神箭手》[1]。

达吉雅娜给奥涅金的信

我在给您写信——还要怎样呢?
我还能说什么?
现在,我知道,您可以随意地
用轻蔑来处罚我。
可是您,对我的不幸的命运,
哪怕存着一点点怜悯,
请您不要舍弃我吧。
起初我想沉默来着。
相信吧:我的害羞
您是无论如何不知道的,
如果我有什么希望,
那就是尽管稀少,尽管一个星期一回,
在我们的乡村里能够看见您,
为的只是听听您的谈话,
对您说上一个字,以后就
老是想着,日夜地想着这桩事,
直到重新会面的时候。
可是听人说,您厌烦别人,
在偏僻的地方,在乡村里什么您都气闷,
而我们⋯⋯实在没有什么出色的地方,

---

[1]《神箭手》,德国作曲家韦伯(1786—1826)根据民间传说谱作的名曲。

可是我们是真心诚意地喜欢您。

为什么您来访问我们呢?
在偏僻的没有人来的乡村里
我决不会知道您,
决不会知道剧烈的痛苦。
没有经验的灵魂的激动
将来平定之后(谁知道呢?),
我会找一个合意的朋友,
做一个忠实的妻子
和一个贤德的母亲。

别人啊!⋯⋯不,在世界上无论是谁
我的心也不交给他了!
这是神明注定的⋯⋯
这是上天的意思:我是你的[1]。
我的一生原来就保证了
和你必定相会。
我知道,你是上帝派到我这里来的,
你是我的终身的保护者⋯⋯
你在我的梦里出现过,
虽然看不见,你在我已经是亲爱的,

---

[1] 俄文第二人称有两个字,您和你。您是客气的称呼,也是生疏的称呼。你是不客气的称呼,也是亲密的称呼。普通的男女,只有父女兄弟姊妹或夫妻之间才称"你"。达吉雅娜在信里以前用"您",从这里起都用"你"。

你的奇异的目光使我苦恼，
你的声音在我的心灵里
早已就响着了……不，这不是梦！
你一进来，我立刻就知道了，
完全昏乱了，羞红了，
就在心里说：这是他！
不是真的吗？我听见过你的：
当我帮助穷人
或是做祈祷来安慰
烦恼的灵魂的痛苦的时候
你不是悄悄地和我说过话吗？
并且就在这一会儿，
不是你吗，亲爱的幻影，
在透明的黑暗里一闪，
轻轻地向枕边弯下身子？
不是你吗？带着安慰和爱，
低低地对我说了希望的话？
你是谁，我的天使和保护者，
还是奸诈的诱惑的人：
解答我的疑惑吧。
或许，这一切都是空想，
都是没有经验的灵魂的幻梦！
而且注定了完全是另外一个样子……
可是随它怎样吧！我的命运
从现在起我交给你了，

在你面前我流着泪,

恳求你的保护……

想象一下吧:我在这里是一个人,

谁也不了解我,

我的理智昏乱了,

我应当默默地死掉的。

我等待着你:看我一眼,

复活心的希望吧,

或者打断我的苦痛的梦,

啊,用份所应得的责备!

结束了!重读一遍都害怕……

我害羞和恐惧得不得了……

可是你的名誉是我的保障,

我大胆地把自己信托给它……

三二

达吉雅娜一会儿长吁,一会儿短叹,

信在她的手里颤抖。

玫瑰色的封缄纸[1]

在火热的舌头上面烤干了。

头低垂着。

---

[1] 封缄纸,从前封信用的一面涂有胶质的圆纸片。

薄绸的寝衣
从她的美丽的肩头滑了下来……
可是这时月光已经暗淡了。
那边，溪谷透过雾气
在明朗起来。
那边，溪流开始闪出银光；
那边，牧人的角笛唤醒了农民。
这是早晨了，全都早已起身了。
我的达吉雅娜觉得什么都还依样。

三三

她没有注意到黎明，
垂着头坐在那里，
在信上也没有打
她的雕刻的图章。
可是，门轻轻地开了，
白发的菲力普叶夫娜已经给她
用茶盘端了茶来。
"是时候了，我的孩子，起来吧！
你呀，美人，弄好了！
啊，我的早起的小鸟！
昨晚我真是多么的害怕！
好，谢谢上帝，你好了！
夜里的苦恼连影子都没有了，

你的脸好像是罂粟花一样。"

三四

"唉哟,姆妈,做个好事。"
"好呀,亲爱的,吩咐吧。"
"不要想到……真的……猜疑……
不过你晓得……唉哟!不要推却。"
"我的朋友,上帝保你安心。"
"那就,悄悄叫你的孙子
带着这个便笺送给奥……给那……
给一个邻居……并且吩咐他,
叫他不要说一个字,
叫他不要说出我来……"
"到底给谁呀,我的亲爱的?
我如今变糊涂了。
在四周有许许多多的邻居,
我怎么能把他们全数出来。"

三五　附录六

"你是多么的笨啊,姆妈!"
"心爱的朋友,我已经老啦,
老啦;神志就迟钝啦,达尼亚;
而那个,往常,我是机灵的,

往常，主人话里的意思……"

"唉哟，姆妈，姆妈！讲那个干吗？

你的聪明与我有什么相干？

你看见，事情就是这封信

送给奥涅金。"——"呐，就是，就是。

不要动怒，我的心肝，

你知道，我糊涂……

可是怎么你的脸色又变白了？"

"就是这样，姆妈，真的没有什么。

叫你的孙子去吧。"

三六

可是一天过去了，并没有回信。

第二天来了：还是没有，什么也没有。

苍白得像一个幽灵，从早晨穿好衣服，

达吉雅娜就等待着：什么时候有回信来？

奥尔伽的崇拜者到了。

"您说说：您的朋友在什么地方？——"

女主人向他问道：——

"他简直把我们完全忘记了。"

达吉雅娜，满脸通红，颤栗了起来。

"今天他约过了来的，——"

连斯基回答老太太说，——

"是的，大概是，信件耽搁了他。"

达吉雅娜垂下了眼睛,

仿佛听到了什么凶狠的责备一样。

三七

黄昏了。在桌上,闪着亮光,

晚茶的茶炊嘶嘶地响着。

瓷茶壶热了,

在它上面缭绕地升起轻的水汽。

奥尔伽亲手倒出的,

像浓黑的水流一样的

一杯杯香茶已经送过了,

小厮也送来了奶酪[1]。

达吉雅娜在窗子跟前站着,

她对着冷的玻璃呵气,

沉思着,我心爱的,

她用柔美的手指

在蒙着水雾的玻璃上写着

心上的姓名的头一个字,"奥"和"叶"。

三八

而同时,她心里痛苦起来,

---

[1] 奶酪加茶。

眼泪就盈满了幽怨的眼睛。

忽然马蹄声!……她的血凝结了。

这就更近了!奔驰着……就到了院子

叶甫盖尼!"唉呀!"于是比幽魂还要轻些

达吉雅娜跳进另外一个过道,

从门廊到了院子,一直就进了花园。

她飞跑着,飞跑着;连向后看一眼都不敢;

一瞬间绕过了

花坛,小桥,草地,

通到湖边的林荫路,树林,

闯过紫丁香花丛,

沿着花圃向小河飞跑,

连气都喘不过来了,在一条长椅上

三九

她倒下了……

"这是他!这是叶甫盖尼!

啊上帝!他想了些什么!"

在她的充满痛苦的心里,

存着希望的渺茫的梦想。

她颤栗着,脸烧得绯红,

她等待着:不是来了吗?可是没有听见。

在花园里,婢女们在山岗上,

在树林里采摘果子,

并且遵照命令齐声地唱歌。

（这命令，它的原因是，

要那些狡猾的嘴，

不能偷吃主人的果子，

所以让它们唱起歌来：

一个乡下的尖灵的主意！）

女孩子们的歌

姑娘们，美人们，

心爱的，朋友们，

玩儿吧，姑娘们，

开心吧，亲爱的！

唱起歌儿来吧，

那心上的歌儿呀，

引那年青的人

来看我们的圆舞呀。

当我们引那年青的人，

当我们远远地望见他，

就四面地跑开呀，亲爱的，

用樱桃掷过去，

用樱桃，用覆盆子，

用红醋栗呀。

不要跑来偷听

心上的歌儿呀，

不要跑来偷看

我们姑娘们的游戏呀。

四〇

她们唱着，而漠然地
听着她们的响亮的歌声，
达吉雅娜焦急地在等待。
她想要静下心里的颤栗，
想要让颊上的红晕过去。
可是胸中总还是颤栗，
颊上的火红也不消退，
只是更鲜艳地，更鲜艳地燃烧……
好像是一只可怜的蝴蝶，
被顽皮的小学生捕捉住了，
闪躲着，拍打着五色的翅膀；
好像是一只在麦田里颤抖的小兔，
惊慌地看到
忽然从远处对它射了过来的箭。

四一

可是最后她长叹一声
就从长椅上站起身来。
她走了，可是刚刚回到了
林荫路上，正在她的前面，

眼睛发着光,叶甫盖尼
好像一个可怕的幽灵站在那里,
仿佛被火烧了一样,
她站住了。
可是这次意外的会面的结果,
今天,亲爱的朋友们,
我不能够叙述了。
在长久的谈话之后,
我应该玩玩并且休息一下:
结尾无论如何要以后了。

第四章

德性为物之本性。

——芮克[1]

一　附录七　二　三　四　附录八　五　六

······································
······································
······································
······································
······································
······································

---

[1] 原文为法文：La morale est dans la nature des choses. ——Necker
芮克（1732—1804），法国财政家、政治家、小说家斯泰尔夫人的父亲。此句引自斯泰尔夫人的《法国革命杂记》。

七

我们愈不爱女人,
我们愈容易使她喜欢,
并且也愈靠得住地
把她毁在诱惑的情网里面。
往常,冷血的淫乱的人
以恋爱的艺术著名,
自己给自己到处地吹嘘,
他只是享乐而不是爱。
但是这桩重要的娱乐
只配合被赞颂的祖宗们
那时代的古老的猿人:
罗浮拉斯[1]们的光荣过时了,
连着红色的鞋跟
和庄严的假发的光荣。

八

谁不厌烦虚伪的做作,
用各种方法重复一桩事情,
郑重其事地竭力要人相信,

---

[1] 罗浮拉斯,李卡德森小说《克拉丽莎》里的男主人公,一个风流淫乱的贵族。

那些早就全都相信的一切，
听总是那一套的辩驳，
取消那些
连十三岁的女孩子
也决不会有的成见！
谁不厌倦恐吓，
恳求，起誓，假装的害怕，
六张纸的书信，
欺骗，诽谤，戒指，眼泪，
妈妈和婶婶的监视，
以及丈夫的深重的情谊！

九

我的叶甫盖尼恰好正是这样想的。
他在青春的初年，
是狂热的迷恋
和放荡的热情的牺牲者。
受了生活习惯的纵容，
有一个时候他被迷惑了，
另外一个时候就感到了失望，
慢慢地苦恼于希望，
也苦恼于轻易的成功，
在喧哗中，在静寂中，
倾听着心灵的无尽的怨言，

用笑声来压下呵欠：
就这样他虚度了八年光阴，
丧失了生命的最好的年华。

一〇

他已经不爱那些美人了，
然而无论如何还追求追求：
拒绝了——一会儿自己就安慰起来；
变心了——倒高兴可以休息一下。
他找到了她们没有狂喜。
而放弃了也没有悔恨，
全不记住她们的爱情和狠毒。
这位如此淡漠的客人
跑来参加晚上的威斯特[1]，
他坐下来；玩完牌，
就坐车出了大门，
到家就安静地睡觉，
在早晨连自己也不知道，
晚上他要去到什么地方。

一一

可是，接到了达尼亚的信，

---

[1] 威斯特，一种扑克牌的赌博。

奥涅金深深地受了感动：

那些女孩子的幻想的话，

在他心里搅起蜂群一般的思想；

于是他回忆起可爱的达吉雅娜的

那苍白的脸色，那忧愁的样子；

于是他的心灵沉没在

甜蜜的，无邪的梦里。

或许，旧日的情感的火焰

有一刹那控制了他；

可是他不想欺骗

天真的灵魂的信赖。

现在我们回到花园里来吧，

在那里达吉雅娜遇见了他。

一二

他们沉默了两分钟，

但是奥涅金向她跟前走去，

并且说了："您给我写了信，

请不要否认吧。我读过了

诚恳的心灵的陈述，

纯真的爱的流露：

您的真挚在我是亲爱的；

它使我早已沉静了的情感，

重新又激动起来；

但是我不是想来赞美您；
我也要同样地用真诚的陈述，
来向您报答这个；
请接受我的告白吧；
我听随您怎样的裁判。

一三

"假如我想用家庭的环境
来约束我的生活；
假如幸运的命运派定了
我要做父亲，要做丈夫；
假如我迷恋家庭的图画
即使只是那么片刻的功夫，——
那实在除了您一个人
我不找另外的新娘。
不用那些恋歌的词藻来说吧：
如果我寻找过去的理想，
我一定只选您一个人，
做我悲哀的日子的伴侣，
做最最美满的保证，
并且我会是幸福的……这多么的可能！

一四

"可是我不是为幸福而生的，

我的灵魂对它没有缘分。

您的完美是徒然的:

我完全配不上它们。

请相信吧(这一点良心就是证人),

夫妻的生活在我们将会是种痛苦。

我,不论是多么的爱您,

一处熟了之后,立时就不爱了。

您就要开始哭泣:

您的眼泪感动不了我的心,

反而只会激怒了它。

您来判断吧,希曼[1]为我们

准备下了什么样的玫瑰,

而且,或许,为的是许久的日子!

一五

"有什么在世界上比这个家庭更坏,

在那里,可怜的妻子

整天整晚的一个人

忧怨配不上她的男人;

在那里,烦闷的男人,知道她的价值

(然而只是诅咒命运),

总是皱住眉头,沉默着,

---

[1] 希曼,希腊神话里的婚姻之神。

怒气冲冲的，冷酷而又猜忌！
我就是这样。而您用纯真的，热烈的心灵，
寻找的就是这个，
当您以这样的真挚，
以这样的智慧给我写信的时候，
难道命运真能给您
派定这样严酷的运命？

一六

"幻想和年岁是不复返的。
我复活不了我的心灵……
我爱您用兄弟的爱，
而且，或许还更要温柔。
请不要见气地听我说：
年青的姑娘总不止一次地
用幻想来替换无常的幻想，
好像是小树跟着每年的春天
更换它自己的叶子。
这显然是上天注定的这样。
您会再爱别人的。但是……
要学学控制自己。
并不是每一个人，像我一样，都了解您。
没有经验，结果会是不幸。"

一七

叶甫盖尼这样地讲着道理。
透过眼泪什么也看不见,
急促地呼吸着,没有辩驳,
达吉雅娜听着他。
他向她伸出手来。悲伤地
(就像人们所说的,"机械地"),
达吉雅娜,沉默着,靠在上面,
低垂着惨苦的小头。
他们绕着菜园走回家去,
一起走到了家里,并没有一个人
想来责备他们这样:
因为乡村的自由
有它自己的幸福的权利,
正如高傲的莫斯科一样。

一八

你们都同意,我的读者,
我们的朋友很好地
对待了悲伤的达尼亚。
他并不是第一次这样地
表现心灵的真正的高尚,

虽然人们的恶意

对他什么也不宽恕：

他的仇敌，他的朋友

（这，或许，就是一个东西），

全都这样那样地毁谤他。

每一个人在世界上都有仇敌，

但是把我们从朋友那里救出来吧，上帝啊！

我真受够了那些朋友们，朋友们！

我不是无谓地回忆到他们。

一九

怎么一回事呢？这是这样。

我放一放空洞的，模糊的幻想。

我只是"附带地"来谈一谈，

没有一种卑鄙的谰言，

由撒谎的骗子在顶楼上制造出来[1]，

并且受社会上愚昧的人群鼓励的，

没有一种这样的无稽之谈，

没有一首恶俗的讥刺的短诗，

你们的朋友不是带着微笑，

---

[1] 据苏联普希金研究者考查，"撒谎的骗子"指美国人托尔斯泰（1782—1846），他曾经造政治性的谣言伤害普希金。"顶楼"是夏霍夫斯科伊家里的地方，彼得堡文艺界的人常在那里聚会。——自然，在这里诗人不是单指某一个人，而是说一般的"朋友"，一般的社会生活中的现象。

在正派的人们的团体里面,
没有任何恶意和计谋,
只是出于误会地把它重复个百遍。
而此外,他是竭力地维护你们:
他这样的爱你们……就像是亲戚一样!

二〇

嗨!嗨!高尚的读者,
你们所有的亲戚都健康吗?
对不起:或许,恰好
现在你们正要从我知道,
什么是"亲戚"这两个字的意思。
亲戚就是这样的一些人:
我们有关切他们,
爱他们,衷心地尊敬他们的义务。
并且,按照俄国人的风俗,
圣诞节要拜候他们,
或者是写信去祝贺,
为的是一年剩下的时间里,
他们不要记挂着我们……
因此,愿上帝赐给他们长生!

二一

所以温柔的美人的爱情,

比友谊和亲戚都更可靠：
就是在患难的风暴中间，
你们也保持得住它的权利。
当然，这是对的。可是时髦的旋风，
可是天性的放任，
可是社会舆论的洪流……
而女性，像是鸿毛，这样的轻。
何况丈夫的意见
对于贤德的妻子
总是应当尊重的；
所以你们的忠实的伴侣
常常的一瞬间就着了迷：
因为撒旦[1]在玩弄爱情。

二二

到底爱谁？到底相信谁？
谁是不会背叛我们的人？
谁能善意地体谅我们
一切的事情，一切的话？
谁不散布关于我们的谣言？
谁来关切地安慰我们？
谁不诋毁我们的缺点？

---

[1] 撒旦，诱惑人类堕落的恶魔。

谁永远都不会使我们厌烦？
空虚的幻影的寻求者啊，
不要徒劳地白费了功夫，
爱你自己吧，
我的可敬的读者！
这事情是值得的：
确实没有比它更可爱的了。

二三

什么是这次会面的结果？
唉，这是不难猜到的！
爱情的猛烈的痛苦
并没有停止激动
年青的灵魂，沉痛的悲伤；
不，可怜的达吉雅娜燃烧着
更强烈的抑郁的热情；
睡眠逃开她的床铺；
健康，生命的花朵和甜蜜，
微笑，处女的安静，
全都消失了，仿佛空虚的声音，
亲爱的达尼亚的青春暗淡了：
暴风雨的暗影就这样
笼罩着刚刚上升的白昼。

二四

唉,达吉雅娜憔悴了;
苍白,消瘦,而且沉默!
什么东西都引不起她的兴趣,
触动不了她的心灵。
神气活现地摇着头,
邻居们彼此叽哩咕噜地低语:
是时候了,她是该出嫁的时候了!……
可是够了。我应该快些
用幸福的爱情的图画,
让想象欢乐起来。
不由自主的,亲爱的读者们,
怅惘压迫着我。
请原谅我:我是这样的爱
我的亲爱的达吉雅娜!

二五

一刻比一刻更厉害地
被年轻的奥尔伽的美丽迷惑了,
乌拉吉米尔整个的心灵倾倒着
甜蜜的奴隶的身份。
他时时刻刻和她在一起。

在她的房里,他们两人坐在黑暗里面;

他们在花园里,手携着手,

逍遥早晨的时光;

还有呢?被爱情陶醉了,

在温柔的羞怯的慌乱里,

他只敢有时候,

受了奥尔伽微笑的鼓舞,

玩玩她的散开的鬈发,

或是亲吻衣裳的边缘。

二六

他有时候对奥里亚[1]

读劝讲道德的小说,

在那里面作者比夏多布里昂[2]

还更要知道天性,

而同时有那末两三页

(对女孩子的心是危险的,

虚无的幻想,无稽的杜撰),

他面红耳赤地漏了过去。

有时候远远离开所有的人,

他们坐在象棋盘旁边,

---

[1] 奥里亚,奥尔伽的爱称。
[2] 夏多布里昂(1768—1848),法国浪漫主义小说家。

手臂靠着桌子,
深深地沉思,
而连斯基心神分散地
常常把炮垒当成小兵[1]。

二七

坐车回家吧,就是在家里
他也为他的奥尔伽忙碌。
纪念册上那些轻飘的纸页,
他用心地替她装饰起来:
一会儿用钢笔和淡淡的彩色,
在上面画些乡村的风景,
墓碑,吉普里达[2]的庙,
或是竖琴上的鸽子;
一会儿在回忆的篇幅上,
在别人的署名底下
他留下温柔的诗文,
幻想的无声的纪念。
瞬息的思想的长远的遗迹,
若干年之后还将依然如故。

———————

[1] 俄国象棋有两个炮垒,八个小兵,炮垒功用大,小兵功用小,走法也不同。
[2] 吉普里达,即维纳拉,罗马神话里爱和美的女神。维纳拉相传生在吉普尔岛,所以称她为吉普尔女神,吉普里达。

二八

当然,你们不止一次地看见过

乡下的小姐们的纪念册,

从末尾,从开头,还有四周,

全被女友们涂满了。

在这里,写着的是些不合书法的,

没有韵律的诗文,

有缩短了的,有拖长了的

积习相传的忠实的友谊的表示。

在第一页上你会碰到

Qu'écrirez-vous sur ces tablettes[1];

还有署名:t. à. v. Annette[2];

而在最后一页上你会读到:

"谁更加的爱你,

让她写得比我更多。"

二九

在这里你们一定会找到

两颗心,火炬和花;

---

[1] 请赐金言。(法文)
[2] 您的诚恳的安纳特。(法文)

在这里你们靠得住要读到

"相爱到死"的誓词；

某某一位军队"诗人"

会在这里涂下恶劣的歪诗。

在这样的纪念册上，我的朋友们，

我承认，连我也高兴写写的。

我满心地相信，

我的每一句热烈的胡话

都会得到亲切的眼色，

并且以后就带着恶意的微笑

不停地神气十足地评论，

我会不会撒谎，尖灵呢还是不行。

三〇

可是你们，魔鬼的图书馆里出来的

零散的卷籍，

豪华的纪念册，

时髦的韵脚诗人的苦难啊，

你们，用托尔斯泰[1]的神奇的画法，

或是巴拉丁斯基[2]的文笔，

迅速地装饰起来的，

---

[1] 托尔斯泰（1783—1873），俄国画家，木刻家。
[2] 巴拉丁斯基（1800—1844），俄国诗人，普希金很赞赏他的诗。

让上帝的雷火烧毁你们吧！

当一位华丽的太太，

把她的 in-quarto[1]向我递过来的时候，

我就又打寒颤又作恶心，

并且在我的心灵的深处

冷嘲的短诗就跃动起来。

可是你得给她们写上恋歌！

三一

在年青的奥尔伽的纪念册里

连斯基不写恋歌；

他的笔流露着爱情，

却不冷冷地炫耀机智；

凡是看见的，凡是听到的奥尔伽的一切，

他写的就是这些。

于是充满生动的真实的哀歌

像江河一般地奔流出来。

正像是你，赋有灵感的雅詹珂夫[2]，

在自己内心的冲动里。

你歌唱着，上帝才知道的，某某一个人，

而这部宝贵的哀歌的全集，

---

[1] 四开本（法文），即纪念册。
[2] 雅詹珂夫（1806—1846），俄国诗人，作哀歌，哀歌里歌唱一个不知是谁的女子。

总有一个时候要表现出

你的命运的全部的故事。

三二

可是静些！听见吗？

严厉的批评家命令我们

扔掉哀歌的寒伧的花冠，

并且向我们的兄弟韵脚诗人们喊道：

"停止哭泣，

以及千篇一律的悲鸣，

哀伤'既往'，'过去'：

够了，唱唱别的吧！"

"你是对的，而且靠得住你要指示给我们，

喇叭，假面和匕首[1]，

还要命令我们从各方面去复活

思想的死去的资本：

不是这样吗，朋友？"——完全不是。哪里！

"写颂诗吧，先生们。

---

[1] 十八世纪在俄国流行一种浪漫短歌，这种短歌多取材历史的题材——"思想的死去的资本"，多写战争谋杀，所以诗里总有"喇叭""假面""匕首"等等。

三三

像在强盛的年代[1]写它们一样,
像在古时候被指示了的一样……"
"老是庄严的颂诗!
可是,够了,朋友!不全都是一样吗?
想想看,讽刺作家[2]说过些什么!
'外国格式'的狡猾的抒情诗人[3]
难道对于你
竟比我们的悲哀的韵脚诗人更能容忍?"
"但是在哀歌里一切都无意义,
它的目的空虚得可怜。
但是颂诗的目的高尚而且高贵……"
在这里我们可能争论起来,
但是我沉默了。
我不想让两个时代吵嘴。

三四

光荣和自由的崇拜者。

---

[1] 指叶卡吉林娜女皇时代,当时作颂诗歌颂女皇的极多。
[2] 指德密特里叶夫(1760—1837),俄国诗人。
[3] 德密特里叶夫在1795年写过一篇讽刺诗《外国格式》,讽刺那些模仿古代希腊诗人品达抒情诗的格式,做曲意逢迎、虚伪庸俗的颂诗的人们,那些人写颂诗的目的,只是为了得到"宝石戒子的奖赏,常常是一百卢布或者公爵的友谊"。

在他的思想的热烈的激动里，

乌拉吉米尔也可能写写颂诗，

但是奥尔伽不读它们。

可曾有过多少含泪的诗人

在自己心爱的人面前

读他们自己的作品？据说，

世界上没有比这更高的报酬。

也是实在的，幸福的是那谦逊的爱人，

向诗歌和爱情的对象

向可爱的深思的美人，

诵读自己的幻想！

他是幸福的……虽然，或许，

她完全在想些别的事情。

三五

但是我把我的幻想

与谐和的心机的果实

只读给年老的乳母[1]，

我的年青时代的女友，

或者意外地抓住

在闷人的饭后，

---

[1] 当普希金流放在米哈伊罗夫村的时候，普希金的老乳母阿里娜·罗吉翁诺夫娜陪着诗人。

偶然到我这里来串门的邻居，

在屋里对他痛读悲剧[1]，

或者（这并不是笑话），

被忧愁和韵律所苦恼，

就在我的湖滨游荡，

惊吓那一群群的野鸭：

在聆听了悦耳的诗篇之后，

它们就从岸上飞了起来。

三六　　附录九

....
....
....
....
....
....

三七　　附录一〇

而奥涅金怎样呢？这里，弟兄们！

我要请你们耐心：

---

[1] 1826年夏天，普希金曾经向邻居三山村的乌尔夫——奥西波娃的儿子——读过历史悲剧《波里斯·戈都诺夫》。

我要给你们详细地描写

他日常的事务。

奥涅金像隐士似的生活着；

夏天他在七点钟起身，

就穿着便衣跑到

山下奔流的河边，

模仿尤尔娜拉的歌人[1]，

游过这个赫莱斯朋特[2]，

然后一面喝他的咖啡，

一面浏览糟糕的杂志，

于是穿起衣服来……

....

三八

....
....
....
....

---

[1] 尤尔娜拉，拜伦的诗作《海盗》里的女主人公。"尤尔娜拉的歌人"即指拜伦。拜伦在他的长诗《唐·璜》第二章的注里说，他曾经在1810年5月3日游过鞑靼海峡。

[2] 赫莱斯朋特，鞑靼海峡的古名。关于这个海峡有这样一段故事：在古代希腊的时候，猎人李安德尔每晚游过海峡去会他的爱人希拉。后来，有一次在暴风雨的夜里，李安德尔渡海淹死了，希拉知道之后，也投海自杀，所以它就被称为希拉海。

....
....

三九

散步,读书,沉睡,
树林的阴影,溪流的低语,
有时候黑眼睛的白美人的
年青而且新鲜的接吻,
驯服缰辔的骏马,
足够精美的肴馔,
一瓶好葡萄酒,
孤独,寂静:
这就是奥涅金的神圣的生活。
他茫然地沉溺着它,
在无忧无虑的安乐里
不去计数美丽的夏天的日子,
也忘记了城市和朋友,
以及闷人的节日的花样。

四〇

可是我们北方的夏天,
一幅南方冬天的漫画,
一闪就没有了:这是谁都知道的,

虽然我们不愿意承认。
已经天空显露出了秋意，
已经太阳的光辉更稀少起来，
日子变得更短，
森林的神秘的浓荫落光了，
发出悲哀的喧声，
雾笼罩着田野，
吵闹的雁的旅队，
迤迤地飞向南方：
够闷人的季节到了，
十一月已经来临了。

四一

早霞在寒冷的黑暗里升起，
田里劳作的喧声沉寂了。
和它的饥饿的母狼一起，
狼走到了大路上面。
路上的马感觉到它，
喷着鼻子——于是小心的旅人
用全速力驶上山去。
在黎明的晨光
牧人已经不从牛屋里赶出母牛，
并且在中午的时候
他的角笛也不招呼它们集合。

在茅屋里姑娘〔二十六〕哼着歌，

纺着纱，并且，冬天的夜的友人，

松明在她面前响着爆裂的声音。

四二

于是寒冷这就酷烈起来

并且在田野里发出银光……

（读者已经等着"玫瑰"来押韵了[1]。

好，那就快些把它拿去吧！）

比时髦的嵌花地板还要素净的

小河穿上了冰装，闪着光。

孩子们，这快乐的人民〔二十七〕

用冰鞋响亮地划着冰；

笨重的鹅穿着红蹼，

想要在水里面游泳，

小心翼翼地走到冰上，

滑着又跌着；欢乐的初雪

闪烁着，旋飞着，

像星星一般落在河滨。

---

[1] 原文 розы 与第一句 морозы 押韵，普希金在这里讽刺当时的"韵脚诗人"。（参看四章三二，三三节）

四三

在偏僻的乡下这时候做些什么？
散步吗？乡村在这个时候
它的单调的裸秃
不由得使视线觉得沉闷。
在严寒的草原上跑马？
可是那马，用磨光了的蹄铁
跑着滑溜的冰，
随时你都等着它跌倒吧。
坐到寂静的屋子里去，
读书吧；这是普拉德特[1]，那是 W. Scott[2]。
不愿意？——那么就来查账，
生气，或是喝酒，于是漫长的夜晚
无论如何都会过去了，而明天还是这样，
于是你就会美好地度过冬天。

四四

奥涅金简直像卡尔德·哈罗德一样，
耽溺着阴郁的懒散的生活：

---

[1] 普拉德特（1759—1837），法国外交家、政论家。
[2] 斯考特（1771—1832），英国小说家、诗人。

醒来就坐在浴室里用冰沐浴，

然后，整天在家里，

一个人，专心地盘算着；

他拿着秃头的球杆，

从早晨起就在台球桌子上

玩那两个台球，

乡村的夜晚来临了：

这时台球桌子扔下了，球杆丢开了，

在壁炉前面桌子铺好了，

叶甫盖尼等待着；于是连斯基

坐着杂灰色马拉的三辔车来到了，

赶快把饭开来吧！

四五

甫朵瓦·克力珂或是摩爱特[1]，

装在冰冻的瓶子里

款待诗人的美酒，

立刻就拿上桌来。

它像伊波克莱娜的泉水[2]一样放着光辉〔二十八〕。

它用它的喷涌和泡沫

---

[1] 甫朵瓦·克力珂，摩爱特，法国香槟酒名。
[2] 伊波克莱娜，希腊海里贡山上的泉水。相传海里贡山是文艺女神缪斯住的地方，山上的泉水是飞马的蹄子击地裂出的，能够启发诗人的灵感。"伊波克莱娜"的意思就是"马泉"。

（正类似这个和那个[1]）

迷惑住了我：还记得吗，朋友们？

为着它，常常的，

我拿出了最后的可怜的莱普特[2]。

它的魔术的水流

生出了不少的蠢事，

而多少的谈笑和诗文，

争论，和欢乐的好梦！

四六

可是它的喧嚣的泡沫

不合乎我的脾胃，

所以明白懂事的我

现在已经更喜欢"波尔多"。

对于"阿逸"[3]我更不行。

"阿逸"近似爱人，

艳丽，轻浮，活泼，

而且又任性，又空虚……

可是你，"波尔多"，近似朋友，

它，在悲哀里在不幸里，

随时随地是一个友伴，

---

[1] 指爱情和狂热的青春。
[2] 莱普特，希腊的小钱。
[3] 波尔多，阿逸，都是法国酒名。波尔多是葡萄酒，阿逸是香槟酒。

准备给我们藉慰,

或是分享安静的闲暇。

祝"波尔多",我们的朋友健康!

四七

火熄了;将烬的煤

差不多被灰盖上了;

升腾的气流几乎看不见了,

壁炉微微地发出暖气。

烟从管子里跑进烟囱。

灿亮的大酒杯

还在桌子中间哑哑地翻着泡沫。

夜晚的黑暗降临了……

(我爱亲切的闲谈

和亲切的大杯的酒,

在这个所谓的

狼和狗的时候[1],

可是为什么,我不知道。)

现在朋友们谈起天来:

---

[1] 这是一句普希金在第三章二十九节所说的"法国风味"的俄国话,出自法文 entre chien et loup,意即黄昏的时候。

四八

"哪,女邻居们怎样?达吉雅娜怎样?
你的活泼的奥尔伽怎样?"
"再倒给我半杯……
够了,亲爱的……全家都好,
叫问候你。
啊哟,亲爱的,奥尔伽的肩膀
变得多么漂亮,什么样的胸膛!
什么样的灵魂!……不论什么时候
我们顺便去看看她们吧。你会使她们感激的。
然而,我的朋友,你自己评判吧:
看过她们两次,可是后来
就连面都不向她们露了。
是呀……我是个什么样的傻瓜!
请你这个星期到她们家里去。"

四九

"我?"——"是的,达吉雅娜的命名日
在星期六。奥连伽[1]和妈妈叫来请你,
你可没有理由

---

[1] 奥连伽,奥尔伽的爱称。

连邀请也不到。"

"可是那里要有一大堆人,

什么样子都有的乱七八糟的人……"

"那,谁也没有,我相信!

那里会有谁?自己的一家人。

我们一起去,赏个光吧!

哪,怎么样?"——"我同意,"——"你多好啊!"

说这句话的时候他干了一杯

对女邻居的敬酒,

以后重新又谈开了奥尔伽。

恋爱本来就是如此!

五〇

他是快乐的。过两个星期

就是择定的幸福的日期。

结婚的床上的秘密

和甜蜜的爱情的花冠

都在等待着他的狂喜。

他从来没有梦见过

希曼[1]的劳碌,悲伤,

打呵欠的冰冷的日子。

可是像我们,希曼的仇人,

---

[1] 希曼,希腊神话里的婚姻之神,这里指结婚的生活。

在家庭生活里只看到
一串令人厌倦的图画,
拉丰旦的风味的小说……〔二十九〕
我的可怜的连斯基,
他的心是为了那种生活而生的。

五一

他是被人爱着的……至少
他这样地想着,并且是幸福的。
百倍幸福的是,谁忠实于他的信仰,
他,平静下冷静的理智,
栖息在爱情的欢乐里面,
像是醉酒的旅人在客栈里,
或者,更优雅些,像是蝴蝶,
吸在春天的花上。
但是悲哀的是,谁预先知道了一切,
他的头不再昏迷了,
谁憎恶它们表现出来的
一切的行动,一切的言辞,
经验寒冷了他的心,
并且制止他再去耽溺了!

第五章

> 呵,不要去想这些可怕的梦,
> 你,我的斯维特拉娜!
>
> ——茹科夫斯基[1]

一

这一年秋天的天气
停留得很长,
自然等待着,等待着冬天。
雪到正月初三的夜里才落下来。
醒来很早,
清早达吉雅娜从窗子里看到
变白了的院子,
花坛,屋顶和栅栏,
玻璃上淡淡的冰冻的图案,
穿上冬天的银装的乡村,

---

[1] 茹科夫斯基(1783—1852),俄国诗人。这两句诗引自他的诗作《斯维特拉娜》。

院子里的快乐的喜鹊,

以及被冬天的华丽的地毯

软软地铺起来的群山。

一切都是明亮的,四周的一切都是白色。

二

冬天了!……农民兴高采烈地

坐上乡下的雪橇去开辟道路;

他的马儿,嗅到雪,

勉勉强强地小跑着;

犁开柔软的雪沟,

勇猛的篷橇飞驰着;

车夫坐在橇台上,

穿着羊皮外套,扎着红腰带[1]。

仆人的孩子也在跑着,

小雪橇里放着"朱奇加"[2],

他自己就装做是马;

顽皮的孩子手指已经冻僵了,

他觉得又难过又好笑,

而妈妈站在窗口恐吓着他……

---

[1] 俄国乡下人常扎这种腰带,很宽,棉织的。
[2] "朱奇加",小狗。

三

可是,或许,这一类的图画

不能引起你们的兴趣:

这一切都是低级的自然,

这里没有多少雅致。

被灵感的神灵所激动,

另外一位诗人用华丽的文体,

给我们描写过初雪

以及一切冬天的欢乐的景色〔三十〕。

他用热烈的诗文绘写了

雪橇里的秘密的旅行,

我相信,他迷住了你们。

可是在这里我既不打算和他,

也不打算和你,

年轻的芬兰女子的歌人〔三十一〕来作竞争!

四

达吉雅娜(这俄国的灵魂,

自己也不知道,为什么)

爱俄国的冬天

以及她的寒冷的美丽,

严寒的白天里太阳底下的冰霜,

雪橇，和晚霞的时候

玫瑰色的雪的回光，

还有主显节周晚上的黑暗[1]。

这几天晚上在她们家里

依照古时候的风俗举行庆祝：

全家所有的婢女

都来给她们的小姐们占卜，

并且每年都许给她们

军人的丈夫和出征。

五

达吉雅娜相信

民间的古代的传说，

还相信梦，纸牌的卦

和月亮的预告。

种种的预兆使她担心。

她觉得一切的东西

都神秘地显示着什么，

种种的预感交集在她的胸中。

当受人宠爱的猫，坐在壁炉上面，

打着呼噜，用小脚洗起脸来：

---

[1] 主显节，旧历1月6日。主显节前后的一个星期（1日至7日），称主显节周，这七天晚上是冬天最冷最黑的时候。

这在她就是无疑的征兆,
客人们要到来了。
忽然看到两只角的新月
在左边的天空上面;

六

她就颤栗并且苍白起来。
当有一颗陨星
飞过黑暗的天空,
并且碎裂了,——那时候
达尼亚就惊慌起来,
乘星还在飞落的时候,
赶忙对它低声诉说心里的愿望。
当她不论在什么地方
碰到黑衣裳的修道士,
或是快跑的兔子在田野里
横过她前面的道路[1],
害怕得,不知道怎样是好,
充满忧愁的预感,
她这就等待着不幸。

---

[1] 当时民间迷信:猫洗脸预兆有客人来;新月在左边的天上,走路的时候碰到黑衣裳的修道士,兔子横着跑过前面的路,都是不吉之兆。

七

怎样呢？正是在恐惧里

她却找到了秘密的乐趣：

癖性矛盾的自然，

就是这样地创造了我们。

圣诞节周[1]到了。多么的快乐！

飘浮不定的青年人都来占卜，

她们没有一点哀愁，

在前面摆着生活的远景，

光明而且无涯；

在自己的棺木旁边，

不可复得地丧失了一切，

老年人戴着眼镜也来占卜；

并且全都一样：

希望对她们用孩子的谵语说着谎话。

八

达吉雅娜用好奇的视线

凝视着浸在水里的熔蜡：

它形成的种种奇异的形状，

---

[1] 圣诞节周，圣诞节后第一个星期。

告诉她这样那样奇异的事情[1]；

从盛满了水的盆里，

指环顺序地在拿出来，

也给她拿出了小小的指环，

这时候正唱着一个古时候的歌：

"那里的农夫呀全都富有，

都用铲子来扒银子。

唱的是谁呀，谁就幸福和光荣！"

可是这个歌的悲哀的调子

预兆的是丧亡。

姑娘们心里觉得"母猫"更要可爱〔三十二〕。

九

夜很寒冷，整个的天空明亮。

天上星群的奇异的队伍流动着。

这样静寂地，这样和谐地……

达吉雅娜穿着随身的衣裳

走到广阔的院子，

她拿镜子去照月亮。

但是黑暗的镜子里，

只有一轮悲凉的明月在颤抖……

听……雪沙沙地响……一个过路的人。

---

[1] 将熔蜡放在热水里，流成种种的形状，由此占卜未来的命运。

女郎用脚尖向他飞跑过去,

她的比芦笛的音调

还要柔和的声音就问道:

"您叫什么名字?"〔三十三〕他看了一看

于是回答:阿卡风[1]。

一〇

达吉雅娜,依乳母的话,

她准备在夜里占卜,

悄悄地吩咐在浴室里[2]

在桌上摆两副刀叉。

但是达吉雅娜忽然觉得害怕起来……

就是我——当想到斯维特拉娜[3]的时候

我也觉得害怕——就这样吧……

我们不跟达吉雅娜占卜了。

达吉雅娜把小丝带解开,

脱掉衣服,在床铺上睡下了。

在她上面飞翔着莱里[4],

而在鸭绒枕头下面,

放着姑娘家的镜子。

---

[1] 阿卡风,农民的名字。
[2] 这也是一种占卜:夜里一个人在屋外的浴室里,桌上摆两副刀叉,对着镜子,据说可以看到自己的爱人,还可以一起吃饭。
[3] 茹科夫斯基在诗里写斯维特拉娜深夜这样占卜,做了一个可怕的梦。
[4] 莱里,俄国古代神话里的爱神。

一切都静寂了。达吉雅娜睡了。

一一

达吉雅娜做了一个奇怪的梦。
她梦见,她仿佛是
在雪的旷野里走着,
周围是阴沉的黑暗;
在她前面的雪堆里,
一条没有被冬天完全封闭住的
奔腾的,黯黑而又苍白的急流,
呼吼着,波涛汹涌着;
两根被冰块冻结在一起的木棍,
架在急流上面,
就是一座摇摇欲坠的危险的桥;
于是在怒号的深渊前面,
满心的疑虑,
她站住了。

一二

对这个不顺心的隔离,
达吉雅娜对小河埋怨起来。
她看不到一个人,
会从河那边把手伸过来给她。

但是忽然一个雪堆动起来了,
从它下面出来的是谁?
原来是一只毛发森森的大熊。
达吉雅娜"哎呀!"而它呼吼着,
就把长着尖爪的脚掌向她伸了出来。
她鼓起勇气,
用颤抖的小手靠着它,
于是用胆战心惊的步子
渡过了小河。
她走了——可是怎么啦?熊跟在她的后面。

一三

她,朝后看一眼都不敢,
急忙地加紧脚步。
但是从这个毛发蓬松的仆人
无论怎样也不能够跑脱。
低声地哼着,讨厌的熊大步奔走着。
在他们前面是座森林。
凝立的松树显着肃穆的美丽。
它们所有的枝叶
都被雪团沉坠下来。
穿过赤裸的白杨,桦树,菩提树的树顶,
照耀着夜的星群的光辉。
道路没有了。树丛,悬岩,

全被大风雪盖了起来,

深深地埋在雪里。

一四

达吉雅娜进了森林。熊跟在她的后面。

松软的雪直到她的膝盖。

一会儿长树枝

忽然勾住她的颈项,

一会儿从耳朵上猛力扯去了金耳环;

一会儿潮湿的靴子

从可爱的小脚上陷在松散的雪里;

一会儿她落掉了手帕,

她来不及去拾它。她怕,

听见熊跟在自己后面。

她甚至于都不好意思用发抖的手

去提起衣裳的边缘。

她跑,它总是紧跟着,

而她已经连跑的力气都没有了。

一五

她跌倒在雪里。

熊敏捷地抓起她来,带着就走。

她无知觉地听从着,

不动,也不出气。

它带着她在森林里的路上飞跑。

忽然树木中间现出一座残破的草棚。

在它周围全是森林,

四面都是荒凉的雪堆,

它的小窗子明亮地发着光,

在草棚里面又是喊叫又是闹嚷。

熊说话了:"这里是我的教父:

稍稍在他这里暖一下吧!"

它于是一直走进门廊,

就把她放在门口的地方。

一六

醒过来了,达吉雅娜定神一看:

熊不见了;她在门廊里面;

门里头有喊叫和杯子的声音,

好像是办隆重的丧事一样[1]。

在这里一点道理看不出来,

她悄悄地凑着门缝一看,

呵哟!她看见了什么?……靠着桌子

四面坐着许多妖怪:

一个长着角和一张狗脸,

---

[1] 当时的风俗,死人下葬之后,应当大宴吊丧的人。

另外一个长着公鸡的头,
在这里是个有山羊胡子的女巫,
这里又是一个骄傲而且自负的枯骨,
在那里是个有小尾巴的侏儒,
而那里是一个半鹤半猫的怪物。

一七

更怕人的,更稀奇的:
这里是一个龙虾骑在蜘蛛上面,
这里是一个长在鹅颈项上的骷髅头
戴着红色的睡帽在转来转去,
这里是一个风磨跳着曲膝舞
并且用翅膀扇得哗哗地响。
吠声,哄笑,唱歌,呼啸,拍手,
人的话语和马的足踏〔三十四〕!
可是达吉雅娜想了些什么,
当她认出了在客人们中间就是那个,
她的可爱而又可怕的人,
我们的小说的主人公!
奥涅金靠着桌子坐着,
并且暗暗地瞧着门口。

一八

他有一个表示——于是全都忙碌起来;

他喝酒——全都喝酒并且全都喊叫；

他一笑——全都哈哈大笑；

一皱眉头——全都沉默了。

他在那里是主人，这很明显。

达尼亚也就不那么恐惧了，

于是好奇的她，现在

稍稍把门开开一点……

突然地起了一阵风，

把灯火全吹熄了。

这伙鬼怪惊慌起来。

奥涅金，眼睛闪着光，

吼叫着，从桌子旁边站了起来；

全都站起来了：他向着门口走来。

一九

于是她害怕起来。

达吉雅娜赶忙地想要逃跑，

可是怎么样也不能够。

急得乱转，想要大声地喊叫：

这也不成。叶甫盖尼推开了门，

于是这位姑娘就出现在

那些地狱里的鬼怪的眼前。

犷犷的笑声粗野地哄响起来，

所有的眼睛，蹄子，弯弯曲曲的长鼻子，

毛须须的尾巴，獠牙，
长须，血红的舌头，
角，枯骨的手指，
全都指着她，
并且全都喊道：我的！我的！

二〇

"我的！"叶甫盖尼厉声地说了，
这伙鬼怪忽然都不见了；
在寒冷的黑暗里只剩下
年轻的姑娘和他自己；
奥涅金轻轻地拖着〔三十五〕
达吉雅娜到墙角上，
就把她放上摇摇欲倒的长椅，
并且把他的头靠住她的肩膀。
忽然奥尔伽走进来了，
连斯基跟在她的后面光亮了一下；
奥涅金挥舞着手，
他的眼睛粗野地转动着，
大骂起这两位不速的客人；
达吉雅娜气息奄奄地躺在那里。

二一

吵架的声音越来越高，越来越高；

忽然叶甫盖尼抓起一把长刀，一刹那间
连斯基倒了下去；黑影可怕地
显得越黑；不忍听的喊声
发了出来……草棚摇晃起来了……
于是达吉雅娜在恐怖里醒了……
定神一看，屋里已经亮了；
透过冰冻的玻璃
绛紫的霞光在窗子上闪耀；
门开了。奥尔伽看她来了，
比北极光还红艳，
比燕子还轻盈地飞了进来。
"哪，——她说，——你跟我说说，
你在梦里看见了谁呀？"

二二

可是她，不理会妹妹，
拿着书在被窝里躺着，
一页一页地翻过去，
什么也没有说。
虽然这本书
既不是诗人的美妙的杜撰，
也不是贤明的真理，也不是图画，

可是,无论是维尔吉里,或是拉辛[1],
或是斯考特,或是拜伦,或是塞纳加[2],
甚至于是《女子时装杂志》,
都不能够这样的使人入神:
那个是,朋友们,马丁·沙德嘉〔三十六〕,
占星术的圣人们的首领,
占卜家,详梦的专家。

二三

这本深奥的著作
是一个走江湖的商人
有一次带到她们乡下,
并且终于让给了达吉雅娜,
他把它和零散不全的《玛尔维娜》[3]
一起算了三个半卢布,
另外还拿了它们的饶头,
一本庸俗的寓言集,
一本文法,两本《彼得颂》[4],
和玛尔蒙泰尔[5]的第三册。
马丁·沙德嘉以后就成了

---

[1] 拉辛(1639—1699),法国悲剧作家。
[2] 塞纳加(公元前3—65),罗马哲学家、悲剧作家。
[3] 《玛尔维娜》,法国小说家戈旦夫人(1770 1807)的小说,共分六部。
[4] 《彼得颂》,俄国诗人格鲁英斯基的长诗。
[5] 玛尔蒙泰尔(1723—1799),法国作家,作有短篇小说集和长篇小说。

达尼亚心爱的人……

凡是悲伤的时候它就给她安慰,

并且形影不离地陪她就寝。

二四

梦扰乱了她。

不知道,它应该怎样的解释,

达吉雅娜想要找出

可怕的幻象的真义。

达吉雅娜在索引里

依字母排列的次序,

寻找这些字:松林,风暴,女巫,枞树,

刺猬,黑暗,小桥,熊,大风雪,

以及其他等等。

她的疑惑马丁·沙德嘉没有解决,

可是她觉得这个不祥的梦

预兆着许多悲哀的岔子。

以后有好几天

她总是焦虑着它。

二五

但是这就用绛紫的手〔三十七〕

黎明从早晨的溪谷

引出在它后面的太阳

和快乐的命名的日子。

从早晨起拉林家里就挤满了客人。

邻居们全家都来了，

有的坐轿车，有的坐篷车，

有的坐敞篷车，有的坐雪橇。

在前厅里是拥挤，扰攘。

在客厅里是生脸色的见面，

哈巴狗的吠声，姑娘们的接吻声，

喧哗，哄笑，门槛旁边的杂沓，

客人们的鞠躬和敬礼，

奶妈的叫喊和小孩子的啼哭。

二六

和他的肥满的太太一起

肥胖的布斯甲科夫来到了；

还有格伏兹金，一个顶刮刮的家主，

赤贫的农民们的主人；

斯科金尼夫妇，头发花白的一对，

带着从三十岁到两岁，

什么年纪都有的孩子；

县城里的花花公子别杜希科夫，

我的堂兄弟,布雅诺夫[1],

穿着细绒的衣服,戴着鸭舌帽子〔三十八〕

(当然,他是你们的熟人),

还有退职的官员弗列诺夫,

造谣的专家,老奸巨猾的骗子,

大馋嘴,贪赃的污吏和小丑。

二七

和邦菲尔·哈尔力科夫一家人一起

麦歇特里凯也来了,

一个尖灵人,新近从达姆波夫[2]来的,

戴着眼镜和红色的假发。

像一个真正的法国人,特里凯在口袋里

给达吉雅娜带来了

一首孩子们都知道的能唱的歌词:

Réveillez-vous, belle endormie[3]。

这个歌词原来是

历书上的一首陈旧的歌曲。

特里凯,这个有眼力的诗人,

把它从灰尘里带到世界上来,

---

[1] 普希金的伯父华西里·普希金(1767—1830)的诗作《危险的邻居》里的一个人物,所以普希金称他"堂兄弟"。
[2] 达姆波夫,俄国中部的一个城市。
[3] 醒醒吧,睡着的美人儿。(法文)

并且大胆地代替 belle Nina,

放上了 belle Tatiana[1]。

二八

这里又从城市的近郊

来了成熟的小姐们的偶像,

县城里的妈妈们的安慰,

连长坐车子到了。

进来了……啊呀,新闻,是什么!

团里的乐队要来!

团长亲自派来的。

多么的高兴:要开跳舞会了!

丫头们预先就跳将起来〔三十九〕。

可是送上来了吃的。

一对对手拉手走到桌子旁边。

小姐们紧靠住达吉雅娜;

男子们就在对面;于是,画过十字,

这群人嘈杂地在桌上坐下来了。

二九

谈话中断了一会儿,

---

[1] belle Nina(美丽的尼娜);belle Tatiana(美丽的达吉雅娜)。都是法文。

嘴咀嚼着。四面八方
碟子和刀叉锵锵地响着，
还响着杯子的声音。
但是客人们很快地
渐渐地全都骚扰起来。
没有一个人静听，都在喊嚷着，
笑着，争论着，尖声地呼叫。
忽然门敞开了，连斯基走进来了，
还有奥涅金和他一起。"哟呀，造化！——
女主人喊道：——到底来啦！"
客人们拥挤起来，每个人都赶快挪开
自己的刀叉和椅子，
打着招呼，请这两位朋友就座。

三〇

让他们正好坐在达尼亚的对面，
而，比早晨的月亮还苍白，
比被追逐的母鹿还颤抖，
她抬不起发黑的眼睛：
爱情的烈火在她心里
猛烈地燃烧；她窒息，难过；
她没有听见两位朋友的祝贺，
眼泪从眼睛里
已经想滴下来了；

可怜的人儿已经快要晕倒了；

但是意志和理性的力量战胜了。

她轻轻地

从齿缝里说了两个字，

并且仍然坐在桌子上面。

三一

悲惨的神经质的表现，

女郎的昏晕，眼泪，

叶甫盖尼早已就受不了了：

他忍受够了这些。

这个怪人，遇见这样盛大的宴会，

已经是有气了。

于是，看到憔悴的女郎的颤栗的激动，

他愤怒地低下眼睛，

气鼓着脸，并且忿忿地

立誓要使连斯基发狂，

设法报复这个仇恨。

现在，预先来庆祝胜利，

他开始在自己心里

素描所有的客人的漫画。

三二

自然，不止叶甫盖尼一个人

可以看见达尼亚的慌乱。

但是在那个时候

目光和评判的目标是油腻的馅饼

（不幸的是，太咸了）；

并且装在沥青封口的瓶子里，

摆在烤肉和乳羹中间，

顿河的香槟已经拿来了。

在瓶子后面是一排细而长的酒杯，

正仿佛是你的身腰一样。

吉吉[1]，我的心爱的姑娘，

我的纯真的诗篇的对象。

爱情的迷人的酒樽啊，

你，你也曾经时常地令我沉醉！

三三

潮湿的塞子去掉了，

瓶子爆响一声，酒翻腾着泡沫。

这时候带着庄重的姿态，

因为歌词早就不安的

特里凯站起来了。在他前面

人群保持着深深的沉默。

---

[1] 吉吉，即叶夫勒拉克西亚·乌尔夫（1810—1883），普希金的朋友乌尔夫的妹妹。

达吉雅娜几乎透不过气来。特里凯,

手里拿着纸片向她转过身来,

唱起来了,全走了调子。

鼓掌,喊叫,全都向他祝贺。

她被迫向着歌人行礼。

这位诗人虽然伟大,却倒也还谦虚。

他第一个干杯祝她健康,

并且把歌词也递给了她。

三四

敬礼,祝贺都过去了。

达吉雅娜向所有的人道谢。

当道谢终于轮到叶甫盖尼的时候,

女郎的憔悴的样子,

她的慌乱,困顿,

在他心灵里引起了怜悯:

他默默地向她鞠躬,

但是他眼睛的神色不知道怎样异常的温柔。

这是因为,

他真的被感动了呢,

还是他,卖弄风情地在开玩笑,

是无心呢,还是出于好意?

但是这眼色表现出了温存:

它复活了达尼亚的心。

三五

移开的椅子轰响着,

人群涌进了客厅:

好像一群吵闹的蜜蜂

从甜美的蜂房飞进田野。

满意这顿命名日的筵席,

邻居们面对面地吸着鼻子[1]。

太太们靠着壁炉坐下来。

姑娘们在墙角里低语。

绿色的桌子拉开了:

邀请着急的赌客的

有老人们的波士顿和罗别尔,

还有直到现在都著名的威斯特[2],

它们统统都是同样的一家,

都是饥渴的烦闷的儿子。

三六

玩威斯特的主角们,

已经来了八盘输赢,

---

[1] 吃得太饱,鼻子吸气作声。
[2] 波士顿、罗别尔、威斯特,都是扑克牌赌博的名字。波士顿和罗别尔在过去流行,威斯特在当时流行。

他们换过了八次座位。

茶又送上来了。

我爱用午餐、茶和晚餐来确定时刻。

我们在乡村里,

知道时间不用多大的麻烦:

胃——我们的靠得住的布莱格特。

并且顺便我要附带地说一句,

在我的诗篇里

我这样常常地谈到宴会,

谈到各种各样的吃食和瓶塞子,

这正像是你,神圣的奥密尔[1],

你这三千年的偶像!

三七　附录一一　三八　附录一二

....
....
....
....
....
....

---

[1] 奥密尔,即荷马,古代希腊的大诗人,约生活在公元前九世纪,作有史诗《伊里亚德》和《奥德赛》。

三九

但是茶送上来了,姑娘们斯文得
几乎都不伸手去动碟子。
忽然从门后面在长厅里
低音的大竖笛和横笛吹奏起来了。
因为音乐的轰鸣而欢喜,
丢下掺了甜酒的茶杯,
周围的村镇里的巴里斯[1],
别杜希科夫走到奥尔伽跟前。
连斯基向达吉雅娜走去。
我的达姆波夫的诗人抓住
过了年岁的姑娘,哈尔力科夫小姐。
布雅诺夫急忙拖走了布斯甲科夫太太。
全都涌进了大厅,
于是跳舞会在五光十色里辉煌起来。

四〇

在我的小说的开头
(请看第一章)

---

[1] 巴里斯,希腊传说里特洛伊城的王子,拐走海伦,引起有名的特洛伊战争;这里指县城里的美男子。

我本想用阿尔巴尼[1]的风格

描写一下彼得堡的舞会,

但是,被空虚的幻想分了心,

我回忆起了

我所认识的女子们的小脚。

随着你们的纤小的足迹,

小脚啊,我迷糊够了!

经过我的年轻时代的变故,

是我变聪明些的时候了,

我要在行为上和文体上加以改正,

并且在这第五章里

去掉那些离题的诗行。

四一

单调而且猛烈的,

好像年轻的生命的旋风,

喧哗的华尔兹的旋风旋转着,

一对跟着一对闪过。

报仇的时刻到了,

奥涅金,暗暗地笑着,

走到奥尔伽的跟前。

他飞快地跟她在客人们旁边旋舞起来,

---

[1] 阿尔巴尼(1578—1660),意大利画家。

然后让她坐到椅子上，
引些话来谈谈这样，说说那样，
过了两分钟之后
他重又继续和她跳华尔兹。
所有的人都在惊讶中。连斯基自己
也不相信他自己的眼睛。

四二

玛朱加舞曲响了。往常，
当玛朱加的雷声轰响起来，
大厅里一切都颤抖了，
嵌花地板在鞋跟底下发出爆裂的声音，
窗格子摇颤着，哗哗地响。
现在不那样了：连我们，也像女子一样，
在油漆的地板上溜着过去。
但是在小城里，在乡下，
玛朱加舞还保存着
原先的种种花样：
跳跃，脚跟，八字胡子，
一切都还是那样。作恶的时髦，
我们的暴君，顶新式的俄国人的病症，
没有改变得了它们。

四三　　附录一三

....
....
....
....
....
....

四四

布雅诺夫，我的冒失的小兄弟，
引着达吉雅娜和奥尔伽
走到我们的主人公面前。
奥涅金敏捷地带着奥尔伽走开了。
他领着她随随便便地溜着，
并且弯下身子，对她温柔地低声地
说了一些粗俗的奉承的情话，
又紧紧地握着她的手——于是
在她的扬扬自得的脸上
燃烧起了更鲜明的红霞。我的连斯基
全都看到了：冒火了，沉不住气了。
在嫉妒的愤怒里
诗人等到玛朱加舞结束，

就招呼她去参加科吉隆舞[1]。

四五

但是她不行。不行？那怎么了？
原来奥尔伽已经答应了奥涅金。
啊上帝，上帝！
他听见了什么！她竟能够……
这可能吗？几乎是才从襁褓里出来的，
水性杨花的女子，轻浮的婴儿！
她已经来玩花头了，
已经学会变心了！
连斯基没有力量受住这个打击，
诅咒着女人的把戏，
走出去，要了马就飞驶。
一对手枪，
两颗子弹——再没有别的——
将要突然解决他的命运。

---

[1] 科吉隆舞，一种法国舞，八个人分做四组合跳。

第六章

在那里,在日子阴暗而且短促的地方,
生长着一个不以死为痛苦的种族。

——彼特拉克[1]

一

注意到,乌拉吉米尔不见了,
奥涅金,重新又感到了气闷。
他满意自己的报复,
在奥尔伽身边沉思起来。
奥尔伽也跟着他打起呵欠来,
她用眼睛寻找连斯基,
没有个完的科吉隆舞
像一场苦重的梦缠绕着她。

---

[1] 原文为意大利文:La, sotto i giorni nubilosi e brevi,
　　　　　　　　　Nasce una gente a cui l'morir non dole.
　　　　　　　　　　　　　　　　　　　　——Petr.
　　彼特拉克(1304—1374),意大利诗人。这两句诗引自他的短歌。

终于它完了。都去吃了晚餐。
床铺铺好了：
客人们过夜的地方，
从门廊一直安置到姑娘们的闺房。
全都需要安静的睡眠。
我的奥涅金一个人坐车回家就寝。

二

全安静下来了：在客厅里
沉重的布斯甲科夫打着鼾，
和他的沉重的老伴儿在一起。
格伏兹金，布雅诺夫，别杜希科夫，
还有不大舒服的乌略诺夫，
睡在饭厅里的椅子上。
在地板上是麦歇特里凯，
穿着毛线衣，戴着旧睡帽。
姑娘们在达吉雅娜和奥尔伽房里，
全都进了梦的怀抱。
一个人，悲伤地坐在窗子前面
沿着狄亚娜的银光，
可怜的达吉雅娜没有睡
她凝视着黑暗的田野。

三

他的意外的出现,

刹那间的眼睛的温柔

还有和奥尔伽的奇怪的行动

使她直到心灵的深处

都在感到激动。

她无论怎样不能够了解他:

嫉妒的痛苦苦恼着她,

仿佛一只冰冷的手紧绞着她的心,

仿佛一个无底的深渊

在她的脚下发黑并且喧腾……

"我要毁了,"——达尼亚说——

"但是因为他毁灭是情愿的。

我不埋怨了:为什么埋怨呢?

他不可能给我幸福。"

四

往前看吧,往前看吧,我的故事到了!

一个新的人物在招呼我们。

离连斯基的村庄,

克拉斯诺果尔有五俄里,

在哲学意味的荒野里

到现在还健康地住着一位沙莱茨基。
他曾经是个胡闹的角色,
赌徒帮里的首领,
放荡子弟的头子,酒店的保护人,
现在呢是个良善的朴实的
独身的家庭的家长,
可靠的朋友,和平的地主,
甚至于还是个可敬的人:
我们的时代是在这样地改进!

五

往常,社交界的阿谀的声音
都赞扬他的凶狠的勇猛:
他,真正的,能用手枪
离五沙绳[1]远命中杜司[2],
例如说吧,有一次在战争里
真正的兴高采烈的
他打了一次出色的仗,
他喝得酩酊大醉,
勇敢地从卡尔美克[3]马上跌进泥泞,
于是落到法国人的手里做了俘虏:贵重的抵押品!

---

[1] 沙绳,俄丈。
[2] 杜司,扑克牌里的一(或十四)。
[3] 卡尔美克,俄国的一种游牧民族,马很著名。

这位最新的莱古尔[1]，名誉的神灵，

他准备重新去受镣铐，

为的是每天早晨在维拉〔四十〕

可以赊账干它三瓶。

六

往常，他好巧妙地戏弄别人，

会欺骗傻瓜

也会漂亮地愚弄聪明人，

或是明显的，或是暗地的，

虽然别人的花头

并不是没有教训过他，

虽然有时候他自己也上了当，

就像是一个蠢才。

他会天花乱坠地雄辩，

机灵地或是呆傻地回答，

有时审慎地沉默，

有时审慎地争辩，

他会挑拨年青的朋友失和，

并且掇弄他们走上界线[2]。

---

[1] 莱古尔（公元前？—250?），罗马名将，被迦太基所俘虏。后来迦太基派他到罗马去求和，他不顾自己的利害，竭力主战；然后重又回到迦太基去做俘虏，并且死在那里，因为行前他以名誉保证过决不私逃。

[2] 两人决斗时，各站在相当距离的界线之外。意即：挑拨离间朋友们失和以至于决斗。

七

或者强迫着他们和好,
为的是三个人在一起吃顿早饭,
以后又暗地里用有趣的笑谈,用谎话
来毁坏他们的名誉。
Sed alia tempora![1] 勇敢
(像爱情的梦,这是另外一套把戏)
和活泼的青春一起过去了。
如我说过的,我的沙莱茨基,
终于从暴风雨里
隐避到野樱桃和刺槐的树荫底下,
生活得像一个真正的贤人,
像贺拉斯[2]一样,栽栽甘蓝菜,
养养鸭子和鹅,
并且教教孩子们学认字母。

八

他不是个蠢人;所以我的叶甫盖尼,
虽然不尊重他的心地,

---

[1] 可是到了另外一个时期!(拉丁文)
[2] 贺拉斯(公元前65—公元前8),罗马诗人。

不过还爱他的论断的气魄,

和关于这样,关于那样的合理的意见。

往常,他很高兴和他见面,

所以这天早晨

一点也不觉得惊异,

当他看到他的时候。

接着最初的寒暄之后,

打断了开始的谈话,

眼睛里带着笑容,

他交给奥涅金一封诗人的书信。

奥涅金走到窗子跟前

默默地把它读了一遍。

九

那是一个客气的,高尚的,

简短的挑战,或是"战书":

有礼貌的,冷冷地明明白白的

连斯基邀请朋友决斗。

奥涅金丝毫没有考虑,

就向受了这个委托的使节转过身来

没有多余的话,

说他"随时都行"。

沙莱茨基不加解释就站起来:

他不想再多停留了,

在家里还有许多的事情,
马上就走出去了。但是叶甫盖尼
一个人面对着自己的心灵
他自己对自己大大地不满。

一〇

并且实在的,在严格的反省里,
让自己受良心的秘密的审判,
他大大地责备自己:
首先,他已经是不对了,
昨晚这样随便地调戏了
羞怯的温柔的爱情。
而其次:让诗人做蠢事好了——
在十八岁的年纪,
它是可以原谅的。
叶甫盖尼,全心地爱这个青年,
他就应该显得自己
不是一个偏见的玩偶,
不是一个性如烈火的孩子,好勇斗狠的人,
而是一个又有荣誉又有理智的丈夫。

一一

他很可以表白自己的情感,

而不要激怒起来，像是野兽一样。

他应当平静下年轻的心。

"但是现在已经迟了：

时间飞走了……

并且，他想，在这件事上，

一个老决斗的也参与进来：

他坏，他是个造谣专家，他喋喋不休……

当然，他的那些令人开心的话

只应当受到轻蔑，

但是蠢才们的窃窃低语，哈哈大笑……"

并且这个就是舆论〔四十一〕！

名誉的发条，我们的偶像！

并且世界正靠着它转动！

一二

沸腾着焦躁的仇恨，

诗人在家里等待着回信；

不久那位饶舌的邻居

扬扬得意地带来了回答。

现在这个嫉妒的人是多么地快意！

他总害怕，那个无赖

不要这样那样地开个玩笑了事，

不要想出了诡计之后

把胸膛从枪口躲避开去。

现在疑惑解决了：
他们应该在明天
在黎明之前赶到水磨那里，
彼此都扳起枪机
瞄准着腰部或是额头。

一三

决心憎恨水性杨花的女郎，
愤怒的连斯基不想
在决斗之前看见奥尔伽，
看了看太阳，看了看表，
到底挥一挥手——
就赶到了女邻居家里。
他想使奥尔伽难过，
想用自己的到临打击她。
可是全不是这么回事：还和从前一样，
迎着可怜的歌人
奥尔伽从门廊的台阶上跳了下来，
仿佛是飘浮的希望，
活泼，无忧无虑，快乐，
一点都不错，她和从前一样。

一四

"为什么昨晚那么早跑掉了？"

这是奥连金[1]的第一个问题。
连斯基心里的情感整个绞乱了
他默默地垂下了头。
嫉妒和怨恨消失了,
在这个清莹的目光前面,
在这个温柔的纯真前面,
在这个活泼的灵魂前面!……
他在甜蜜的情感里看着。
他看见:他还是被她爱着的。
这时候他已经,被悔恨痛苦着,
准备向她请求原谅了,
战栗着,找不出话来。
他是幸福的,他几乎没有什么了……

一五　　附录一四　一六　　附录一五

....
....
....
....
....
....

---

[1] 奥连金,奥尔伽的爱称。

一七

重又沉思，忧郁的，
在他的亲爱的奥尔伽面前，
乌拉吉米尔没有力量
使她回忆起昨天。
他想："我要做救她的人。
我不容许，淫乱的恶棍
用又是叹息又是赞扬的烈火
来诱惑年轻的心。
卑鄙的，恶毒的虫豸
来啃啮百合花的幼苗。
两朝的鲜花
还半开着就凋谢了。"
这一切的意思是，朋友们：
我要和朋友决斗。

一八

如果他知道了，什么样的创伤
烧灼过我的达吉雅娜的心！
如果达吉雅娜晓得了，
如果她可能知道，
明天连斯基和叶甫盖尼

要争夺坟墓里的地方，

啊，或许她的爱情，

会将朋友们重又结合起来！

但是这个恋爱

恰巧谁都没有揭开。

奥涅金什么也没有说。

达吉雅娜暗暗地悲伤。

只有乳母一个人可能知道，

而她是多么的迟钝。

一九

整个的晚上连斯基心神不宁，

一会儿沉默了，一会儿重又欢乐。

但是那种被缪斯宠爱的人，

向来都是这样：皱着眉头，

他坐下来弹奏风琴，

可是老是弹着一个调子。

一会儿，凝神地看着奥尔伽，

低语着：可不是真的？我幸福。

但是晚了：时间飞驶过去。

他的充满痛苦的心紧缩着；

和年轻的姑娘道别的时候，

它仿佛是寸寸地断了。

她看着他的脸。

"您怎么啦?"——"没有什么。"——于是就到了门廊。

二〇

到家之后,他检查了一下手枪,
然后又把它们放进匣子,
于是脱了衣服,
在蜡烛底下,打开了席勒。
但是一桩心事缠绕着他,
他的悲伤的心不能入睡。
他看见说不出的美丽的
奥尔伽站在他的面前。
乌拉吉米尔阖上书,
拿起笔来。他的诗句,
充满了爱情的胡话,
鸣响着,涌流出来。在抒情的狂热里,
他高声地诵读它们,
好像是酩酊的戴尔维格[1]在宴会上一样。

二一

这些诗句偶然地保存住了,
我有它们。这里就是它们:

---

[1] 戴尔维格(1798—1831):普希金的友人,作家。

"你们去到了哪里,去到了哪里,
我的青春的黄金的日子?
明天为我准备下了什么?
我的视线徒然地将它寻觅,
它隐匿在深深的黑暗里面。
不要紧;公正的是命运的法律。
我将被箭射穿,倒了下来,
或是它在旁边飞过。
这全都好:觉醒与沉睡的
固定的时辰将要到临;
劳碌的白昼自是幸福,
黑暗的到来也是幸福!

二二

"明早黎明的曙光发白,
晴朗的白天将要开始嬉游;
可是我,或许,我将要去到
坟墓的神秘的阴间,
徐缓的列达河就将要吞没
年青的诗人的记忆,
世界也将要忘记了我;
但是你来不来,美丽的姑娘,
在夭折的坟茔之上流泪
并且思想:他爱过我,

他对我一个人呈献了

暴风雨的生命的惨澹的黎明!……

知心的朋友,合意的朋友,

来吧,来吧:我是你的丈夫!……"

二三

他写得这样"阴暗"而且"消沉",

(这个我们叫做浪漫主义,

虽然在这里一点浪漫主义

我都没有看到;可是我们来讲这个干什么?)

终于最后在晨光之前,

他垂下疲倦的头,

当写到两个时髦的字"理想"的时候

连斯基静静地睡着了。

但是刚刚他沉入睡梦的恍惚里,

那位邻居已经

走进静悄悄的房里,

并且大声地喊醒连斯基:

"该起来了:已经六点多了。

奥涅金一定已经在等我们了。"

二四

但是他错了:叶甫盖尼

这时候睡在死沉沉的梦里。

夜的暗影已经疏稀，

太白星也遇到了雄鸡[1]，

奥涅金还在沉沉地大睡。

太阳已经高高地升起，

飞过的风雪

闪烁着又回旋着。

但是叶甫盖尼还没有离开床铺，

梦还在他的上面飞翔。

终于他醒来了，

分开两边的帐幔，

定神一看——他看见，

早已就应该出发了。

二五

他赶快地按铃。

法国仆人吉里奥跑了进来，

递上长袍和拖鞋

又递给他内衣。

奥涅金匆忙地穿上衣服，

就叫仆人准备

---

[1] 太白星，即金星，俗名过天星，在地球上只能够在太阳升起或落下之前三小时内看到它。太白星遇到雄鸡，就是说天已经黎明。

和他一起坐车出门,

并且也拿上一个枪匣。

赛跑的小雪橇预备好了。

他坐上,就向着水磨飞驰。

奔驰到了。

他叫仆人拿着"列巴西"〔四十二〕的致命的枪筒

跟在他的后面,

马匹就拉到田野里两棵橡树那边。

二六

靠着水堤,连斯基

早已不耐烦地在等着了。

这时候,乡下的机械师,

沙莱茨基在指摘磨臼。

奥涅金走来了,表示了歉意。

"但是哪里呢,"沙莱茨基惊讶地说了,

"哪里是您的证人?"

这个决斗的古典主义派和墨守成规者,

他真心地爱好方式和方法,

打倒一个人

他许可——不过不是随随便便的,

而要合乎这种艺术的严格的规则,

按照一切古来的传统

(这是我们应该赞扬他的地方)。

二七

"我的证人?"——叶甫盖尼说——
"就是他,我的朋友,monsieur Guillot[1],
对于我的提名
我想不会有什么异议:
虽然他是不知名的,
然而倒是,的确,一个颇为正直的人。"
沙莱茨基咬了一下嘴唇。
奥涅金问连斯基:
"怎么样,开始?"——"开始吧,好的。"
乌拉吉米尔说了。于是他们走到了水磨背后。
这时候在远处
我们的沙莱茨基和"颇为正直的人",
开始商谈重要的条约,
仇人们站着,低垂着眼睛。

二八

仇人们!是不是不久之前
两个朋友才起了杀心?
是不是不久之前,他们还友好地共享着

---

[1] 吉里奥先生。(法文)

闲暇的时间,饮食,思想和行动?

现在却恶狠狠地,

仿佛世世代代的仇敌,

好像在可怕的,不可解的梦里,

他们彼此静静地

冷酷地准备着死亡……

他们不觉得笑出来更好吗,

乘着他们的手还没有染上血的时候,

他们不觉得和好地走开更好吗?……

但是上流社会的仇恨

野蛮地畏惧虚伪的羞耻。

二九

这时手枪已经都亮出来[1],

铁锤铿铿地敲着通条。

枪弹装进了磨光的枪筒,

并且扳机第一次响出噼啪的声音。

接着火药的浅灰色的细流

倒进了药槽里面。

锯齿形的,牢牢地拧紧的火石

又扳了上去。吉里奥惶惑地

---

[1] 这是一百多年前的旧式手枪,俗名火铳。这种枪射击时,扳机的火石击在铁上,使药槽中的火药发出火花,引起枪筒中的火药爆发,于是枪弹射出。

站在附近一棵大树桩的后面。
两个仇人扔下了斗篷。
沙莱茨基非常之准确地
量出了三十二步，
让朋友们分别站在足迹的两头，
各人手里拿着自己的手枪。

三〇

"现在走近来吧。"
冷酷地，
还没有瞄准，
两个仇人迈着生硬的步子，
静静地，整整地跨了四步，
四步死亡的步子。
这时叶甫盖尼没有停止前进，
把自己的手枪开始第一个静静地举起。
接着他们又走了五步，
于是连斯基，眯着左眼，
开始也来瞄准——但是恰恰这时
奥涅金发射了……固定的时辰
鸣响了：诗人
默默地松手掉下他的手枪。

三一

　　静静地把手放上胸膛，
　　就倒了下来。
　　昏黯的目光表明是死，不是痛苦。
　　好像是缓缓地顺着山坡，
　　在太阳底下闪闪发光，
　　雪块落将下去一样。
　　立刻浑身都冷了，
　　奥涅金赶忙向这个青年跑去，
　　看着他，呼唤他……全都无用了：
　　他已经不在了。年轻的歌人
　　遇到了没有到时候的结局！
　　暴风雨刮了起来，美丽的花朵
　　在黎明的时候凋谢了，
　　神坛上的火熄灭了！……

三二

　　他一动不动地躺着，
　　他的额头显出奇异的垂死的平静。
　　他在胸部受了洞穿的创伤，
　　血从伤口冒着热气在流出来。
　　一刹那之前的时候

在这颗心里跳动着灵感，

仇恨、希望和爱情，

生命活跃着，血沸腾着。

现在，像在一所荒废的屋子里，

那里面静寂而又黑暗。

它永远地沉寂了。

百叶窗关着，窗子都涂上了白粉。

主妇没有了。

而她在哪里，上帝知道，连踪迹都消失了。

三三

悦意的是，用侮辱的警句

激怒疏忽的仇人；

悦意的是，看见他怎样的

倔强地垂下好斗的角，

不由得不看看镜子

而又羞于承认是他自己；

更悦意的是，如果他，朋友们，

傻头傻脑地喊了出来：这是我！

还更悦意的是，不声不响地

为他准备下光荣的棺柩

并且隔着高尚的距离

静静地瞄准苍白的额头。

但是打发他到祖先那里去

在你们这就不很悦意了。

三四

怎么样,假如你们的手枪
打倒了年青的朋友,
因为不客气的眼色,或是回答,
或是因为其他的琐事
在喝酒的时候侮辱了你们,
或者甚至于在猛烈的愤怒里
骄傲地邀请了你们去决斗,
你们说说:你们的心灵
要有什么样的感触,
当他不动了,在地上
面如蜡纸地躺在你们面前,
他渐渐地僵硬了,
当他对你们的绝望的呼唤
既听不见也不回答的时候?

三五

在内心的悔恨的痛苦里,
手里紧握住手枪,
叶甫盖尼凝视着连斯基。
"哪,怎么啦?打死了,"那位邻居断定了。

打死了!……这句可怕的呼喊
使得他丧魂落魄,奥涅金颤栗着
走开去喊人去了。
沙莱茨基小心地
把冰冷的尸身放上雪橇。
他把这可怕的宝物运回家去。
嗅着了死人,马喷着鼻子,
挣扎着马具,
白的吐沫浸湿了钢铁的口嚼,
于是像箭似的飞驰了。

三六

我的朋友们,你们哀怜诗人:
在怀着欢乐的希望的华年,
还没有能为世界实现它们,
刚刚才脱掉孩童的服装,
就萎谢了!
那里是崇高的,优雅的,勇敢的,
年青的情感和理智的
热烈的激动和高尚的憧憬?
那里是猛烈的爱情的希望,
知识和工作的欲求,
畏惧罪恶和廉耻的心,
还有你们,心上的愿望,

你们，天上的生活的幻景，

你们，神圣的诗的梦境！

三七

或许，他是为了世界的幸福而生的，

或者即使是为了荣誉而生的。

他的曳然哑默了的竖琴，

可能奏出锵锵的

千百年不断的声音。

或许，社会阶层上的

高贵的阶层等待着诗人。

或许，他的悲痛的阴魂，

带走了神圣的秘密，

于是在我们

也毁灭了鼓舞的声音，

而世代的歌颂，

万族的赞美，

也不会达到他的墓穴。

三八　附录一六

....

....

....

....
....
....

三九

而或许也可能那样:
平凡的命运等待着诗人。
青春的年岁过去了:
他的心灵的火焰冷了下来。
他会有许许多多的改变,
会和缪斯们分了手,结了婚,
在乡村里,幸福而且戴了绿帽子,
会穿上棉的长袍,
会认识了生活的真正的面目,
会在四十岁得上风湿病,
喝,吃,气闷,发胖,衰弱,
最后就在自己的床铺上
在孩子们,哭哭啼啼的乡下女人和医生
的环绕之中去世。

四〇

但是说来说去,读者啊,
唉!年青的爱人,

诗人,沉思的幻想者,
被朋友的手打死了!
有块地方:在村庄左边,
那里住着灵感的养子,
有两棵盘根错节的松树;
在树下面蜿蜒着
邻近山谷的小溪的水流。
农夫爱在那里休息,
收割庄稼的女人也常常走来
把金属的罐子沉进水里。
在那里在河边的浓荫里
立了一块朴素的墓碑。

四一

在它下面(当春天的雨
开始落到田里谷物上的时候),
牧人编着他的斑驳的树皮鞋,
唱着伏尔加的渔夫。
还有年轻的城市里的小姐,
在乡村里面消夏,
当她飞快地骑着马
一个人在田野上奔驰,
会把马在它前面停下来,
拉紧皮的缰绳,

并且,揭开帽子上的面纱,

用走马看花的眼睛

读着朴素的碑文——于是眼泪

就迷蒙了温柔的眼睛。

四二

于是骑着马一步步走进旷野,

她沉没进了幻想里面。

她的心灵不由得长久地

充满了连斯基的命运,

并且想到:"奥尔伽怎样了?

她的心长久地痛苦着,

还是很快的眼泪的日子就过去了?

现在她的姐姐在哪里?

还有人们和世界的逃避者,

时髦的美人的时髦的仇敌,

这个阴郁的怪人,

年轻的诗人的凶手是在哪里?"

将来我要详细地

把一切都告诉你们。

四三

但是可不是现在。虽然我真心地

爱我的主人公，

虽然当然的，我要回到他的身上去，

但是现在我不想来说他。

年岁向往着严肃的散文，

年岁摒弃淘气的韵律，

并且我——叹口气自己承认——

更懒于追求它了。

笔没有了往日的

飞快地涂抹纸张的欲望。

另外，有些冷静的幻想，

另外，有些严肃的忧思，

在世界的喧哗里也在静寂里

扰乱着我的心灵的梦想。

四四

我知道了另外一些希望的声音，

我知道了新的悲哀。

对于那些希望我没有期冀，

而我哀伤过去的悲哀。

幻想，幻想！哪里是你们的甘甜？

哪里是，永远跟它连系的"青春"？

难道它的花冠

真的终于凋谢了，凋谢了？

难道确实的实实在在的

没有那些哀歌的情节
我的生命的春天就飞逝了过去？
（正如我向来开玩笑地重复的）
并且它真的就不复返了？
难道真的我就快到三十岁了？

四五

是的，我的中年来临了，
并且我必须承认这个，我看得到。
但是随它怎样：我们友好地分别吧，
啊，我的快乐的青春！
我感谢，为了欢乐，
为了悲伤，为了甜蜜的痛苦，
为了喧嚣，为了风暴，为了宴会，
为了一切，为了一切你的赠与。
我感谢你。你，
在骚扰中和安静里，
我都享受过了……而且是充分地。
够了！带着明朗的心情
我现在开始走上新的道路
离开过去的生活要来休息一会。

四六　附录一七

让我回顾一下吧。别了，浓荫啊，

在偏僻的乡下，在那里我的日子消逝了过去，

它们充满热情和懒散，

并且重又充满沉郁的心灵。

可是你，年青的灵感，

激动我的想象，

振奋我的心的困顿，

更常常地飞到我这里来吧，

不要让诗人的心灵变冷，

变得残酷，变得无情，

终于变得像是石头，

在上流社会的麻木的狂欢里面，

在这个深渊里面，在这里我和你们正在游泳，

亲爱的朋友们！

第七章

莫斯科,俄国的宠爱的女儿,
哪里去找比得上你的地方?

——德密特里叶夫[1]

怎能不爱亲爱的莫斯科?

——巴拉丁斯基[2]

说莫斯科不好!那就是说到过世界上!
哪里更好?
哪里就没有我们。

——格里波叶多夫[3]

一

被春天的阳光赶逐着,
雪已经从附近的山上

---

[1] 德密特里叶夫(1760—1837),俄国诗人。
[2] 巴拉丁斯基(1800—1844),俄国诗人,普希金的友人。
[3] 这是格里波叶多夫(1798?—1829)的名剧《聪明误》里主人公的对话。前两句是索菲亚的话,后一句是卡茨基的回答。

汇成许多道混浊的小河
向着淹没了的牧场奔流。
自然用欣然的微笑
睡梦惺忪地迎接一年的初晨；
蔚蓝的天空发着光辉。
树林还是透亮的，
微微地现出绿色。
蜜蜂飞出了蜡质的蜂房
去征收田野的贡奉。
山谷干了并且斑斓起来。
一群群牛羊吵闹着，
夜莺已经在夜的静寂里歌唱过了。

二

你的出现在我是多么的悲伤，
春天，春天！恋爱的时光！
在我的心灵里，在我的血里，
是多么苦恼的激动！
以多么沉重的感伤
我在乡村的静寂的怀抱里
享受着
迎面吹拂的春风！
是否是快乐对于我格格不入，
那些使人欣喜，使人兴奋的一切，

欢乐的，辉煌的一切，
只能引起早已死去的心灵的
烦闷和痛苦，
并且一切它都觉得毫无意义？

三

是否是，对秋天凋谢了的叶子的复生
不感到欣喜，
听到树林的新的喧声，
我们回忆起悲痛的丧失。
或者，看到再生的自然，
我们心神不安地
联想起不再复活的
我们的凋谢了的年岁？
或许是，在诗的梦想里
我们思想起
另一种的，旧日的春天
并且使我们的心里跃动起来，
当幻想到远方的国土，
奇异的夜，月亮……

四

这正是时候：良善的懒人们，

伊辟鸠鲁式的贤人们[1]

你们，淡漠的幸福者，

你们，莱夫辛〔四十三〕派的幼雏[2]，

你们，乡下的普里姆[3]，

还有你们，感情丰富的太太小姐们，

乡村的春天呼唤着你们，

这是温暖，开花，工作的季节，

这是感动人的郊游

和诱惑人的夜晚的季节。

到田野里去，朋友们！快些，快些，

坐上重载的轿车，

驾着长途的或是驿站的马[4]，

悠悠地赶出城市的关卡去吧。

五

还有你们，高雅的读者，

坐着自家的外国货的篷车，

离开骚扰的城市吧。

在那里你们快乐过了冬天，

和我的任性的缪斯一起

---

[1] 伊辟鸠鲁（前341？—前270？），希腊哲学家。这里指主张快乐主义的人们。
[2] 莱夫辛，当时新派经济学家，"莱夫辛派的幼雏"指新派的地主们。
[3] 普里姆，希腊传说里特罗城的国王，"乡下的普里姆"指旧式的地主。
[4] 长途的车子要驾自己的马，驾驿站的马只能走短途，沿站换马。

到那个无名的河边

到那个乡村里，去听听森林的喧嚣吧。

在那里我的叶甫盖尼，

闲散而且阴郁的隐士，

不久之前还过过冬天，

和年青的达尼亚，

我的亲爱的女幻想家做过邻居。

但是现在他已经不在那里了……

在那里他留下了悲哀的遗迹。

六

在绵延的半圆形的山岭中间，

我们往那里走吧，在那里一条小溪

曲折地流过绿色的牧场

穿过菩提树的林子流进河里。

在那里夜莺，春天的情人，

整夜地歌唱；野蔷薇开着花，

还听得见泉水的淙鸣，——

在那里看得见一块墓碑

在两棵古松的阴影里面。

碑铭告诉外来人说：

"乌拉吉米尔·连斯基在此长眠，

早丧于勇敢的死，

在某某年，某某岁。

安息吧,青年诗人!"

七

在松树的低垂的枝干上,
往常,早晨的微风
在这个朴素的坟墓上,
摇晃着一个神秘的花圈;
往常,在晚上闲暇的时候
两个女伴走到了这里,
在月光底下在坟墓上,
她们互相拥抱着哭泣。
但是现在……凄凉的墓碑被忘记掉了。
通到它那里去的小径隐没了。
树枝上的花圈没有了;
在它下面,只有一个白发的衰弱的牧人,
和以前一样地唱着歌,
编着他的可怜的鞋子。

八 附录一八   九 附录一九

....
....
....
....

....

一〇

我的可怜的连斯基!憔悴的她,
哭得并不长久。
唉!年轻的未婚的女郎
不忠实自己的悲伤。
另外一个人吸引了她的注意,
另外一个人用爱的奉承
平息了她的痛苦,
一个骁骑兵很会迷惑她,
一个骁骑兵被她衷心地爱着……
于是这就和他一起站在神坛前面
她害羞地戴着花冠[1]
低低地垂着头,
在埋下去的眼睛里带着火花,
在嘴唇上带着淡淡的微笑。

一一

我的可怜的连斯基!在坟墓里面
在无声的永恒的境界,

---

[1] 当时的风俗,结婚时新娘戴着花冠,在教堂里神坛前面举行婚礼。

悲伤的歌人是不是
被致命的变心的消息扰乱了,
还是在列达河畔沉眠的诗人,
因为没有感觉而幸福,
已经不受任何事情的扰乱,
世界对他闭塞而且无闻?……
是的!冷漠的不省人事
正在棺材里等着我们。
仇敌,朋友,爱人的声音忽然都要沉寂。
只有关于领地的
后人的不体面的争吵
开始一场汹汹的合唱。

一二

很快地奥里亚的响亮的声音
在拉林家里沉寂了。
骁骑兵,她命里的俘虏,
应该带着她到军队里去。
悲痛得泪如雨下,
老太太和女儿话别,
好像是几乎活不成了,
但是达尼亚哭不出来。
仅仅死灰的苍白色
笼罩着她的悲伤的脸。

当所有的人全都走到门廊外边，
并且全都道着别，
围住年轻夫妇的轿车忙乱的时候，
达吉雅娜祝了他们平安。

一三

并且长久地，仿佛从雾里看过去，
她定定地目送着他们……
就是她一个人了，达吉雅娜一个人！
唉！多少年的女伴，
她的年青的小鸽子，
她的亲爱的知己，
被命运带到了远方，
和她永远地分开了。
好像幽灵似的她无目的地徘徊，
时而看看荒凉的花园……
没有地方，没有东西给她安慰，
她也找不着什么
来宽解压抑着的眼泪——
她的心裂成了两半。

一四

在极端的孤独里

她的热情更强烈地燃烧起来，

心对她也更大声地

说到远方的奥涅金。

她不会看见他了。

她应该憎恨他，

自己的妹夫的凶手。

诗人死了……但是已经

谁也不记得他了，

他的未婚妻已经嫁了别人。

诗人的记忆像烟一样

飘过蔚蓝的天空，

关于他有两颗心，或许，

还在悲伤……但是干什么悲伤？……

一五

晚了。天暗了下来。

水静静地流着。甲虫嗡嗡地闹着。

圆舞已经都散了。

在河那边已经腾着烟，烧起了渔火。

在旷野里，

在月亮的银光底下，

沉没在自己的幻想里，

达吉雅娜一个人走了很久。

走着，走着。忽然在她前面

从山岗上看到一座地主的宅第，
村庄，山岗底下的丛林，
还有明亮的河畔的花园。
她眺望着——并且她的心
更快地更厉害地跳了起来。

一六

她的心里疑惑不定：
"朝前走呢，朝后走呢？……
他不在这里。都不知道我……
我来看看宅子，看看这座花园。"
于是达吉雅娜就从山岗上走了下来，
几乎气都喘不过来了。
充满疑虑的眼睛四周看了一看……
她就走进了荒凉的院子。
狗吠叫着，对着她扑了过来。
听到她的惊骇的喊声，
那些仆人家里的孩子
全都闹哄哄地跑来。
顽童们连打带踢地赶开了公狗，
把小姐放在他们的保护下面。

一七

"能不能看看老爷的宅子？"

达尼亚问了。

孩子们赶快跑去找阿尼西亚,

到她那里拿门上的钥匙。

阿尼西亚立刻到了她的面前,

于是把她们面前的门打开,

于是达尼亚走进了空洞的住宅,

在这里不久之前住过我们的主人公。

她看见:在大厅里

丢下的台球杆子躺在台球桌上,

在弄皱了的长沙发上放着骑马的鞭子,

达尼亚朝前走着。

老太婆告诉她说:"就是这个壁炉,

在这里老爷总是一个人坐着。"

一八

"在这里死了的连斯基,我们的邻居,

冬天常常跟他一起吃饭。

请到这里来,跟着我走。

这个就是老爷的房间,

在这里他常常小睡,吃咖啡,

听管事的报告,

在早上还读读书儿……

老太爷从前也住在这里,

常常,在礼拜天,

在这里在窗子底下，戴上眼镜，

承他跟我一起玩儿捉呆子[1]。

愿上帝保佑他的灵魂，

赐给他在坟墓里，

在大地妈妈怀里的遗骸安息！"

一九

达吉雅娜用动情的眼睛

观看着自己周围的一切，

并且一切她都觉得珍贵，

一切都用半带痛苦的安慰

激动她的忧伤的心灵：

那摆着没有油的小灯的桌子，

那书堆，那窗子下面

盖着毛毯的床，

那月光朦胧中窗外的景色，

那黯淡的微明，

那拜伦爵士的肖像，

那个小柱台上戴着帽子，蹙着额，

交叉着两只手的

铁铸的人像[2]。

---

[1] 捉呆子，扑克牌的一种游戏。
[2] 这种叉手像是当时流行的拿破仑的铸像。

二〇

达吉雅娜在时髦的房间里长久地
像着了迷似的站着。
但是晚了。冷风吹了起来。
山谷里黑暗了。
树丛在烟雾朦胧的河畔入睡了。
月亮隐到了山的后面,
年青的游客
早就到了回家的时候。
达尼亚隐藏住自己的激动,
于是只有叹息一声,
走上了回家的道路。
但是预先地请求了
允许她访问荒凉的府邸,
为的是一个人在这里读读书。

二一

达吉雅娜和女管家在大门外边道了别。
过了一天,
还在清早她就重又
到了被遗弃的住宅。
在寂静无声的书房里,

有一会功夫她忘记了世界上的一切，

最后只有她一个人，

她哭了很久。

然后就研究起那些书来。

起初她没有留意它们，

但是它们的选择使她觉得奇怪。

达吉雅娜如饥似渴地

专心地读起书来。

于是对她显现出另外一个世界。

二二

虽然我们知道，

叶甫盖尼早已就不喜欢读书了，

然而他例外地

爱好着几本作品：

《邪教徒》和《唐·璜》的歌人[1]

还有另外两三本小说，

在这些作品里反映了时代，

也足够忠实地

描写了现代的人，

带着他的自私而又冷酷，

沉溺于无尽的幻想的，

---

[1] 指拜伦。

不道德的灵魂，
他的在空虚无谓的活动中
沸腾着的，激愤的心情。

二三

好些书页上都留的有
指甲的尖锐的符号。
留心的女郎的眼睛
更热切地注意着它们。
达吉雅娜颤栗地看到，
什么样的思想，见解，
常常打动了奥涅金，
他默默地同意了些什么。
在空白的地方她碰到
许多他的铅笔的字迹。
奥涅金的心灵
处处在无意中表露出自己，
或是短短的一句话，或是叉子，
或是疑问的小钩子。

二四

于是开始渐渐地
我的达吉雅娜

现在更清楚地——谢谢上帝——

了解他了,她被权威的命运注定了

去爱慕的那个人:

一个忧郁而且危险的怪人,

是地狱还是天堂的造物,

是个天使,还是个目空一切的恶魔,

他是个什么?难道真的是个模仿,

一个不足道的幻影,

或者是个穿哈罗德大氅的莫斯科人,

外国的幻想的注解,

充满时髦的字汇的辞典?……

他是不是一首游戏的歪诗?

二五

难道她解答了这个谜语?

难道找到了那个"字"?

钟在跑着;她忘记了,

家里早已就在等着她,

在那里两个邻居聚会到了一起,

并且在那里正谈着关于她的事情。

"怎么是好?达吉雅娜不是个孩子了,——

老太太唉声叹气地说。——

要晓得奥连伽比她还要小些。

安顿这个女孩子,真真是,

到了时候了；可是我把她怎么办？

老是那样毅然决然的：

我不要。她又老是在忧郁，

老是一个人在树林里头徘徊。"

二六

"她是不是恋爱了？"——"爱的谁呢？

布雅诺夫求过婚：拒绝了。

伊凡·别杜希科夫——也拒绝了。

骠骑兵倍赫金在我们家里做过客：

他怎样地被达尼亚迷住了，

怎样地小心讨好奉承！

我想：或许行了；

哪里！事儿可又吹啦。"

"老太太怎么啦？这有什么呢？

到莫斯科去，到未婚的姑娘的市场上去！

在那里，听说，有许多空的位置。"

"唉呀，我的老太爷！收入少呀。"

"总够过一个冬天的了，

不然就是我也借得出这笔钱来。"

二七

老太太很欢喜

这个有道理的好意的劝告；
盘算过后——于是乎就决定了
冬天动身到莫斯科去——
达尼亚也听到了这个新闻。
让苛求的上流社会
来品论那些外省的朴质的
显眼的特点，
那些早就过时的服装，
那种早就过时的说话的腔调——
去吸引莫斯科的花花公子
和塞尔西[1]们的嘲笑的视线！……
啊，可怕！不，她觉得
留在树林的荒野里更好些也更安全。

二八

和黎明的曙光一起起身，
现在她赶忙走进田野，
并且，用动情的眼睛
四面观看它们，说道：
"别了，宁静的山谷，
还有你们，熟识的山峰，
还有你们，熟识的树林。

---

[1] 塞尔西，希腊神话里一个会魔术的女巫，这里比喻时髦的小姐们。

别了,天上的美色,
别了,欢乐的自然。
我要拿亲爱的,安静的世界
去换辉煌的浮华的喧嚣……
你也别了,我的自由!
我希图的是些什么?
我的命运预定了什么给我?"

二九

她的散步的时间更长起来。
现在一会儿小山,一会儿小河,
都以它自己的美色
让达吉雅娜不由得停留下来。
她,像和多年的朋友们一样,
和她的那些树丛,草场,
还在匆匆忙忙地谈话。
但是短促的夏天飞逝了过去。
金黄的秋天到临了。
自然颤栗着,苍白了,
像牺牲一样华丽地装饰了起来……
于是北风,追逐着乌云,
刮起来了,怒号着——于是
女魔术家冬天自己来到了。

三〇

到了,纷纷地下来了;大片大片地
悬挂在橡树的枝干上;
像波动的毡毯
铺在田野中间,在山岗周围;
河岸和不动的河流齐平了,
像是盖着一块膨胀的被单;
冰霜闪闪地发光。
我们都喜欢冬天妈妈的这些把戏。
只有达尼亚心里一点也不喜欢。
她不走出去迎接冬天,
不去呼吸寒霜的粉粒,
也不用浴室的屋顶上的初雪
来洗她的脸孔,膀肩和胸部:
达吉雅娜害怕冬天的道路。

三一

出发的日子早就延过期,
最后的一次期限也过了。
被忘记了扔在一边的轿车,
检查过了,重新装钉过,修理结实了,
通常的行李车,三辆篷车,

搬运那些家用的什物，

锅子，椅子，箱子，

许多坛果酱，褥垫，

羽毛褥子，好几笼公鸡，

瓦罐，水盆 et cetera[1]！

好，许许多多各色各样的家私。

于是在小屋里在仆人中间

发出了喧哗和道别的哭泣。

十八匹驽马牵进了院子。

三二

把它们套上了主人的轿车，

厨子准备着早饭，

篷车载得像山，

女仆人和马车夫在吵架。

大胡子的赶头马的人[2]

骑在一匹瘦弱的毛蓬蓬的驽马上面。

下人们一起跑到门口和主人道别。

于是坐上了车子，

于是尊贵的轿车，

滑动着，慢慢地出了大门。

---

[1] 等等。（拉丁文）
[2] 四匹马以上的车子，车夫坐在车台上，不能全都驾驭，尤其前面的马，有时鞭长莫及。所以常常另外有一个人骑在前头的马上，帮助赶车。

"别了,安静的地方!

别了,僻静的桃源!

我还看得见你们吗?……"

于是眼泪的小河从达尼亚眼睛里流了出来。

三三

当我们把良好的教化

推行到更广的范围,

在将来

(按照哲学表来计算,

经过五百年)我们的道路

一定要有无限的改变:

全俄罗斯这里那里都是马路,

连结着,贯穿着。

在水面上将要架起

宽阔的弧形的铁桥,

我们将要辟开山岭,在水底下

开凿艰险的隧道,

并且受过洗礼的世界

将要在每一个站上设立客店。

三四

现在我们的道路真坏〔四十四〕,

无人过问的桥梁在腐朽,

驿站上臭虫和跳蚤,

不给你片刻的安睡;

客店没有。在寒冷的茅屋里

挂着堂皇的但是贫乏的

做样子的价目表,

刺激空空欢喜的胃口,

同时,乡村里的西克罗普们[1]

在悠悠的炉火前面,

用俄国的铁锤疗治着

欧洲的轻巧的出品,

赞颂着祖宗的土地上的

车辙和水沟。

三五

可是在冬天寒冷的时候

旅行愉快而且容易。

冬天的道路平滑得

像是时髦的诗歌里的无意义的诗句。

我们的欧妥米东[2]都很敏捷,

---

[1] 西克罗普,希腊神话里独眼的巨人,相传住在西西里,后来的传说认为是锻冶神工场里的助手。这里指乡下的铁匠。
[2] 欧妥米东,荷马史诗《伊里亚德》里最勇武的英雄阿琪里斯的战车的驭者,以神速著名。这里指马车的车夫。

我们的三套马车不知疲倦，

于是那些路标，娱悦无事可做的视线，

在眼睛里像栅栏一样地闪过〔四十五〕。

不幸拉里娜慢慢地跛着，

她怕昂贵的马费[1]，

不是驾的驿马，驾的是自家的马，

于是我们的姑娘欣赏够了

旅途的沉闷：

她们坐车走了七个昼夜。

三六

但是这就近了。在她们前面

已经是白壁的莫斯科[2]，

好像是火，那些古老的圆屋顶上

金十字架闪闪地发光。

啊，兄弟们！我是多么的满足，

当那些教堂和钟楼，

花园，半圆形的宫殿，

忽然在我前面展开的时候！

多么常常的，在悲伤的别离里，

在我的流浪的命运里，

---

[1] 旅客可向驿站租马，逐站替换，走得快，但是用费大。
[2] "白壁的莫斯科""白壁金顶的莫斯科"，莫斯科的美称。

莫斯科，我想念到你！

莫斯科……对于一个俄国人的心，

有多少东西包含在这个名字里面！

有多少东西在它里面回响着！

三七

这里是，围绕着茂密的树林的

彼得罗夫斯基宫[1]。

它黯然地骄傲着不久之前的光荣。

醉心最后的幸运的拿破仑，

白白地等待着

屈膝的莫斯科

带来古老的克里姆林宫的钥匙。

不，我的莫斯科没有低着请罪的头，

走到他面前去。

不是庆祝，不是欢迎的礼物，

她给这个性急的英雄，

准备下了一场大火。

从这里，沉没在深思里，

他眺望着熊熊的火焰。

---

[1] 彼得罗夫斯基宫，在莫斯科近郊，拿破仑进占莫斯科之前，在这里住过。

三八

再见,衰落的光荣的证人,
彼得罗夫斯基宫。喂!不要停住,
走呀!关卡的柱子已经在发白。
轿车已经上了特维尔大街
驶过街上的那些窟窿。
在旁边闪过了警察的岗亭,乡下女人,
玩童,小铺子,街灯,
宫殿,花园,寺院,
布哈拉人[1]雪橇,菜园,
商人,草屋,农夫,
林荫路,塔,哥萨克,
药铺,时装的商店,
阳台,大门上的狮子[2],
还有十字架上一群群的乌鸦。

三九

....
....

---

[1] 布哈拉人,中亚细亚的一种民族,经商有名,运中亚细亚乃至中国的货物到俄国。
[2] 贵族府邸的大门上常画着狮子。

....
....
....
....

四○

在这个闷人的散步里
过了有一两个钟头,
终于在哈里顿尼亚教堂旁边的小巷子里
轿车在一座府邸门口停住。
他们现在到了
害了四年肺病的
年老的姑母的家里。
一个戴着眼镜,穿着破烂的长袍,
手里拿着一只袜子的,白发的卡尔美克人,
给他们打开了门。
在客厅里迎接她们的
是躺在沙发上的女公爵的喊声。
老太太们带着哭泣互相拥抱,
于是感叹滔滔地倾流出来。

四一

"女公爵，mon ange![1]"——"Pachette![2]"
——"阿林娜！"
"谁能想得到呢？——多么久了！
可不很久了吗？——亲爱的！库西娜！
坐吧——这多么的奇怪！
真真是，小说上的一出……"
"这是我的女儿，达吉雅娜。"
"啊呀，达尼亚！到我跟前来——
我仿佛是在梦里说着梦话……
库西娜，记得格郎吉松吗？"
"什么，格郎吉松？……呀，格郎吉松！
是的，记得，记得。他在哪里呀？"
"在莫斯科，住在西米翁教堂附近，
圣诞节的前晚还来看过我，
不久之前他替儿子娶了亲。

四二

而那个……以后我们详谈吧。

---

[1] 我的天使！（法文）
[2] 拉林娜的法文名字。

可不是吗？她的所有的亲戚

我们明天要让达尼亚认认。

可惜，坐车跑上这么一趟我撑不住了；

简直，简直的拖不动脚。

可是你们一路也困了。

一起来休息下子吧……

哎，没有力气……胸口累……

我现在就是欢喜也累得慌，

不仅仅是悲伤……我的亲爱的，

我已经没有用场了……

到了老年生活就是这样的无味……"

于是这就，完全累着了，

她眼泪汪汪地咳嗽起来。

四三

病人的宠爱和欢喜

虽是感动达吉雅娜，

但是她觉得新居不好，

她更习惯自己的房屋。

在丝的帐幔底下

在新铺盖里她睡不着，

清早的钟声

早晨的工作的先驱者，

把她从床上喊了起来。

达尼亚坐在窗子旁边。

薄暗稀微了；

但是她辨认不出自己的田野：

在她前面是不熟识的院子，

马房，厨房和栅栏。

四四

于是这就每天带着达尼亚

各处去赴亲戚的盛宴，

把她的无精打采的样子

介绍给那些老太太和老太爷。

对老远来到的亲戚，

到处都是殷勤的接待，

又是感叹，又是款待。

"达尼亚长得多快！那很久吗，

我，似乎，给你施的洗？

而我这样子抱在手上！

而我这样子揪过耳朵！

而我这样子喂过香饼！"

于是老太太们同声地重复：

"我们的年岁在怎样的飞逝！"

四五

但是她们显然没有什么改变。

她们全都还是老样子：

女公爵叶连娜伯母，

还是戴着那个绢网的帽子，

卢凯尔亚·李伏夫娜还是搽粉，

刘波夫·彼得罗夫娜还是那样扯谎，

伊凡·彼得罗维奇还是一样愚蠢，

赛明·彼得罗维奇还是一样吝啬，

伯拉盖雅·尼古拉夫娜家里

还是那个朋友麦歇芬莫希，

还是那条尖嘴的小狗，还是那个丈夫。

而他，还是俱乐部的标准的会员，

还是一样的谦虚，一样的耳聋，

还是一样的抵得上两个人的吃和喝。

四六

她们的女儿拥抱了达尼亚。

年青的莫斯科的格莱斯们[1]，

起初默默地

从脚到头地打量达吉雅娜，

觉得她有那么点奇怪，

乡下气而且忸怩，

并且有那么点苍白和消瘦，

---

[1] 格莱斯们，希腊神话里美、雅、喜三个女神的总称。

而此外很是不坏；

然后，顺从着天性，

就和她好了起来，拖她到自己跟前，

亲吻，温柔地握手，

跟她卷时式的鬈发，

并且用唱歌的调子[1]告诉她

心上的秘密，姑娘们的秘密；

四七

别人的和自己的胜利，

希望，花样，幻想。

天真的谈话滔滔地奔流着，

夹着一些花言巧语的诽谤。

然后，她们就委婉地请求

她的心灵的自白，

作为这种喃喃私语的报酬。

但是达尼亚，真像在梦里一样，

无味地听着她们的谈话，

什么也不明白，

同时她把自己心里的秘密，

珍藏的宝贝和眼泪和幸福，

默默地收藏着，

---

[1] 指莫斯科的语调。

跟谁也不拿出来分有。

四八

达吉雅娜希望听听谈天,
听听一般的谈话;
但是客厅里所有的人都在讲些
东拉西扯的,庸俗的废话;
他们谈的一切是那样的贫乏,无味,
甚至于他们的诽谤也令人厌倦;
在这些无聊的枯燥的
谈话,询问,谣言,消息里面,
即使是偶然的,即使是无意的,
整天整夜也不会迸出一星道理;
苦闷的思想无从微笑,
即使是笑话也不会使人动心。
并且甚至于连可笑的愚蠢
在你里面都碰不到,空虚的社会!

四九

档案处[1]的那群青年

---

[1] 俄国外交部档案处,事情清闲,当时是一个时髦的差事,一般贵族子弟都以此为荣。

矜持地看着达尼亚,

并且在彼此之间

没有好感地谈论着她。

有那么一个悲伤的丑角

认为她是理想的女郎,

于是,靠在门旁,给她做了一首哀歌。

在气闷的姑母家里

甫雅柴姆斯基遇到了达尼亚,

不知道怎样就去和她坐在一起,

并且弄得全神贯注在她的身上。

一个靠近他的老人注意到她,

于是弄正他的假发,

并且打听起她来。

五〇

但是在那里,热烈的梅尔波美娜[1]

发出长声号叫的地方,

在那里,她在冷酷的人群前面

挥舞着金光灿烂的长袍,

在那里,达里雅[2]静静地打着瞌睡,

也不注意亲切的鼓掌,

---

[1] 梅尔波美娜,希腊神话里悲剧的女神。
[2] 达里雅,希腊神话里喜剧的女神。

在那里,只有黛尔勃西荷拉[1]一个人,

年轻的看客觉得惊奇

(这在早些年里也是一样,

在你们和我的时候),

在那个地方,无论是太太们的嫉妒的观剧镜,

无论是包厢和正厅里一排排的

时髦的鉴赏家们的望远镜,

都没有一个转向她的身上。

五一

她又被带到了俱乐部。

在那里是拥挤,骚动,热,

音乐的轰响,灯烛的辉煌,

飞射的目光,迅速的对对的旋风,

美人们的轻盈的服装,

挤满了人的看台[2],

未婚的姑娘们的广阔的半圆[3],

这一切突然地使她感到困惑。

在这里著名的花花公子都来显露

自己的厚脸,自己的西装背心,

和随随便便的观剧镜。

----

[1] 黛尔勃西荷拉,希腊神话里舞蹈的女神。
[2] 看台,围在舞场四周,比舞场高一层,不参加跳舞的人坐在这里旁观。
[3] 在舞场中,男的占半圆,女的占半圆。

在这里,休假的骠骑兵

匆忙地跑来,轰轰地闹一阵,

出出风头,勾引勾引,于是飞跑掉了。

五二

在夜里有许多美丽的星星,

在莫斯科有许多美丽的女郎,

但是比一切天上的女伴更明亮的

是在苍空的浅蓝中的月亮。

而她,我不敢

用我的竖琴来惊扰的这个人,

像高贵的月亮一样,

一个人在太太姑娘们中间放着光辉[1]。

以什么样的天上的高傲

她来接触大地!

她的胸中怎样地充满着柔情!

她的美妙的眼神是怎样的憔悴!……

但是够了,够了。停止吧。

你付了贡奉给疯狂了。

---

[1] 普希金的友人,甫雅柴姆斯基认为这几句诗写的是科尔沙科娃,普希金在1826年至1828年冬天常到她家去,并且爱过她。

五三

喧哗，哄笑，奔走，鞠躬，
踏步舞[1]，玛朱加舞，华尔兹舞……这时，
在两个姑婶中间，在圆柱子旁边，
谁也不注意她，
达吉雅娜看着，并且什么也没有看见，
她憎恶社交界的骚动；
在这里她感到窒息……她想起了
田野的生活，
乡村，贫穷的乡下人，
那个僻静的小角落，
清亮的小河奔流的地方，
自己的花，自己的小说，
还有菩提树林荫路上的黄昏，
就在那里，"他"出现在她的面前。

五四

她的思想这样远远地漫游：
忘记了上流社会和热闹的舞会。
而这时有那么一个显要的将军

---

[1] 踏步舞，一种轻快活泼的法国舞。

眼睛总不离开她的身上。

姑婶们彼此眨一眨眼睛,

于是都用手肘轻轻推了一下达尼亚

每个人都对她低低地说:

"赶快朝左边看!"

"朝左边?哪里呀?那里怎么啦?"

"哪,不管它怎么,看吧……

在这小群人里,看见吗?往前,

在那里,那地方还有两个穿军装的……

现在走开去了……现在侧着身子站着了……"

"谁呀?胖胖的这个将军?"

五五

但是在这里让我们祝贺

我的亲爱的达吉雅娜的胜利,

并且要把我们的文章引向本题,

因为不要忘记了,我歌唱的是谁[1]……

并且顺带地在这里写上两句:

"我歌唱一位年青的朋友

和他的许多奇异的思想。

祝福我的长久的劳作吧,

---

[1] 这就是说作者又要重写到奥涅金。原来的第八章写的是奥涅金的旅行,现在的第八章是原来的第九章。

你啊,史诗的缪斯!

你要给我可靠的拄杖,

不要让我在歧途上东走西荡地漫游。"

够了。从肩上卸下这个重担吧!

我对古典主义表示了敬意:

虽然晚了,可是序诗却是有的[1]。

---

[1] 俄国十八世纪古典主义的史诗,开头照例要有一段序诗,如赫拉斯科夫(1733—1807)的《俄罗斯颂》和其他人的作品。普希金在这里讽刺古典主义的公式。

第八章

别了,如果是永远的,

那就永远的,别了。

　　　　　　　　——拜伦[1]

一　附录二〇

在那些日子,在高等学堂[2]的花园里,

我宁静地开始了青春,

好读阿浦莱伊[3]

而不读西塞罗[4]

在那些日子,在神秘的山谷里,

在春天,听着天鹅的鸣声,

临着在静寂中粼粼闪光的湖水,

---

[1]　原文为英文:Fare thee well, and if for ever,
　　　　　　　　still for ever. Fare thee well.
　　　　　　　　　　　　——Byron
　　这两句诗引自拜伦的短诗《别了》。
[2]　高等学堂,当时为贵族子弟专门设立的一个学校。
[3]　阿浦莱伊(125年生),罗马讽刺作家和哲学家。
[4]　西塞罗(前106—前43),罗马演说家、政治家、散文作家。

缪斯开始出现在我的面前。

我的学生的斗室忽然通明起来:

缪斯在这里面

摆开了年青的心机的宴会,

歌唱了童年的欢乐,

和我们古代的光荣,

和心的颤动的幻梦[1]。

二　附录二一

并且世界带着微笑迎接了她[2];

第一次的成功鼓舞了我们;

并且,行将就木的老人杰尔查文[3]

注意我们,祝福我们[4]。

……………………………………

……………………………………

……………………………………

……………………………………

……………………………………

---

[1] 此节诗人自叙初期诗作的特色。
[2] 指缪斯女神,指诗。
[3] 杰尔查文(1743—1816),俄国诗人。
[4] 此节诗人自叙高等学堂考试时的第一次成功。老诗人杰尔查文参加主持考试,普希金背诵了他的《回忆皇村》,杰尔查文极为赞赏,说:"将来代替杰尔查文的就是他。"

三

并且我,把唯一的热情的放任,
看做是自己的法律,
和人群共同着悲欢,
我把活泼的缪斯
带到喧哗的宴会和猛烈的争论,
惊吓半夜的巡警;
并且她把自己的礼物
带给他们的狂热的宴会,
像瓦克赫的信徒[1]一样的欢狂,
为客人们干杯而歌唱,
于是过去的日子里的青年
都猛烈地向她追求,——
而我在朋友们中间
骄傲我的轻狂的女友[2]。

四

但是我离开了他们的团体
并且跑到了远方……她则跟随着我。

---

[1] 瓦克赫,希腊神话里的酒神,"瓦克赫的信徒"即酒徒。
[2] 此节诗人自叙彼得堡的生活和诗作。

多么常常的，亲蔼的缪斯
用迷人的神秘的故事
愉悦我的寂寞的旅途！
多么常常地，沿着高加索的悬崖
她像莱诺拉[1]一样，在月光底下，
跟我一起在马上奔驰！
多么常常地沿着达夫里达[2]的海岸
她在夜的黑暗里
引我去听海的喧哗，
纳莱伊德[3]的沉默的低语，
波涛的深沉的，永恒的合唱，
献给世界的父亲的赞美诗[4]。

五

并且，忘记了遥远的京都
豪华和喧嚣的宴会，
在悲凉的摩尔达维亚的荒野
她访问游牧民族的
简陋的帐篷，
于是在他们中间变粗野了，

---

[1]《莱诺拉》，德国诗人布尔格（1747—1794）的名诗，写一个女郎随她的战死的爱人乘马而去。茹科夫斯基改作过它。
[2] 达夫里达，克里米的古名。
[3] 纳莱伊德，希腊神话里海的女神。
[4] 此节诗人自叙流放中在高加索、克里米的生活和诗作。

并且忘记了神的语言[1]，

为了那些简单的奇怪的话语，

为了她喜爱的那些草原的歌[2]……

忽然周围一切都改变了：

于是她就在我的花园里

以一个乡下的小姐出现，

眼睛里带着忧伤的心思，

手里拿着一本法文的小书[3]。

六

并且现在我把缪斯第一次

带到上流社会的 payT〔四十六〕；

带着嫉妒的羞怯

我注视着她的草原的美丽。

她穿过贵族，

军队上的花花公子，外交官，

和骄傲的女子的拥挤的行列；

于是静静地坐下来观看，

欣赏喧嚣的人群，

漂亮的衣裳和言词，

在年青的女主人面前

---

［1］ 指诗。
［2］ 此段诗人自叙在草原上人民生活中的经历和诗的变化。
［3］ 此段诗人自叙新的流放（从奥德萨到米哈伊罗夫村）和创作达吉雅娜的形象。

客人们的徐徐的出现，

以及围住女子好像围着一幅图画的

男子的黑色的框边[1]。

七

她喜欢寡头政治的谈话的

严肃的秩序，

和平静的骄傲的冷淡，

那种官爵与年岁的混合物。

但是这个人是谁，沉默而且阴郁地

站在特选的人群里面？

他好像跟所有的人都合不来。

人们的脸孔在他面前闪过，

像是一列讨厌的幻影。

在他的脸上是什么，忧郁病还是痛苦的高傲？

为什么他在这里？

这样子的他是谁？难道是叶甫盖尼？

难道是他？……是的，真的是他。

——他到了我们这里有多久了？

---

[1] 在这种晚会里，通常女子穿白色的衣裳，男子穿黑色的衣裳，所以围起来像一幅图画的框边。

八

他还是那样呢,或是平和下来了?

或是仍然做一个怪人?

你们说说,他成了什么回来了?

这回他要对我们扮演什么?

他现在要以什么样的人出现?

梅尔摩特[1],世界主义者,爱国者,

哈罗德,教友派[2],伪君子,

或者卖弄别样的假面具,

或者简简单单地做个好好先生,

像你们和我,像整个的社会?

至少我的忠告是:

丢开陈旧的时髦吧。

他迷惑够了世界了……

——他是你们的熟人?——也是的也不是的。

九

——为什么这样没有好感的

你们评论到他?

---

[1] 梅尔摩特,英国作家玛丘林(1782—1824)作品里的主人公。
[2] 教友派,教会的一派,这时由英国传入,在俄国很流行。

因为那个吗，因为我们不停地
忙碌着，评判着一切，
因为赤热的心灵的疏忽
或是触犯或是嘲笑了
自私自利的小人，
因为才智之士，爱好自由，令人头痛，
因为太常常的
我们只喜欢谈论而不做事情，
因为蠢才轻浮而且恶毒，
因为对于重要的人物胡说是重要的，
并且因为唯有平庸
恰恰适合于我们而且才不奇怪？

一〇

幸福的是，谁年青的时候是年青的，
幸福的是，谁成熟得正是时候，
谁渐渐地随着年岁
学会了忍受生活的冷酷。
谁不沉溺那些奇怪的梦想，
谁不躲避上流社会的愚民，
谁在二十岁是个花花公子或是好汉，
而在三十岁娶了个有钱的妻子。
谁在五十岁摆脱了
私人的和其他的债务，

谁安稳地顺序地弄到了
名誉、金钱和官爵,
关于他人们总是重复地说道:
N. N.[1]是个出色的人物。

一一

但是想起来真是悲哀,
我们白白地赋有了青春,
我们一向辜负了它,
而它欺骗了我们。
我们的至美的希望,
我们的新鲜的幻想,
飞快地轮到了腐朽,
像是秋天里腐烂的叶子。
不能忍受的是看见在自己面前
只是餐食的长长的行列,
看着生活,好像是看着一种仪式,
并且跟在循规蹈矩的人群后面走着,
既不同意它们的公论,
也不同感它们的热情。

―――――
[1] 意即某某。

一二

不能忍受的是（这点你们也同意）

成了喧腾的评判的对象，

在小心谨慎的人们中间

成了出名的装模作样的怪人，

或是可悲的疯子，

或是撒旦般的怪物，

或者甚至于是我的那个恶魔[1]。

奥涅金（我要重又说到他），

在决斗里打死了朋友，

活着没有目的，没有工作，

一直到了二十六岁，

在闲暇无事里苦恼着，

没有职务，没有妻子，没有事情，

无论什么都不会做。

一三

不安控制了他，

想望换换地方

（很令人苦恼的一种特性，

---

[1] 指普希金的短诗《恶魔》里的精灵，不满和怀疑的化身。

有些人的自愿的十字架）。

他离开了自己的村庄，

森林和僻静的田野，

在那里一个血迹模糊的影子

每天出现在他的面前，

于是开始无目的的，

唯一对感情接近的漫游。

接着旅行对于他，

好像世界上的一切，厌倦了。

他就回来了，

并且像卡茨基一样，下了船就到了舞会[1]。

一四

这时候人群动荡着，

低语传遍了大厅……

一位夫人向着女主人跟前走去，

在她后面是一位显要的将军。

她不慌不忙，

不冷淡，不多话，

对所有的人没有傲慢的神色，

没有了不起的样子，

---

[1] 这一章原来是第九章。原来的第八章写奥涅金的旅行，被普希金删去了，只留下一些片断，附在正文后面（即《奥涅金的旅行的片断》）。卡茨基是格里波叶多夫的喜剧《聪明误》里的主人公。

没有这些个小嘴脸,
没有那些个模仿的花样……
她整个的沉静,质朴。
她像是一幅完美的画像,
Du comme il faut[1]……(席西珂夫[2],对不起,
我不知道,怎么样翻译。)

一五

太太们都向她跟前走去。
老太太们对她微笑,
男子们深深地鞠躬,
追逐她眼睛的视线。
姑娘们悄悄地
在她面前走过大厅。
而那个跟她一起进来的将军,
比所有的人更高地抬起鼻子和肩膀。
谁也不能说她美丽;
但是从头到脚
谁也不能在她身上找到那种,
被伦敦上流社会的
专制的时髦

---

[1] 法文,指女子的举止服装朴质典雅,无不适合,可以译为仪态万方。
[2] 席西珂夫(1754—1841),海军上将,反动的政治家、文学家,曾经做过教育部长,主张以俄国古代《圣经》的语言为文学语言。

叫做 vulgar[1]的东西。(我不能够……

一六　附录二二

我很喜欢这个字，

但是我不能翻译。

它在我们目前还是新的，

并且它也难望受到尊敬。

它或许适用在警句里面……)

但是回到我们这位夫人身上来吧。

恬静得美丽得可爱，

她坐在桌子旁边，

和灿烂的尼娜·伏龙斯卡亚[2]，

这个涅瓦河的克洛佩特拉[3]坐在一起：

并且你们一定会要同意，

尼娜并不能以雪白的美貌

胜过她的女邻，

虽然她的光艳夺人。

一七

"难道，——叶甫盖尼思想——

---

[1] 俗气。(英文)
[2] 尼娜·伏龙斯卡亚，指沙瓦多夫斯卡西（1807—1874），当时著名的一个艳丽的美人。
[3] 克洛佩特拉（前69—前30），埃及女王，以美丽著名。涅瓦河即指彼得堡。

难道是她？但是的确是的……不会……

怎么！从偏僻的荒野的乡村里……"

于是他把令人讨厌的观剧镜

时时地拿起来对着她，

她的样子使他模糊地

回忆起忘记了的容貌。

"告诉我，公爵，你知不知道，

在那里戴紫红色的软帽，

和西班牙公使说话的是谁？"

公爵看着奥涅金。

"哈呀！你很久没有在社交界啦。

等一等，我来给你介绍。"

"那她是谁呢？"——"我的妻子。"

一八

"那末你结婚了！早先我不知道！

多久了？"——"大约两年。"

"跟谁？"——"跟拉林家的姑娘。"——"跟达吉雅娜！"

"你跟她认识？"——"我是她们的邻居。"

"啊，那就一起来吧。"

公爵走到自己的妻子跟前

并且把自己的亲戚和朋友领去见她。

公爵夫人看着他……

不论有什么扰乱了她的心灵，

不论她是怎样厉害的
奇异,惊愕,
但是她一点没有显露出来:
她保持着同样的风度,
她的鞠躬还是一样的娴静。

一九

真正的!她没有战栗起来了,
或者是忽然苍白了,羞红了……
她连眉毛也没有动一下,
她甚至于没有撇一下嘴唇。
虽然他看得不能再仔细了,
但是从前的达吉雅娜的痕迹
奥涅金找不出来。
他想找话来和她谈,
然而——然而不能够。她问,
他在这里很久了么,他从哪里,
是不是从她们那里来的?
然后向丈夫转过困倦的眼睛;
就轻盈地走出去了……
剩下他呆呆地站在那里。

二〇

难道她就是那个达吉雅娜?

他对她曾经面对面的，

在我们小说的开头，

在荒僻，遥远的地方，

在道德的高尚的热诚里，

有那么一回他讲过一番道理。

她，他保存着一封她的信，

那里面倾诉着衷心，

那里面整个是坦白的，整个是情愿的，

她是那个女郎……或者这是一场梦？……

她是那个女郎，

他在她顺从的时候轻视过的，

难道立刻就和他

这样的冷淡，这样的勇敢？

二一

他离开拥挤的晚会，

沉思地坐车回到家里。

一会儿悲伤的，一会儿美妙的幻想，

扰乱了他的迟睡。

他睡醒了，给他送来了一封信：

N公爵恭敬地请他去赴夜会。

"上帝！到她那里去！……

啊，要去，要去！"于是赶快地

他草了一封客气的回信。

他怎么了？他在什么样的奇怪的梦里？
什么东西在冷漠而且懒散的
灵魂的深处活动起来了？
悔恨？虚荣？或者
重又是青春的烦恼——爱情？

二二

奥涅金重又数着钟点，
重又等不到一天的终结。
但是十点打了，他坐车出去，
他飞驰着，他到了门廊，
他带着悸动走进去见公爵夫人。
他发现达吉雅娜一个人，
并且他们在一起
坐了好几分钟。
话从奥涅金的嘴里说不出来。
阴郁地，局促地，他勉勉强强地
回答她的话。
他的头脑充满了执拗的思想。
他执拗地看着：
她坐着安静而且从容。

二三

丈夫来了。他打断了

这个不愉快的 tête-à-tête[1]：
他和奥涅金回忆起
早年的恶作剧，玩笑。
他们笑着。客人们进来了。
于是社交界的刻薄的俏皮话
开始使谈话活跃起来。
在女主人面前轻松地漫谈
毫无拘束地大放光彩，
而时时打断它的，是那种没有庸俗的问题，
没有永久的真理，没有学究气味的
有条有理的谈话，
并且它的自由的发挥
也不会惊吓任何人的耳朵。

二四　附录二三

然而，这里是京城的精华，
名门贵族和时髦的模范，
那些到处都碰得到的人物，
那些必不可少的蠢才。
这里是上了年纪的太太们，
　戴着帽子，长着疤痕，摆出凶恶的样子；
　这里是几位姑娘，

---

[1] 面面相觑。（法文）

板着没有笑容的面孔；

这里是一位公使，

议论了一番国家大事；

这里是一位白发上洒了香水的老人，

说了一个旧式的笑话：

出色的巧妙和聪明，

而在如今却倒有点可笑[1]。

二五

这里是一位好说警句，

好对一切都忿忿然的先生[2]：

对主人的太甜的茶，

对女子的平凡，对男子的语调，

对关于含糊不清的小说的评论，

对赐给两姊妹的花章[3]，

对杂志上的谎话，对战争，

对雪以及对自己的妻子。

....

....

....

---

[1] 普希金时代的笑话都庸俗而且愚笨。
[2] 指当时一个显要的官吏摩金伯爵（1774—1833）。
[3] 这是一种装饰的徽章，把本名、父名、别名的第一个字母，用美丽的花体字编写在一起组成花字，镌成金章。这里指赐给女子佩带的皇后的简名的花章。

………………………………………
………………………………………
………………………………

二六

这里是不愧以灵魂的卑鄙著名的

勃罗拉梭夫,

St-P〔riest〕[1],你把他在所有的纪念册上,

都画秃了你的铅笔;

在门口像是杂志上的图画

站着另外一个舞会的指挥者,

红红的脸,仿佛柳树节[2]的赫鲁宾[3],

穿着紧紧的衣服,不动也不说话,

又有一个过路的旅客[4],

一个过分矜持的倨傲的人物,

他的装腔作势的态度

引起了客人们的微笑,

而默默地交换的视线

就是对他的公共的评判。

―――――――

[1] 指圣·普里(1806—1828),一个法国侨民,当时著名的漫画家。
[2] 柳树节,复活节前的星期日,即西欧的棕榈节,因为在这一天,耶稣入耶路撒冷,群众都手持棕榈树枝在路上迎接他。
[3] 赫鲁宾,背上有翼的小天使。柳树节那天,摊子上有这种小天使卖。
[4] 据一般的猜测,指一个英国人汤玛斯·莱克斯,他在1829年曾到彼得堡。

二七

但是我的奥涅金整个的晚上

被达吉雅娜一个人占有了,

不是被这么一个胆怯的,

爱慕的,可怜的,纯真的姑娘,

而是被一位冷淡的公爵夫人,

而是被一位豪华的,皇家的涅瓦河的

难以亲近的女神。

啊,人们!你们全都像是

那位女祖先夏娃:

什么给了你们,它就吸引不住你们;

蛇不断地招呼你们到它那里去,

到神秘的树边去;

给你们禁果吧,

不然在你们乐园也不是乐园[1]。

---

[1]《旧约》创世纪第三章:上帝造人,最初造一男一女(亚当和夏娃),住在乐园里。乐园里有一种知识树,吃了知识树的果子就知道善恶,所以是上帝禁食的禁果。但是耶和华上帝所造的,唯有蛇比田野里的一切生物更狡猾。蛇对女人说:"上帝岂是真说不许你们吃园中所有树上的果么?……因为上帝知道,你们吃的日子眼睛就明亮了,你们便如上帝能知道善恶。"于是女人……就摘下果子来吃了。又给她丈夫,她丈夫也吃了。于是两人就被逐出乐园。

二八

达吉雅娜怎样的变了！
她多么坚强地扮演自己的角色！
她多么快地学会了
令人苦恼的显贵的排场！
谁敢在这个庄严的，在这个简慢的
客厅的女立法人身上，
寻找那个柔情的丫头？
并且他激动过她的心！
她曾经在夜的黑暗里，
在摩尔菲伊[1]没有飞来的时候，
往常，纯真地思恋着他，
抬起忧伤的眼睛望着月亮，
幻想和他有那么一个时候
实现质朴的方式的生活！

二九

所有的年纪都顺从爱情。
但是对年青的，女孩子的心
它的冲动是有益的，

---

[1] 摩尔菲伊，希腊神话里的梦神。

好像春天的暴风雨对于田野：

在爱情的雨里她们变得新鲜，

茂盛，成熟——

并且旺盛的生命生长出

艳丽的花朵和甜美的果实。

但是在不结果实的过时的年纪，

在我们年龄的转折点上，

热情的死亡的遗迹是悲伤的：

好像寒冷的秋天的暴风雨，

把草场变成了沼泽

并且凋零了四周的树林。

三〇　附录二四

没有疑惑了：唉！叶甫盖尼

像个孩子似的爱上了达吉雅娜；

他白天夜里都在

爱情的相思的苦痛里过着日子。

不顾理智的严峻的谴责，

他每天都坐着车子跑到

她家的门口，玻璃的门厅；

他追随着她，像是影子；

他觉得是幸福的，如果是替她

把海狸皮的披肩披上肩膀，

或者是热情地触触她的手，

或者是分开她前面的
穿着各色制服的仆人,
或者是将手帕拾起来给她。

三一

她不理会他,
无论他怎样苦苦地出力,哪怕是死。
从容地在家里接待他,
做客的时候和他说两三个字,
有时候只用一鞠躬迎接他,
有时候全不理会他:
卖弄风情她一点没有——
上流社会不容许这个。
奥涅金开始苍白起来:
她或是没有看出来,或是没有怜悯的心。
奥涅金枯槁起来,
并且几乎没有害上了肺病。
所有的人都要送奥涅金去找医生,
全都异口同声地要送他上"温泉"去。

三二

可是他不去;他准备好了,
预先写信给祖宗

告诉快要到来的会晤;而达吉雅娜

连什么事都没有(她们女性就是如此);

而他执拗地,不想放弃,

还期待着,奔走着;

比健康的人还更勇敢,

病了的他用虚弱的手

给公爵夫人写热情的书信。

虽然他并非徒然地看到

大体上信的用处很少;

但是,要知道,心的痛苦

他已经没有力量忍受了。

你们看这就是一个字不错的他的书信。

奥涅金给达吉雅娜的信

我全都预先看到了:

秘密的悲伤的表白会触怒您。

您的骄傲的目光会表现出

什么样辛烈的轻蔑!

我向往什么?带着什么目的

我来向您表露自己的心灵?

或许,我这样做

会引起什么样的恶意的快乐!

偶然有一次遇见了您,

注意到您的柔情的火花,

可是我对它不敢相信：
我没有让亲爱的习性发展；
我不想失去
自己的令人讨厌的自由。
又有一桩事分开了我们……
不幸的牺牲者连斯基倒下了……
那时候凡是心所亲爱的一切，
我都使心和它隔离；
跟所有的人都不往来，不受任何的束缚，
我想：用自由和安静
来代替幸福。我的上帝！
我是怎样地错了，怎样地受到惩罚！

不，时刻地看见您，
到处地跟随着您，
用恋爱的眼睛追寻
唇边的微笑，眼睛的流转，
长久地倾听您，
用心灵体会您的一切的完美，
在您面前沉没在痛苦里面，
苍白，憔悴……这个就是幸福！

可是我没有那个的份：为了您
我到处地勉强奔走；
一天，一个钟头，在我都是珍贵的：

而我在徒然的苦闷里

虚度着命运数好的日子。

并且它们竟是这样的苦重。

我知道：我的日子已经有限；

但是为了拖延我的生命，

我早晨就必须相信，

在白天我会和您见面……

我怕：在我的谦卑的恳求里

您的严厉的眼睛会看到

什么卑鄙的诡计——

并且听到您的愤怒的谴责。

如果您能知道，

爱的渴望的痛苦是多么的可怕，

它燃烧着——又不得不时刻地用理智

压抑住热情的激动。

很想抱住您的足膝，

并且，啜泣过后，在您的脚边

倾吐出恳求，表白，抱怨，

凡是所能表达出来的，一切的一切，

然而我只有用假装的冷静

装点谈话和目光，

进行静静的谈话，

用欢乐的眼睛凝视着您！……

但是随它怎样吧：我自己
再也没有力量抗拒自己了；
一切决定了：我遵从您的意旨，
并且顺从我的命运。

三三

没有回信。他重又送信去：
第二封，第三封，
没有回信。
他去到一个集会；刚走进去……
她碰到了他。多么的严厉！
不看他，跟他不说一句话。
啊！好像现在
她是被主显节的严寒包围着！
倔强的嘴唇在想
怎样地抑制住愤怒！
奥涅金用灼灼的眼睛凝视着：
哪里，哪里是惶惑，怜悯？
哪里是泪痕？……它们都没有，它们都没有！
在这个脸上仅仅有愤怒的痕迹……

三四

还有，或许，秘密的恐惧的影子，

丈夫或是上流社会有没有猜到
这些花样,那桩偶然的弱点[1]……
一切,我的奥涅金所知道的……
希望没有了!他坐车走了,
诅咒自己的疯狂——
并且,深深地陷在疯狂里面,
他重又舍弃了社交界。
并且在寂静无声的房间里
他回忆起了那个时候,
当残酷的忧郁病
在喧闹的社交界里追逐他,
捉住他,抓着他的领子,
并且把他关进黑暗的角落里面。

三五

他重又开始不加选择地读起书来。
他读了吉朋,卢梭,
芒佐尼,赫德尔,夏伏尔,
Madame de Stael[2] 毕夏,铁梭,
读了怀疑的拜耳,

---

[1] "这些花样"指奥涅金的追求,"那桩偶然的弱点"指以前的恋爱。
[2] 斯泰尔夫人,法国小说家。

读了冯泰纳尔的著作[1]，

读了我们中间某某人的作品，

他什么都不摈弃：

也读文艺选集，也读杂志，

在那里面总是在给我们教训，

在那里面现在是这样地骂我[2]，

而在那里面我有时候

也碰到一些给我的恋歌：

E sempre bene[3]，先生们。

三六

而怎么啦？他的眼睛读着，

思想却在远方；

幻想，希望，悲伤，

深深地交集在心灵里面。

他在印好的字行中间，

心灵的眼睛却读着

另外的一些字行。

---

[1] 吉朋（1737—1794），英国历史家。芒佐尼（1785—1873），意大利小说家、诗人、批评家。赫德尔（1744—1803），德国思想家。夏伏尔（1741—1794），法国讽刺短诗作家。毕夏（1771—1802），法国解剖学家。铁梭（1728—1797），瑞士医学家。拜尔（1647—1706），法国哲学家、批评家。冯泰纳尔（1657—1757），法国作家。

[2] 当时（1830年左右），在文艺选集上和杂志上（如《莫斯科电讯》《欧洲通报》等），许多人批评普希金的《叶甫盖尼·奥涅金》不好。

[3] 可真出色。（意大利文）

他完全沉溺在它们里面。

那是些模糊的过去的

秘密的恋爱的传说,

和什么都没有联系的梦,

恐吓,闲话,预言,

或是长篇故事的生动的杜撰,

或是年青的女郎的书信。

三七

于是他渐渐地沉入

感情和思想的昏迷里面,

而想象就在他面前

玩开它的乱七八糟的法拉翁[1]。

一会儿他看见:在融化的雪上

仿佛睡在客栈里,

躺着一个不动的青年,

并且听见声音:怎么啦?打死了。

一会儿他看见那些忘记了的仇人,

那些造谣的专家,那些恶毒的懦夫,

还有那群年青的变心的女郎,

还有那伙卑鄙的伙伴,

---

[1] 法拉翁,一种纸牌赌博的名字,庄家把纸牌掷向左边或右边以定输赢,意指想象变换得迅速和杂乱。

一会儿是一座乡村的住宅——并且靠着窗子

坐着"她"……这就全都是她了！……

三八

他这样习惯了沉没在这里面，

几乎没有弄得发起疯来，

或者是成功一个诗人。

老实说，那倒是糟糕得很！

并且的确，由于强大的磁力

我的糊涂的学生

差一点在那时候没有弄通了

俄国的诗的机械。

他多么地像是一个诗人，

当他一个人坐在角落里，

在他面前燃烧着壁炉，

他就低声地吟哦着：Benedetta,

或是 Idol mio[1]。并且一会儿鞋子，

一会儿杂志，落进了火里。

三九

日月飞驶着，在暖和起来的空气里

---

[1] 意大利文：Benedetta（祝福）；Idol mio（我的偶像）。——都是当时在俄国流行的意大利歌曲。

冬天已经完结了。

他没有成为诗人,

也没有死,没有发疯。

春天使他有了生气:在一个晴朗的早晨,

他第一次离开了

在那里像土拨鼠似的度过冬天的

闭门不出的屋子,

双层的窗子,壁炉,

他坐着雪橇沿着涅瓦河疾驰。

在蓝色的,车迹斑斑的冰上,

太阳闪耀着光辉;

街上掘开的雪融成了泥泞,

他飞快地向着那里。

四〇

奥涅金这样地奔驰?

你们预先就可以猜到,的确这样:

我的不可改正的怪人,

飞驰向她,向着他的达吉雅娜。

他走着,好似一个幽魂。

前厅里一个人没有。

他进了客厅,再进去:没有人。

他开了门。

是什么以这样的力量激动了他?

公爵夫人在他面前，一个人
坐着，没有打扮，苍白地
读着不知是谁的书信，
眼泪静静地流得像小河一样，
她的颊偎倚在她的手上。

四一

啊，谁在这短促的一瞬间
会不感到她的默默的痛苦！
谁现在在公爵夫人身上
会认不出往日的达尼亚，可怜的达尼亚！
在猛烈的悔恨的痛苦里
叶甫盖尼跪在她的脚下；
她颤栗了一下，沉默着；
她看着奥涅金，
没有惊异，没有愤怒……
他的病容的，黯淡的目光，
恳求的样子，默默地责备，
她明白了一切。那个纯真的女郎，
带着往日的幻想，往日的心，
现在重又在她心里复活了。

四二

她没有拉他起来，

不碰他的眼睛,

从贪吻的唇上

也不拿开自己没有感觉的手……

她现在幻想些什么?……

经过一个长久的沉默,

最后她静静地说了:

"够了,请起来吧。我应该

开诚地向您解释。

奥涅金,还记得那个时候吗?

那时在花园里,在林荫路上,

命运撮合过我们,

并且那么温顺的我聆听了您的教训。

今天轮到我了。

四三

"奥涅金,我那时候年青些,

我好看些,似乎,我是,

而且我爱了您。可是怎样呢?

我在您的心里找到了什么?

什么样的回答?只是严峻而已。

可不是吗?一个顺从的姑娘的爱

在您可并不新奇。

就是现在——上帝啊!—— 血都要冷起来,

只要一回想起那冷酷的眼色

和那篇道理……但是
我不怪您：在那个可怕的时辰
您做得高尚，
您在我面前是对的。
我衷心地感谢……

四四

"那时候——可不是吗？——在偏僻的乡下，
远远地离开虚荣的口碑，
我没有得您欢喜……为什么现在
您来追求我呢？
为什么我成了您的对象？
是不是因为，我现在该当
现身在上流社会，
我有钱而且显贵，
丈夫在战争里残废了，
宫廷因为这个关切我们？
是不是因为，我的失足
现在会受到所有人的注目，
并且会在社会上
带给您善于诱惑的荣誉？

四五

"我在哭……假如您的达尼亚

您到今天还没有忘记,

那么请您知道:您的刺心的责骂,

冷酷的,严峻的谈话,

如果只要我自己能来做主,

我还更喜欢些,比起这种无礼的热情

以及这些书信和眼泪。

对我的那些幼稚的幻想

那时候您至少还有同情,

至少还有对年岁的尊重……

可是现在!——什么把您

带到了我的脚旁?多么渺小的事情!

怎么以您的心和理智

也做了渺小的情感的奴隶?

四六

"而在我,奥涅金,这种豪华,

讨厌的生活的辉煌,

在上流社会的旋涡里我的成功,

我的时髦的家和夜会,

它们有什么呢,我情愿立刻地舍弃

一切这些个化装跳舞会的烂衣裳,

一切这些个灿烂,喧哗,乌烟瘴气,

换一架子书,换一所荒凉的花园,

换我们的贫寒的住宅,

换那块地方，在那里第一次，
奥涅金，我看见了您，
换那个简陋的坟地，
在那里现在十字架和树枝的阴影
荫蔽着我的可怜的乳母……

四七

"而幸福曾经是那样的可能，
那样的接近！……但是我的命运
已经决定了。有点轻率，
或许，我做得：
母亲带着祈祷的眼泪央求我；
对于可怜的达尼亚
什么样的命运全是一样……
我出嫁了。您应该，
我请您，离开我。
我知道，在您的心里是
骄傲和真正的光荣。
我爱您（为什么掩饰？），
但是我嫁了别人；
我要永远对他忠实。"

四八

她走开了。叶甫盖尼站着，

仿佛被雷打了一样。
现在他的心沉没进了
什么样的感触的风暴!
但是意外的马刺的声音响了,
于是达吉雅娜的丈夫出现了,
而在这里,
在这对我的主人公不利的时刻,
读者们,我们现在离开他吧,
长期地……永远地。
我们跟着他一路
在世界上漫游够了。
让我们彼此祝贺靠岸吧。乌拉!
早已就(可不是吗?)是时候了!

四九

不论你是谁,我的读者啊,
友人,仇人,我想和您
现在像朋友似的分手。
别了。你在我这里
在这些草率的诗节里,
不论找的是苦恼的回忆,
或是工作之后的休憩,
生动的图画,或是尖锐的字句,
或是文法的错误,

但愿的是,在这本小书里

为了消遣,为了幻想,

为了心灵,为了杂志上的论战,

你至少总可以找到一点什么。

我们这就分手吧,别了!

五〇

你也别了,我的奇怪的旅伴,

还有你,我的真正的理想[1],

还有你,生动而永久的,

虽然微小的作品。

我和你们知道了诗人所羡慕的一切:

在世界的风暴里生命的湮没,

朋友们的酣畅的会谈。

许多,许多日子飞逝过去了[2],

自从那个时候,当年青的达吉雅娜

还有奥涅金和她一起,

在模糊的梦想里第一次出现在我的面前——

那时候这部自由的小说的远景

透过魔术的水晶[3]

---

[1] "奇怪的旅伴"指奥涅金,"真正的理想"指达吉雅娜。
[2] 普希金写作《叶甫盖尼·奥涅金》,前后约经过八年的时间(1823—1830)。
[3] 魔术的水晶,中世纪炼丹家的东西,透过它可以看见许多幻象。这里比喻诗的幻想。

我还看得不很清楚。

五一

但是那些人，在友好的聚会里
我对他们读过最初的诗章的……
有些已经不在了，而他们都到了远方[1]，
像沙吉[2]曾经说过的一样。
没有他们，奥涅金画出来了。
而她，由她形成的[3]
达吉雅娜这个可爱的理想……
啊，命运夺去了许许多多！
幸福的是，谁及早离开了生命的节日，
不把满满的一杯酒
喝干到底，
谁没有读完它的小说
就能忽然地和它分手，
就像我和我的奥涅金一样。

---

[1] 指十二月党人。普希金在吉希纽夫时初写《叶甫盖尼·奥涅金》，常和十二月党的友人集会，读诗给他们听。后来十二月党人起义失败，五人处死，一百多人流放西伯利亚。所以这里说"有些已经不在了，而他们都到了远方"。
[2] 沙吉（1184？—1291），波斯的大诗人。
[3] 普希金同时代的人，回忆作者、研究者，先后提出许多达吉雅娜的原型：乌尔夫·弗莱夫斯卡亚，凯恩，伏龙曹娃，拉叶夫斯卡西·伏尔康斯卡亚，斯特罗伊诺夫斯卡亚，冯维金娜等。但是不能确定哪一个是对的，这些名字可供研究者参考。

第九章

奥涅金的旅行的片断　附录二五

《叶甫盖尼·奥涅金》的最后一章是单独出版的,带着下面的序言:

"那些省略的诗节不止一次成了责难和嘲笑(不过,很公正而且聪明)的口实。作者率直地承认,他从小说里整整省略了一章,这一章里写的是奥涅金在俄国的旅行。本来他可以用虚点和数字表示这省略的一章,但是为了避免与人口实,他决定不要第九章,把《叶甫盖尼·奥涅金》最后一章称为第八章,并且牺牲了结尾的诗节里的一节:

是时候了:笔要求休息;
我写下了九章歌;
第九个巨浪把我的木船
送到欢乐的岸边——
赞美你们,九位卡曼娜[1],等等。

---

[1] 卡曼娜,本来是罗马神话里泉源的女神,后来指希腊的缪斯女神,缪斯女神共有九个。

Ⅱ. A. 卡节宁[1]（他的卓越的诗的才能并不妨碍他也是一个敏锐的批评家）指点我们，他说这些省略，可能，是对读者有益的，然而对整个作品的情节有害；因为从一个乡下的小姐的达吉雅娜，到一个显贵的太太的达吉雅娜，这个转变是过于意外过于不可解了。——这是一位有经验的艺术家提出来的意见，作者自己觉得它公正，但是决定省略这一章，主要的是为了他自己，而不是为了读者。有些片断已经印好；我们在这里发表它们，附带还添了几个诗节。

叶甫盖尼·奥涅金从莫斯科到下诺甫果罗德：

……在他前面
玛卡尔叶夫[2]扰攘地忙碌着，
喧腾着它的富饶。
印度人将珍珠，
欧罗巴人将冒牌的酒带到这里，
牧场的主人从草原上
赶来挑剩下的马群，
赌博的带来自己的纸牌
和一把听话的骰子，
地主——带来成熟的女儿，
而女儿——是去年的时式。

---

[1] 卡节宁（1792—1853），俄国诗人、戏剧家、批评家，十二月党人。
[2] 玛卡尔叶夫，下诺甫果罗德的集市，每年有一次，一次两个月，是俄国著名的大定期集市，欧亚二洲的商人都来这里交易。

每个人都在忙碌，撒着两个人的谎，
到处都是商人的气息。

*　　*　　*

苦闷！……

奥涅金到阿斯特拉罕，又从那里到高加索。

他看见：任性的节莱克[1]
冲击着峭峻的河岸；
在他前面凶猛的鹰飞翔着，
鹿站着，低垂着角；
骆驼躺在悬岩的阴影里面，
切尔卡斯[2]的马在草原上奔驰，
在游牧的帐篷周围，
卡尔美克人的绵羊在吃草，
在远方——是高加索的群山。
道路向着它们伸去。
战争突破了它们的天然的界线[3]，
穿过它们的险峻的屏障；

---

[1] 节莱克，北高加索的一条河。
[2] 切尔卡斯人，高加索的一种回族。
[3] 指俄国征服高加索的战争。

阿拉格瓦和库拉[1]的河岸

凝视着俄国的帐篷。

    * * *

已经到了荒野的永恒的守卫者，

四周围绕着峰峦，

矗立着尖顶的伯西杜[2]

和常绿的玛舒克[3]，

玛舒克，医病的水流的施舍者，

在它的魔力的小河周围

拥挤着一群苍白的病人；

有的是战争的荣誉的牺牲者，

有的是痔疮，有的是吉普里达[4]的牺牲者；

受苦的人想在奇迹的水流里

强壮他们的生命之线，

风情女子想把罪恶年头的罪孽

遗留在河底，

而老人则想要年青起来——即使是片刻的工夫。

    * * *

---

[1] 阿拉格瓦和库拉，南高加索的两条河，俄军长驻这里。
[2] 伯西杜，南高加索的名山，凡五峰。
[3] 玛舒克，南高加索的名山，有温泉。
[4] 吉普里达，即维纳拉，罗马神话里爱和美的女神。

怀着痛苦的沉思,

在他们这个悲哀的家族中间,

奥涅金用怅惘的眼睛

看着腾烟的水流,

并且满怀忧伤地想道:

为什么我不被枪弹打伤胸膛?

为什么我不是衰弱的老者,

像这个可怜的包税人[1]?

为什么,不像那个图拉[2]的陪审员,

我不中风躺下?

为什么我的肩膀不觉得

即使是风湿症——唉,创造者!

我年青,生命在我身上是强壮的;

我等待什么?苦闷,苦闷!……

奥涅金然后访问达夫里达[3]:

....

....

....

....

....

---

[1] 包税(当时主要是酒)的商人。
[2] 图拉,城名,靠近莫斯科。
[3] 达夫里达,克里米的古名。

……………………………………

想象的神圣的地方:

毕拉德[1]在那里和阿特里德[2]吵过架,

在那里密特里达特[3]自刎了,

在那里灵感的密茨凯维奇[4]歌唱过,

并且在沿岸的岩石中间

回忆起了他自己的立陶宛。

* * *

你们是美丽的,达夫里达的海岸,

当从船上看到你们的时候,

在早晨的吉普里达[5]的光辉底下,

像我第一次看见你们那样;

你们在我前面的婚礼的华光里出现[6]:

在蔚蓝而透明的天空上,

你们的罗列的群山放着光,

溪谷,树林,村庄的图画,

展开在我的眼前。

---

[1] 毕拉德,希腊神话里阿加美农的侄子。
[2] 阿特里德,指阿特莱伊的儿子,即阿加美农和曼尼拉伊。
[3] 密特里达特(公元前132?—公元前63),蓬塔王国的国王都克里米,王国包括小亚细亚海峡,及高加索的一部。密特里达特曾经和罗马人进行过三次战争,最后被庞贝击败而自杀。
[4] 密茨凯维奇(1798—1855),普希金同时的波兰诗人,曾经在克里米住过。
[5] 吉普里达,即维纳拉,这里指金星(太白星)。
[6] 普希金在1820年8月到克里米,是在黎明之前从海上坐船到的。

而在那里，在鞑鞑人的茅屋中间……

在我的心里觉醒了什么样的烈火！

什么样的迷人的痛苦

紧压着我的火热的胸膛！

但是，缪斯啊！忘记过去吧。

* * *

那时候在我的心里，

不论怀藏过什么样的情感——现在它们没有了：

它们过去了或者变化了……

平静了吧你们，过去的年岁的烦恼！

在那时候我需要

荒野的地方，珍珠般的波涛的地方，

那喧哗的海，那垒列的岩崖，

和理想的骄傲的女郎，

和无名的痛苦……

另外一个时期，另外一些梦；

你们变平和了，

我的春天的高翔的幻想，

并且在诗的酒樽里面

我掺进了许多的水。

* * *

我需要的是另外一些图画:

我爱砂土的斜坡,

茅屋前面的两棵山梨树,

小门,残破的栅栏,

天空上灰色的云朵,

打谷场前面的干草堆——

和密茂的杨柳阴影下面的池塘,

幼小的鸭子的自由自在;

现在我觉得可爱的是

小酒店门前的三弦琵琶

和醉后的特莱巴克舞[1]的踏步。

我的理想现在是——主妇,

我的希望是——安静,

还有"一钵菜汤,还有自己是个主人"。

* * *

前些天多雨的时候,

我,顺便去看了看牛栏……

唏!这些散文风味的梦话,

弗兰德斯派[2]的杂七八拉的东西!

在我年青的时候,我这样的吗?

---

[1] 特莱巴克舞,一种快拍子的农民的舞蹈。
[2] 弗兰德斯派,这是一个画派,包括十五至十九世纪许多弗兰德斯和比利时现实主义的画家。

说吧,巴赫齐沙拉伊泉水!

你的无穷的喧哗,

在我的脑子里引起过这样的思想吗?

当我默默地在你前面

在华丽的荒凉的宫殿中间[1]

想象着沙莱玛[2]的时候……

过了三年之后,跟在我的后面,

流浪到这同一个地方,

奥涅金回忆起了我。

*　　*　　*

我那时候住在多尘土的奥德萨……

那里天空长久地晴朗,

那里繁盛的贸易忙碌地

扬起自己的船帆;

那里一切是欧洲的气息,欧洲的风味,

一切都显出南方[3]的样子,

杂陈着各色各样的生活。

优美的意大利的语言

在快乐的街道上响着,

---

[1] 巴赫齐沙拉伊泉水原来在克里米可汗的皇宫里,被俄国征服之后,华丽的宫殿都荒凉了。
[2] 沙莱玛,普希金诗作《巴赫齐沙拉伊泉水》里的女主人公。
[3] 指意大利。

在那里走着骄傲的斯拉夫人,

法国人,西班牙人,阿美尼亚人,

还有希腊人,还有苦难的摩尔台维亚人,

还有埃及的土地上的孩子,

退隐的海盗,摩拉里[1]。

* * *

我们的朋友杜芒斯基[2],

用响亮的诗文描写过奥德萨,

但是他在那个时候

用偏颇的眼睛观察了它。

到了之后,他像一个真正的诗人的样子。

带着他的观剧镜

一个人在海滨漫游——于是以后

就用迷人的文笔

赞美了奥德萨的花园。

一切都好,但是事实是,

在那里周围都是赤裸的草原;

只是有的地方,不久之前的劳动

---

[1] 普希金在奥德萨常常往来的一个出身不明的阿拉伯人,别人都传说他曾经在埃及做过海盗。李普朗吉(1790—1880)在他的《回忆录》里说,那是一个摩尔人,生在突尼斯,曾经做过商船的船长。(见《同时代人回忆中的普希金》俄文本第290至291页)

[2] 杜芒斯基(1802—1860),当时也在奥德萨,和普希金同在伏龙曹夫伯爵公署里服务。

强迫着年青的枝叶

在酷暑的日子里发出稀疏的阴影。

*　　*　　*

那末,我的散漫的故事说的是哪里?

我说过,是在多尘土的奥德萨。

我还可以说:在泥泞的奥德萨——

并且这真正没有撒谎。

一年奥德萨有五六个星期,

由于风暴的宙斯的意志,

淹了水,堵上了堤堰,

被围在浓厚的泥泞里面。

所有的房屋陷在泥里有一阿申[1],

步行的人只有踩着高跷,

才敢沿街在浅滩里跋涉;

那些轿车,人淹在水里,陷在泥泞里,

而在敞车上,低垂着角的公牛,

代替了羸弱的马匹。

*　　*　　*

但是铁锤已经在敲碎石头,

---

[1] 阿申,俄尺。

于是得救的城市

很快就要铺上响亮的石块；

仿佛装上了甲胄。

然而在这个潮湿的奥德萨

还有一桩重要的缺陷；

你们想是什么？——水。

这需要繁重的工作……

这有什么？这并不是多大的不幸，

特别是，

当酒免税运到的时候。

而且那南方的太阳，那海……

你们还要什么呢，朋友们？

这块幸福的地方！

* * *

常常，早晨的号炮，

刚刚从船上轰响，

跑下峭峻的岩岸，

我向着大海走去。

然后抽起红热的烟斗，

咸味的波浪使我精神焕发，

好像回教徒在自己的天国里面，

喝着东方的带渣子的咖啡[1]。

我到街上走走。

殷勤的 Casino[2] 已经开门；

杯盘的声音在那里响了起来；

半醒的台球计分员走到阳台上面，

手里拿着扫帚，而在门廊那里

两个商人已经会上面了。

    * * *

看吧，空场也杂沓起来。

全都活跃了；这里和那里

人们奔走着，做事情的和没有事情的，

然而大半是因为什么事情。

计算和勇敢的孩子，

商人走去瞧瞧船幡，

打听打听，

天可送来了他所熟识的帆船。

有些什么新货

现在受了检疫[3]？

等待着的酒桶可运到了？

---

［1］一种土耳其咖啡，味烈。
［2］俱乐部。（意大利文）
［3］从有传染病的地方来的船只，或是载有传染病病人的船只，不许进口，通常需要等四十天。

瘟疫怎样了？那里有火灾？
有没有饥荒，战争，
或者诸如此类的新闻？

*　　*　　*

但是我们，无忧无虑的孩子，
在焦心劳碌的商人中间，
我们只是等待
从皇堡的海岸来的牡蛎。
牡蛎怎样了？到了！啊，欢喜！
食欲健旺的青年飞快地
吞食着从贝壳里剥出来，
轻微地用柠檬汁喷过的，
肥嫩而且活鲜的女隐士。
喧哗，争吵——轻淡的酒，
殷勤的奥顿〔四十七〕
从地窖里拿到了桌上；
钟点飞驶着，而吓人的账目
同时暗暗地增长起来。

*　　*　　*

但是蓝色的夜晚已经发黑，
这是我们赶快到歌剧场去的时候：

在那里是醉人的罗西尼[1]，

欧洲的骄子——奥尔菲[2]。

他不理会严厉的批评家，

永远是那个样子，永远是新的，

他倾泻出他的歌声——它们沸腾着，

它们奔流着，它们燃烧着，

好像是年青的吻，

完全像幸福的欢乐，像爱情的火焰，

好像是泡沫翻腾的阿逸的

琼浆和金色的酒花……

但是，先生们，许不许可

拿 do-re-mi-sol[3] 来和酒打比？

* * *

而那里仅仅只有这个迷人？

那搜索的观剧镜？

那后台的会晤？

那 prima dona[4]？那芭蕾舞？

那包厢，那里面，容貌艳丽，

得意而又苦恼，

---

[1] 罗西尼（1792—1868），意大利歌剧作家，当时名闻全欧。
[2] 奥尔菲，希腊神话里的音乐家，他的竖琴能使野兽迷惘，木石感动。
[3] 即1，2，3，5，这里指音乐。
[4] 歌剧里的首席女演员，头牌明星。（意大利文）

四周围着成群的奴隶的

大商人的年青的妻子?

她带理不理

那些独唱,恳求,

和半带奉承的笑话……

而丈夫——在她背后在角落里打盹,

他半睡半醒地大叫一声再来一个,

打一个呵欠——于是重又打起鼾来。

＊　　＊　　＊

终场的乐曲响起来;大厅空了;

嘈杂地,急忙地散场了;

在街灯和星星的光辉底下

人群走到了广场,

幸运的奥梭尼亚的孩子们[1]

轻快地唱着活泼的乐曲,

他们自然地记住了它,

而我们吼叫着合唱的道白[2]。

但是晚了。奥德萨静静地睡了;

沉默的夜,死寂而温暖。

月亮上升了,

---

[1] 奥梭尼亚,古代意大利中部的一处地方,古代作家常在诗里称意大利为奥梭尼亚。"奥梭尼亚的孩子们"即指意大利人。

[2] 这是意大利文的歌剧,所以意大利人可以复唱乐曲,而俄国人只能记住道白。

透明的轻柔的帷幕

遮蔽着天空。一切都静寂；

只有黑海在喧哗……

     * * *

就这样，我那时候住在奥德萨……

………………………………………

………………………………………

………………………………………

………………………………………

………………………………………

………………………………………

附录二六

第十章[1]

一

懦弱而且狡猾的统治者，
秃头的纨绔子弟，劳动的仇敌，
意外地受到光荣的照顾，
那时候君临着我们[2]。
……………………………………

二

我们知道他很驯良，
当不是我们的厨师们
在波拿巴尔特的帐篷里

---

[1] 在1830年，普希金接着最后出版的一章，写了另外一章的许多诗节。这一章按先前的算法（在取消《奥涅金的旅行》之前）是第十章。它的原稿普希金在同一年焚毁了，只留下用特别的暗码写下的十四节诗的片断（头四行），以及接在这些片断底下的三节诗的草稿。

[2] 这节诗写俄皇亚历山大一世（1777—1825），亚历山大年青时就秃了头。

拔双头鹰的羽毛的时候[1]。

……………………………………………

三

一八一二年的雷雨
来临了——那时谁帮助了我们?
人民的愤怒,
巴尔克莱,冬天还是俄国的上帝?[2]

……………………………………………

四

但是上帝帮助了——怨言渐渐低息,
并且很快地藉着事势的力量
我们到了巴黎,
而俄国的沙皇是各国君王的首领[3]。

……………………………………………

---

[1] 这节诗写亚历山大一世与拿破仑 1807 年在聂门河上的吉尔西特举行的和议,亚历山大在这里和拿破仑会面,驯良地屈服了,订立了和约。波拿巴特是拿破仑的姓,双头鹰是俄国皇室的帝徽。
[2] 这节诗写 1812 年拿破仑进攻俄国和他的失败。巴尔克莱·德·托里(1761—1818),当时俄军将领之一,无大功绩。"俄国的上帝",在 1812 年战争期间诗文中常用的一个名词,指官方的爱国主义。
[3] 这节诗写拿破仑失败之后,英俄奥普等国联军进入巴黎;当时英王乔治三世,奥皇法兰西斯一世,普王腓特烈·威廉三世,无能尤过亚历山大一世。

五

那更肥的,也就更重;
我们的愚蠢的俄国的人民啊,
说吧,为什么你在事实上
....

六

"或许",人民的口头禅啊[1],
我要献给你一首颂诗,
但是一位出身高贵的做诗的人[2]
已经占了我的先
....
海洋给了阿尔比翁[3]
....

七

或许,忘记掉地租,

---

[1] 说俄国人民好说"或许",希望"或许",等待"或许"。
[2] 指多尔果鲁基,他曾经做过一首颂诗《或许》。
[3] 阿尔比翁,英国的古名。

伪君子会自己关进修道院里[1]，

或许，遵照尼古拉的意旨

西伯利亚会回到家里[2]

....

或许会为我们修理道路

....[3]

八

这个命运的主宰，这个战争的旅人，

在他面前各国君王都曾经卑躬屈节，

这个骑士，教皇加过冕的，

消逝了，像黎明的影子，

....

受安静的刑罚的痛苦，

....[4]

―――――――

[1] "伪君子"指亚历山大一世时的教育部长，著名的反动派戈里青，也是著名的宗教的信徒。
[2] 指被流放到西伯利亚的十二月党人。
[3] 所有的这些"或许"都不可能实现，和上节诗正相呼应。
[4] 这节诗写拿破仑的死，拿破仑1821年死在圣·赫连那岛上。最后有三句别稿：
　　　　受英雄之名的嘲笑，
　　　　他逝世了，不动了，
　　　　盖上了征战的披风。

九

比利牛斯山猛烈地颤动了[1],
那不勒斯的火山燃烧起来[2],
独手的公爵向他的摩里亚的朋友们
已经从吉希纽夫使了眼色[3]。
....
短剑 Л……阴影 Б[4]........................
....[5]

一〇

"我将带我的人民来镇压一切!"——

---

[1] 指1820年西班牙的革命。西班牙自由党人武装暴动,国王菲迪南七世不得已承认宪法。后来神圣同盟武装干涉革命运动,1823年法国出兵西班牙,菲迪南重又胜利,大杀自由党人,残酷专制更甚。
[2] 指1820年意大利的革命。烧炭党人继西班牙之后在那不勒斯起事,武装反抗国王菲迪南一世,国王屈服,承认宪法。1821年奥军武力干涉,革命失败,重又恢复专制暴政。
[3] 指1821年希腊反抗土耳其统治的独立运动。摩里亚是希腊南部的半岛,希腊人继伊勃西兰蒂之后在此起事。"独手的公爵"是希腊革命党领袖伊勃西兰蒂(1792—1828)的绰号。伊勃西兰蒂曾经在俄国军队里服务,参加对抗拿破仑的战争,1813年在德累斯顿城下失去了手。1821年他首先在摩尔台维亚起兵,失败,后来逃往奥国,被捕入狱。
[4] Л及Б二字,很难确定是字母或系暗码。(《普希金全集》俄文十卷本编者注)
[5] 这节诗写1820年左右欧洲各国的革命运动。1815年维也纳会议之后,各国都恢复原先的正统王朝,专制暴虐如故,各国人民都酝酿革命。

我们的沙皇在会议上说了[1]，
至于你是什么都不在乎的，
你，亚历山大的奴才[2]。
……………………………………[3]

一一

彼得巨人的少年的兵团[4]，
浓须的年老的卫队，
曾经把一个专制暴君
出卖给一伙残忍的刽子手[5]，
……………………………………[6]

一二

俄国重又驯服了，

---

[1] 亚历山大一世晚年专制反动，与奥普等国组织神圣同盟，为压制欧洲革命运动，召集过几次国际会议。当1820年西班牙革命发生的时候，亚历山大热心异常，自愿率领俄军到西班牙去镇压革命运动，保护专制政权。
[2] 指亚历山大一世宠信的军政部长阿拉克契叶夫，贪污腐败而又专横，实行残酷的军屯区制，是亚历山大的忠实奴才。
[3] 这节诗写亚历山大一世对外对内的反动政治。
[4] 彼得大帝幼时，常和年岁相当的儿童组织军队游戏，后来彼得即位，召集这些长大成人的幼时玩伴，组成军队，这就是谢妙诺夫近卫团。
[5] 彼得大帝的孙子巴维尔一世（1796—1801在位），专制暴虐，损害到贵族的利益，高级贵族于是组织了阴谋团体，事先获得皇太子亚历山大的默许，收买了近卫军，在夜里偷入皇宫杀死了巴维尔一世。亚历山大即位，称亚历山大一世。
[6] 这节诗从巴维尔被刺，写到1821年亚历山大一世时谢妙诺夫近卫团的叛变，这叛变是对专制的亚历山大的明显的反抗之一。在这近卫团里有好几个未来的十二月党人南社的领袖。

沙皇也更常常出去巡游[1]，

但是另外一个火焰的火花

或许已经早就

..................................[2]

一三

他们经常有自己的集会，

他们喝碗酒，

他们喝杯俄国的伏特加[3]

..................................[4]

一四

以锐利的口才著名的，

这个家族的分子聚会在

活动的尼基塔家里，

谨慎的伊里亚[5]家里。

....

---

[1] 亚历山大一世常常游历，游历过欧洲，也在国内游历。普希金曾经称他"游历的暴君"。
[2] 指十二月党人的革命活动。
[3] 伏特加，一种用裸麦制成的猛烈的烧酒。
[4] 这节诗写十二月党人的秘密集会。
[5] 尼基塔（1796—1843）、伊里亚（1797—1847）都是十二月党人北社的分子。北社主张立宪，比较温和，以彼得堡为中心。尼基塔曾起草宪法草案。伊里亚则自"幸福会"解散后，就没有再参加十二月党的活动。

一五

马尔斯,瓦克赫[1],维纳拉的朋友,
路宁勇敢地提出了
自己的果断的策略,
并且兴奋地喋喋着。
普希金读了他的《圣诞歌》,
忧郁的雅库希金,
似乎,已经沉默地拔出了
杀死沙皇的短剑。
在世界上只看到一个俄国,
追求着他的理想,
跛足的屠格涅夫[2]静听着他们,
并且,憎恨着奴隶制度的鞭子,
预先在这群贵族里面看到了
农民的解放者。

一六

这是在冰冻的涅瓦河畔[3],
但是在那里,早到的春天

---

[1] 马尔斯,罗马神话里的战神;瓦克赫,希腊神话里的酒神。
[2] 路宁(1787—1845),雅库希金(1796—1857),屠格涅夫(1789—1871),都是十二月党人北社的积极分子。
[3] 指彼得堡。

在苍郁的卡曼加[1]

和杜尔青的群山上空辉耀着的地方,

维腾希泰因[2]的军队

被德聂伯河冲积的平原

和布格河的草原包围着的地方

另外的事情已经在进行。

在那里柏斯杰尔[3]——为了专制,暴君们

于是召集了……军队

冷静的将军[4],

并且摩拉夫约夫[5],说服了他,

于是充满果敢和力量,

提前了爆发的时刻[6]。

一七

起初这些计谋

---

[1] 卡曼加,十二月党人达维多夫的领地,每年南社十二月党人藉庆贺达维多夫母亲生日的名义,在卡曼加开会。南社主张共和,比较激进。普希金住在吉希纽夫的时候常到卡曼加去,有一次南社开会的时候他也在那里。
[2] 维腾希泰因,南俄军区的总司令。军队驻扎在乌克兰德聂伯河和布格河一带。
[3] 伯斯杰尔(1793—1826),上校,十二月党人南社的领袖之一,英明果敢,普希金认为伯斯杰尔是他所见过的人里"最有卓见的一个人"。
[4] 指尤希涅夫斯基(1786—1844),第二军的将军,从前是十二月党人南社的领袖之一。
[5] 摩拉夫约夫(1796—1826),十二月党人,南社的领袖之一,南方起义的领导者(因为伯斯杰尔补捕)。
[6] 1825年12月14日,十二月党人起义,北方南方先后失败。雷莱叶夫、伯斯杰尔、摩拉夫约夫、卡霍夫斯基、柏斯图冉夫五人被处绞刑。其余的一百二十人被流放西伯利亚矿山里做苦工。

在拉菲特和克力戈[1]中间

仅仅只是友好的争论，

而叛逆的思想

并没有深入心中。

这一切不过是烦闷，

年青人思想的消遣，

成年人淘气的娱乐。

但是……

结连系结……

于是渐渐地被秘密的网

俄国……

我们的沙皇打着盹……

………………………………………………

附录二七

附录二八

---

[1] 拉菲特，克力戈，都是法国酒名。

《叶甫盖尼·奥涅金》的注释

〔一〕 作于比萨拉比亚。

〔二〕 Dandy，公子哥儿。

〔三〕 仿佛奥维德是被流放到现在的阿克尔曼（Аккерман），这个说法是毫无根据的。在他的哀歌《海外集》（Ex ponto）里，他明白地指出位于多瑙河口的托美城（томы）是他居住的地方。伏尔泰尔的说法也同样的不对，他推断奥古斯特大帝的女儿尤丽亚的秘密的爱顾是他流放的原因。奥维德那时候五十岁左右，而淫乱的尤丽亚在十年前已经被她的猜忌的父亲放逐出去了。其他的学者们的那些猜测，无非只是猜测而已。诗人守住了他自己的话并且秘密和他一起逝世了："关于别人做下的罪过，我必守缄默。"（Alterius facticulpa silenda mihi.）——（第一版原注）[1]

〔四〕 由波力法尔得名的帽子[2]。

〔五〕 一个著名的饭店。

〔六〕 这种冷淡的情感的特点，真够得上卡尔德·哈罗德。吉德罗的芭蕾舞曲充满想象的活力与非凡的魅力。我们浪漫主义作家

---

[1] 这个注，现在的版本里都略去了。
[2] 西蒙·波力法尔（1783—1830），南美哥伦比亚共和国的建立者，反抗西班牙统治的解放运动领袖。在他的领导之下，1822年哥伦比亚宣布独立。当时各国有进步思想的自由主义者都同情弱小民族争取独立的斗争，纷纷地赞扬他，他戴的宽边呢帽也在这些人中间成了时髦的帽子。

中有一位，在他的舞曲里比在整个法国文学里找到更多得多的诗意。

〔七〕 "全都知道他是用粉的；就是起初完全不相信这桩事的我，也开始相信了；这不仅是因为他脸上的颜色变好看了，并且在他的梳妆台上看到有装粉的盒子，而且是因为，有一次，我在早晨走到他房里去，我碰见他在忙着用特制的小刷子刷他的指甲，并且当着我的面骄傲地继续这个工作。我就断定了，那个每天早晨费两个钟头在刷指甲上的人，是很可能花些功夫去用粉填平他皮肤的皱纹的。"（J. J. 卢梭的《忏悔录》）[1] 格里姆超越了他的时代：现在在整个文明的欧洲都用特别的小刷子来刷指甲了。

〔八〕 不能不惋惜的是，我们的作家们太少查《俄国大学辞典》了。它只是叶卡吉林娜的关切和罗摩诺梭夫的后继者们，那些祖国语言的严格的忠实的保护人的启蒙工作的永久的纪念品而已。这是卡拉姆金在他的谈话里说的。（因此应当广泛地摘引卡拉姆金对叶卡吉林娜二世说的值得赞扬的话。）——（第一版原注）[2]

〔九〕 所有这些讽刺的诗节，不过只是对我们美丽的女同胞的巧妙的赞美。好像波瓦罗，装做谴责的样子赞美了路易十四一样。我们的女子把教育和亲爱，并且把严格的道德的清白和如此迷恋斯泰尔夫人的东方的魅力，都结合在一起了。（参看《流亡十年》）[3]

---

[1] 原引的是法文。
[2] 这个注现在的版本里都略去了。叶卡吉林娜（1729—1796），俄国女皇。罗摩诺梭夫（1711—1765），俄国诗人、科学家、学者。卡拉姆金（1766—1826），俄国诗人。
[3] 波瓦罗（1636—1711），法国诗人、讽刺家、批评家。路易十四（1638—1715），法国国王。斯泰尔夫人（1766—1817），法国女作家，被拿破仑放逐，流亡外国，曾经到过俄国，《流亡十年》是她的作品。

〔十〕　读者都记得格涅吉奇[1]的牧歌里彼得堡夜晚的美丽的描写：

夜了；但是金黄色的云彩没有暗淡。
没有星也没有月，整个的远方明亮。
在遥远的海边上隐约可见的船只的
鲜明的银白色的帆，仿佛在蓝色的天上飘荡。
夜的天空放出薄明的光辉，
落日的绛红和东方的金光融和成一片：
仿佛曙光跟着夜的足迹
带来了胭红的早晨。——这是那个黄金的时节，
这时夏天的白昼窃取了夜的统治；
这时阴影和柔和的光的美妙的融和
在北方的天空上迷住了外国人的眼睛，
正午的天空从没有过这样的彩饰；
那明亮，仿佛是北方的女郎的美丽，
她的淡蓝的眼睛和鲜红的颊
几乎被卷发的棕色的波纹所荫蔽。
那时在涅瓦河畔和华丽的彼得城上
看得到没有朦胧的黄昏和没有暗影的飞逝的夜；
那时夜莺刚唱完子夜的歌，
就又开始歌唱，欢迎上升的白天。
但是晚了；新冷在涅瓦河的沼泽上飘拂；
露水落了……

---

[1]　格涅吉奇（1784—1833），俄国诗人，十二月党人。

　　　　　夜半了；晚上有千百只桨扰攘的，
　　　　　涅瓦河没有荡漾；城市的客人散了；
　　　　　岸上没有人声，水上没有涟漪，一切都静寂；
　　　　　只有偶尔从桥上掠过水面的隆隆声，
　　　　　只有拖长了的喊声从远处的乡村驶来，
　　　　　在那里哨兵和哨兵在夜晚互相呼应，
　　　　　一切都睡了……

〔十一〕　感动的诗人看见
　　　　　明明一位亲蔼的女神，
　　　　　他度过不眠的夜，
　　　　　靠着花岗石的堤。

　　　　　　　　　　　　（摩拉夫约夫，《给涅瓦女神》）

〔十二〕　作于奥德萨。

〔十三〕　作者的母家原籍非洲。他的外曾祖父阿布拉姆·彼得罗维奇·汉尼巴，在八岁的时候，从非洲的海岸被拐骗转卖到君士坦丁堡。俄国公使买了他，就进贡给彼得大帝，彼得大帝在维尔纳[1]给他施了洗礼。他的哥哥追踪他先到君士坦丁堡，后来又到彼得堡，提出给他赎身；但是彼得大帝不同意放还他的教子。直到高龄的老年汉尼巴都还记念着非洲，他父亲的豪华的生活，十九个兄弟，他在他们中间顶小；他记得人们怎样把他们领到父亲那里去，把手绑在背后，但是当他是一个人自由自在的时候，就在父亲家里的泉水里游泳；他还记得他的亲爱的姐姐拉刚，远远地跟着他被带走的那只船游泳。

――――――

[1] 立陶宛的首都。

在十八岁的时候，汉尼巴被沙皇派到法国，在那里他在摄政王[1]的军队里开始了他的军队生活；他带着受过伤的头和法国陆军中尉的官阶回到俄国。从这时候起，他没有离开过皇帝的身边。安娜[2]在位的期间，汉尼巴，毕隆[3]私人的仇敌，在动听的托辞之下被派到西伯利亚去了，苦于人烟稀少和气候的酷烈，他任性地回到彼得堡，到了他的朋友密尼赫那里。密尼赫大吃一惊，就劝他赶快隐藏起来。汉尼巴跑到自己的领地上，整个安娜在位的时期都住在那里，算是他还在西伯利亚的任上。伊丽莎维达[4]即位之后，也赐给他以恩惠。А. П. 汉尼巴死时已经是叶卡吉林娜在位的时候，辞退了要职，官位陆军大将，享年九十二岁。

他的儿子陆军中将 И. А. 汉尼巴无可争辩的是叶卡吉林娜时代最卓越的人物之一（死于一八〇〇年）。

在俄国，因为缺乏历史记载，杰出的人物的记忆在那里很快就消失了，汉尼巴奇异的生涯仅仅由家族的传说得知。我们希望将来能够有他的完全的传记出版。——（第一章第一版原注）[5]

〔十四〕 这本作品里所有用虚点表示的省略，都是作者自己删去的。——（第一章第一版原注）[6]

〔十五〕 引自《德聂伯河女神》第一部。

〔十六〕 那些最好听的希腊名字，例如阿卡风、菲拉特、菲朵拉、菲克拉等等，我们只有平民中间才用它们。

---

[1] 当时法王路易十五年幼，由奥尔良公爵摄政。
[2] 女皇安娜·伊凡诺夫娜（1693—1740）。
[3] 女皇安娜的宠臣。
[4] 女皇伊丽莎维达·彼得罗夫娜（1709—1762）。
[5] 这个注现在的版本里都略去了。
[6] 这个注现在的版本里都略去了。

〔十七〕 格郎吉松和罗浮拉斯，两部著名的小说的主人公[1]。

〔十八〕 假如我有那么糊涂还相信幸福，我只有在习惯里去寻找它。（夏多布里昂）[2]

〔十九〕 "可怜的尤里克！"——汉姆莱特对一个小丑的骷髅的感叹。（参看莎士比亚和斯特恩）[3]

〔二十〕 在前一版里（一八二七），代替"向家里飞驶"，错印做"向冬天飞驶"（这没有任何意义）。批评家们不了解那个，却在底下的诗行里找出了年月的错误。我们敢于相信，在我们这本小说里的时间都是按日历计算的。

〔二十一〕 尤丽亚·伏尔玛尔——《新爱罗伊斯》。马列克·阿戴尔——戈旦夫人一部平常的长篇小说的主人公。古斯达夫·德·里纳尔——克留德纳尔男爵夫人的一篇美妙的小说的主人公[4]。

〔二十二〕 吸血鬼——小说，错认为拜伦爵士所作[5]。梅尔摩特——玛丘林的天才的作品。哲安·斯波嘉尔（Jean Sbogar）——查理·诺第的有名的小说[6]。

---

[1] 格郎吉松，李卡德森的小说《格郎吉松爵士》里的主人公，一个仁义道德的完人；罗浮拉斯，他的另外一部小说《克拉丽莎》里的主人公，和格郎吉松相反，是一个风流淫乱的贵族。

[2] 原引的是法文。

[3] 尤里克是莎士比亚名剧《汉姆莱特》第五幕第一场中提到的一个小丑，是个心地和善、滑稽百出的人。英国十八世纪伤感主义作家斯特恩（1713—1768）曾经用"尤里克"做过笔名，在他的小说《仙代》里也有一个人物叫"尤里克"，因此文学史家有时也戏称斯特恩为"可怜的尤里克"。在这里是用来比喻好好先生德密特里·拉林的。

[4] 《新爱罗伊斯》，卢梭的作品。戈旦夫人（1770—1807），法国小说家。克留德纳尔夫人（1764—1824），俄国小说家。

[5] 作者是波力多尔，一个医生，他曾经和拜伦同游瑞士，听到拜伦讲过这个故事，就把它写成小说。当时俄文译本把它当做拜伦的作品。

[6] 玛丘林（1782—1824），英国小说家、戏剧家。查理·诺第（1780—1844），法国诗人、作家。

〔二十三〕 "放弃一切的希望吧,你们走进来的。"(Lasciate ogni speranza, voi ch'entrate.)[1] 我们的谦虚的作者只译了这句名诗的前半句。

〔二十四〕 一个杂志,曾经由故世的 A. 伊兹玛罗夫发行,够不准期的。出版人有一次声明请求读者原谅,因为在过节的日子他"游玩"去了。

〔二十五〕 E. A. 巴拉丁斯基[2]。

〔二十六〕 杂志上都表示惊讶,怎么能够称普通的农民的女儿叫"姑娘",同时怎么出身高贵的小姐们,却要低些,叫做"丫头们"!

〔二十七〕 "这意思就是",我们的批评家之一指出来,"孩子们穿着冰鞋滑冰"。一点不错。

〔二十八〕 在我的青春的年岁

  诗意的阿逸

  以喧嚣的泡沫使我喜欢

  这近似爱情

  也近似疯狂的青春,等等。

(《寄给 Л. П.[3]》)

〔二十九〕 奥古斯特·拉丰旦[4],许多家庭小说的作者。

〔三十〕 参看《初雪》,甫雅柴姆斯基公爵的诗。

〔三十一〕 参看巴拉丁斯基《叶达》里芬兰的冬天的描写。

---

[1] 这是意大利诗人但丁的《地狱》第三章里地狱门口的题词的最后一句。
[2] 巴拉丁斯基(1800—1844),俄国诗人,作有《宴会》《叶达》等诗。普希金很推崇他的诗。当时他被派到芬兰去服务,所以普希金这样写到他。
[3] 列夫·普希金(1805—1852),普希金的弟弟,曾经参加十二月党人的起义。
[4] 奥古斯特·拉丰旦,当时的一个德国作家,写了150本言情小说。

〔三十二〕　公猫招呼母猫

睡到炉子上去。

这是结婚的预言；第一个歌预言死亡。

〔三十三〕　这样知道未来的求婚者的名字。

〔三十四〕　杂志上指摘这几个字："足踏""话语""鼓掌"，认为是失败的翻新。这几个字都是本来的俄国字。"波瓦从帐棚里走出来乘凉，就听见在旷野里有人的话语和马的足踏。"（《波瓦王子的故事》）"鼓掌"在俗语里是用来代替鼓掌声的，像"咝咝"代替"咝咝声"一样：

他作咝咝如蛇。

——俄国古诗

不应该妨碍我们的丰富而且美丽的语言的自由。

〔三十五〕　我们的批评家之一，似乎，在这几行诗里找出我们所不理解的失礼。

〔三十六〕　我们的占卜的书是用马丁·沙德嘉的店名出版的，马丁·沙德嘉是一个可敬的人，从来没有写过占卜的书，正如 Б. M. 费多罗夫所述的。

〔三十七〕　戏仿罗摩诺梭夫的著名的诗句：

黎明用绛紫的手

从早晨的静谧的海洋

引出在它后面的太阳，等等。

〔三十八〕　布雅诺夫，我的邻居

……

昨天到了我这里，长着没有剃的胡子，

蓬乱的头发，穿着细绒的衣服，戴着鸭舌帽子……

——《危险的邻居》

〔三十九〕 我们的批评家,女性的忠实的崇拜者们,大为指摘这句诗的不成体统。

〔四十〕 巴黎的一个饭店。

〔四十一〕 格里波叶多夫的诗句[1]。

〔四十二〕 著名的枪店。

〔四十三〕 莱夫辛,许多经济方面的著作的作者。

〔四十四〕 我们的道路——为了眼睛的花园:

树林,长着荒草的土坝,水沟;

工作很多,光荣也多,

只是可惜,有时不能通行。

长些树木,好像站岗的兵士,

对车马很少好处;

道路,你说,是好——

并且就会想起那句诗:"为了走路的!"

俄国的旅行

只有在两种情形里畅快:

当我们的"马克·亚当",或是"马克·夏娃"[2],

冬天,愤怒地咔切咔喳地响着,

进行毁灭性的袭击,

把道路包上冰冻的铁甲,

---

[1] 这几行诗引自他的名剧《聪明误》。
[2] 马克·亚当,苏格兰土木家,碎石马路的发明人。这里的"马克·亚当"或是"马克·夏娃"都指"冬天",因为俄文"冬天"是阴性的名词。这里说俄国的路只有冬、夏二季好走。

并且初雪用柔软的细砂

盖上她的足迹的时候。

或是当酷热的旱灾

旱裂了田野，

就是苍蝇，半闭着眼睛

也能经过水洼走到浅滩的时候。

(《驿站》，甫雅柴姆斯基公爵)

〔四十五〕 这个比喻，借自以诙谐的想象如此著名的K××。K××说，有一次他被派做波焦姆金公爵[1]送信给女皇的专使。他跑得如此之快，他的剑，剑梢突出在马车外边，敲着路标好像是敲着一座栅栏。

〔四十六〕 Rout，一种没有跳舞的晚会，特别的意思是群众。

〔四十七〕 奥德萨一个著名的饭店。

---

[1] 波焦姆金公爵(1739—1791)，叶卡吉林娜女皇的宠爱者。

附　　录

　　附录的诗节包括两部分，一部分是普希金从小说正文里抽出去的诗节，另一部分是正文的草稿或别稿。

　　这个附录并不完备，因为看不到《叶甫盖尼·奥涅金》的草稿原本，只能根据一八八七年彼得堡苏伏林（А. С. Суворин）版《叶甫盖尼·奥涅金》书后附辑的诗节选译。在诗人省略的诗节和草稿或别稿里，有许多生动的形象、深刻的思想、鲜明的特色，可以给这部诗作的内容以补充；同时也可以看到诗人在诗章的结构、语言的洗炼、人物的描写等方面的苦心和精深之处。可惜我们不能看到它的全部。

　　附录一，苏伏林版作为一章十三节，但是以前的版本都作为省略掉的一章九节。这里仍然把它作为一章九节的草稿。

　　附录一四、一五、一六，是承胡风同志从米川正夫日译本译出来的。一八八七年的苏伏林版中没有这几节诗。

　　附录一七，在一九三七年苏联国家文艺出版局莫斯科版《叶甫盖尼·奥涅金》单行本里列作《普希金原注》第四〇，现在转移到附录里。

　　附录诗文中的圆括弧（　），表示被普希金涂掉的字句，六角弧〔　〕则表示草稿上辨认不准确的字，或表示一句或一字的别稿。

附录一 一章九节草稿

热烈的爱情——那迷人的谎——

很早就苦恼着我们,

自然没有教会我们爱,

而是斯泰尔或是夏多布里昂[1]。

我们渴望预先了解生活,

我们在小说里面了解了它,

当我们知道了一切;这时候,

什么就都不能够使我们欢乐,

预先知道自然的声音,

我们仅仅只是损害幸福,

而迟迟地,迟迟地跟在它的后面

飞翔着年青的热情。

奥涅金经验了这个,

所以他是多么地了解女人。

附录二 二章一〇节别稿

不歌唱罪恶的娱乐,

不歌唱卑鄙的塞尔西们[2]:

---

[1] 斯泰尔夫人(1766—1817),夏多布里昂(1768—1848),法国作家。
[2] 塞尔西,希腊神话里的女巫,会魔术,迷惑过许多人。这里指淫乱的女子。

他鄙弃用自己的美妙的竖琴

来败坏道德。

幸福的真正的崇拜者,

怀着羞耻的情感,

他不赞美淫欲的网罗,

他不像那种人,他的冰冷的灵魂,

成了害人的罪过的牺牲,

成了毁人的情欲的牺牲,

在自己的苦闷里,

恋恋不舍地追忆往日的享乐的图画,

并且在祸害的诗歌里

荒唐地向世界把它们表现出来。

盲目的狂欢的歌人们,

你们徒然地

在(你们的)生动的哀歌里

把(年青的把戏的)那些印象传达给我们!

女郎们徒然地偷偷地

倾听美妙的竖琴的声音,

对你们倾注柔情的视线,

不敢开口说话……

轻浮的青年徒然地

爱在宴会上赞美你们,

在心里在嘴上保存着

温柔的甜蜜的诗句,

并且战胜了胆怯,

在害羞的女郎的耳边低语它们……

附录三　二章一七节别稿

赌博热!……无论是自由的爱情,

无论是菲布[1],友谊,宴会,

在过去的那些年里都不能使我

丢开纸牌的游戏。

沉思着,整夜到天亮

在那些年里我总想要

探询命运的允约:

瓦莱特[2]要落在左边?

弥撒的钟声已经响了;

在发开的纸牌中间

疲倦的庄家打着盹,

而我,总是精神抖擞而又苍白地,

满怀着希望,闭上眼睛,

翻过第三个杜司[3]的角来。

---

[1] 菲布,阿波罗的别称,希腊神话里的诗神。
[2] 瓦莱特,扑克牌里的十一。
[3] 杜司,扑克牌里的一(或十四)。

附录四　三章一〇节别稿

唉，朋友们！年岁飞逝着——

和它们一起，一个跟着一个，

花样更迭的

变幻的时髦也飞逝着。

自然界里一切全都改变了！

点痣和宽张的裙裾都时髦过；

宫廷里的花花公子和高利贷者

都戴过敷粉的假发；

往常，温柔的诗人，

在荣誉和赞美的希望里，

写下精致的恋歌

或是机巧的联句；

往常，勇敢的将军

供着职——却连读和写都不知道。

附录五　三章二七、二八节别稿

庄严的学者们将要指出，

本国文字的财宝，

为了外国的胡话

我们糊涂地忽视了它。

我们爱外国缪斯的玩意，

外国的咭哩格勒的方言,

而不读自己的书籍。

可是它们在哪里呀?把它们拿出来!

当然:北方的声音

我的习惯的听觉感到亲切,

我的斯拉夫的灵魂爱它们,

心里的痛苦能被它们的音乐平定,

但是诗人所重视的

仅仅只是声音?

并且,在那里我们找到了最初的知识,

和最初的思想?

在那里相信试验,

在那里知道地球的命运?

不是在那些粗暴的翻译里,

不是在那些落后的作品里,

在那里面重复着俄国的思想和俄国的精神,

并且抵得上两个人的在撒谎。

我们的诗人们翻译

或者就是沉默;

一个杂志充满甜蜜的赞美,

另一个是庸俗的咒骂;

全都只能引起闷人的呵欠,几乎要令人瞌睡;

俄国的海里贡[1]真好!

附录六　三章三五节别稿

现在她的心怎样地跳了起来!
上帝啊!什么样的恐惧和害羞!
呼吸拥塞在胸口……
(他会说什么?)啊,我的上帝!……
(对母亲她)看一眼都不敢,
一会儿整个的火红,一会儿整个的苍白,——
在她前面,低垂着眼睛,沉默着,
(差一点没有哭出来,颤抖着……)
姆妈的孙子(在中午回来了),
看见了邻居(并且给了他),
他把信交给了本人。
——"哪,邻居怎样呢?"——"在马上骑着
并且把信放进了口袋。"
(达吉雅娜,整个的罗曼斯这就完了!)

附录七　四章一至四节草稿

一

迷人的,狡猾的,柔弱的女性

---

[1] 海里贡,希腊古代的山名,相传缪斯女神住在这里。

在生命的开初就统治了我；
那时我把她的唯一的放任
当做自己的法律。
灵魂只是刚刚开始燃烧
在心里就把女子看做
不知是什么样子纯洁的神灵。
具有情感，智慧，
她放着完美的光辉。
在她面前我默默地沉醉：
她的爱情我觉得是
难以达到的幸福。
只望能在亲爱的脚旁生活，死亡——
别的我不能够想望。

二

忽然一下子我憎恨起了她，
又颤栗，又流泪，
带着痛苦和恐惧在她身上看到
恶毒的，神秘的力量的造物；
她的刺人的视线，
微笑，声音，谈话，——
一切在她身上的全都有毒，
充满恶毒的变心，
一切在她身上的都渴望眼泪和呻吟，
用我的血去养育……

忽然一下子我在她身上看到了大理石像，

在辟格玛里翁[1]的祈祷之前

还冰冷而且哑默，

可是很快就热了而且活了。

三

允许我用

预言诗人的话来说：

吉米拉，达夫娜和里列塔[2]，

好像是梦，早已被我忘记了；

但是在她们那一群中有一个人……

我长久地被她一个人所迷惑……

但是我被人爱过吗？被谁，

那是在什么地方？那有多久？……为什么

你要知道这个？这个并不重要！

从前有过的，那都过去了，那是胡说，

而重要的是，从这个时候起

我的心已经冷了，

它对爱情封闭了起来，

---

[1] 辟格玛里翁，古代希腊神话里塞浦鲁斯国王，爱一个大理石的少女雕像，后来爱和美的女神阿菲罗吉达应他的祈祷，赐给这雕像以生命，于是她就"热了而且活了"，辟格玛里翁于是和她结了婚。

[2] 吉米拉，希腊神话里宙斯的妻子，法律和正义的女神。达夫娜，希腊神话里河神的女儿，因为逃避阿波罗求爱，变成了月桂树。里列塔，不详，疑为犹太民间传说里的 Lilith，据说她是人类始祖亚当的第一个妻子，后来逃开了他，变成一个魔鬼。——这里指各种类型的女子。

并且一切在它里面都空虚而且黑暗。

四

我明白了，那些女子们自己，
虽是泄露心灵的秘密，
凭良心来评价她们自己，
也不会来赞赏我们。
我们的任性的狂喜
在她们看来非常有趣；
而且，真的，在我们这方面
我们是无可原谅的可笑——
粗心大意地做了奴隶，
我们等待着她们的爱的报酬，
疯狂地召唤着爱，
仿佛是可能
从蝴蝶或是从百合花
要求深深的感情，爱情！

附录八　四章四节别稿

可笑的，当然是，那种风头十足的时髦人物，
一贯如此的福布拉斯[1]，

---

[1] 福布拉斯，法国作家库弗莱（1760—1796）小说里的主人公，一个专门玩弄女子的人物。

美人们的著名的奉承人,

虽然他应该使你们苦恼;

但是可怜的是,谁不用一点艺术,

就把心灵的高尚的情感

信托给迷人的幻想,

做了美人的牺牲。

并且,大意地浪费了它之后,

等待着爱(给自己)的报酬,

(要求拥抱),呼唤着,

仿佛能〔够〕要求……

附录九　四章三六节第一版(一八二八年曾经收进正文)

于是我的视线在远方寻找它们……

而一个偷偷走过森林的射手

诅咒着诗,吹着口哨,

小心地落下机头[1]。

每一个人都有自己的志趣,

自己爱好的事情:

有的用枪瞄准鸭子,

有的胡诌些韵律,像我一样,

有的用蝇拍打不讲理的苍蝇,

有的计划统治人群,

---

[1] 旧式枪的发火器。这里指猎枪。

有的藉战争娱乐，

有的沉溺在悲伤的感情里，

有的被酒所占有——

于是善和恶混淆了起来。

附录一〇　四章三七节别稿

他穿着俄国的衬衣，

扎上宽幅的丝腰带，

敞摆的鞑靼人的上衣

和白遮阳的帽子——

并且就是这样了。因为这种奇异的装束，

既不正经又不庄重，

他的女邻居杜林娜

感到非常的苦恼，

而密新乞珂夫也和她一样——叶甫盖尼，

或许，并不知道他们这种情形，

可是他毫不改变他自己的习惯，

来使他们满意：

所以在邻居们看来，

他是一个不可忍受的人物。

附录一一　五章三七节第一版（一八二八年曾经收进正文）

在宴会方面我准备了不屈服地

来和你的神圣的地位[1]竞争；

但是，我要宽大地承认，

你在另一方面战胜了我：

你的那些凶猛的英雄，

你的那些不正当的战斗，

你的吉普里达，你的宙斯[2]，

占有巨大的优势，

比冷淡的奥涅金，

比昏沉的闷人的田野，

比我的伊斯妥密娜[3]，

比我们的时髦的教育——

但是达尼亚，我发誓，

比你的龌龊的海伦[4]要更可爱。

附录一二　五章三八节第一版（一八二八年曾经收进正文）

这一点谁也不能争辩，

即使曼尼拉伊[5]因为海伦

一百年都不会停止

---

[1] 指希腊古代大诗人荷马（约生活在公元前九世纪），他作过两部史诗：《伊里亚德》和《奥德赛》。
[2] 吉普里达，希腊神话里爱和美的女神。宙斯，众神之王，宇宙的主宰。
[3] 伊斯妥密娜（1799—1848），俄国著名的女舞蹈家。
[4] 海伦，荷马史诗《伊里亚德》里的一个绝世美人。
[5] 曼尼拉伊，希腊神话里斯巴达的国王，海伦的丈夫。

惩罚弗里基亚[1]的那块可怜的地方,

即使在年高的普里姆[2]周围

集会的伯尔加姆[3]的耆老,

看见了她,重又决定:

曼尼拉伊是对的,巴里德[4]也是对的。

至于说到会战,那么

我请你们稍等一等。

请往前面读下去吧:

开头不要评判得太苛,

会战要有。我不说谎,

我可以拿名誉保证。

附录一三　五章四三节第一版(一八二八年曾经收进正文)

别杜希科夫(退职的科员)的

鞋铁,马刺叩击着;

布雅诺夫的鞋跟

也这样地响彻四处的地板;

噼啪声,踏步声,一阵阵的哄笑声:

树林走得愈深,木柴找得愈多;

现在轮到年轻人了;

奔突着,只差没有跳曲膝舞。

---

[1] 弗里基亚,小亚细亚的古国,特罗城所在的地方。
[2] 普里姆,希腊神话里特罗城的王,巴里斯的父亲。
[3] 伯尔加姆,小亚细亚的城名。
[4] 巴里德,即巴里斯,特罗城的王子,拐走海伦,引起特罗战争。

唉，轻点吧，轻点吧：
鞋跟离开女太太们的脚尖远一些。

附录一四 六章一五节

哦哦，嫉妒的发作，
就好像黑死症，忧郁症，发热，
或者精神错乱一样，
实在是一种病。
燃烧在高热里面，
嫉妒也真会产生
一种特有的幻觉，梦魇，或者呓语，
上帝啊，请解除这个灾难吧！
我发誓，在尘世里面，再不会有
像运命的嫉妒的苦那种难堪的刑罚！
有谁忍受得了嫉妒的苦刑，
当能够一点也不害怕地
跳进烧得熊熊的柴火中间，
也能够把脑袋伸到断头刀下面。

附录一五 六章一六节

我并不想用无益的责备，
来扰乱安静的死者的梦。
在我年轻时的生活的暴风雨里面，

给了我可怕的经验

和天堂一样欢乐的片刻的她,

早已不是这个世界的人了。

像给稚弱的幼儿教导什么一样,

她虽然使我脆弱的灵魂受苦,

但却教给了我深沉的悲哀。

用爱抚,沸腾了我的血,

在那里面,烧起了

爱和嫉妒的残忍的火。但是,

这可怕的日子也已过去了。

哦哦,恼人的幻影啊,愿你得到安宁!

附录一六　六章三八节

也许是,使他自己的生命充满了毒质,

虽然没有做过什么大的好事,——然而,哦哦!

却用永远不死的荣誉

填满了所有报纸的篇幅,

或者,教化了人民,愚弄了许多朋友,

听着爆发的喝彩或诅咒

走完了庄严的人生旅程以后,

像我们库图佐夫将军

或者奈尔逊[1]一样,

在辉煌的胜利中间闭上眼睛呢,

还是像拿破仑一样,望着流放地的月亮死去呢,

甚至像雷莱叶夫[2]一样,

化作刑场的露水呢,——

这一切,都是可能的。

附录一七　六章第一版(一八二八年这样结尾)

四六

让我回顾一下吧。别了,浓荫啊,

在偏僻的乡下,在那里我的日子消逝了过去,

它们充满热情和懒散,

并且重又充满沉郁的心灵。

可是你,年轻的灵感,

激动我的想象,

振奋我的心的困顿,

更常常地飞到我这里来吧,

不要让诗人的心灵变冷,

变得残酷,变得无情,

---

[1] 库图佐夫(1745—1813),俄国名将,1812年指挥俄军大败拿破仑。奈尔逊(1758—1805),英国海军名将,1805年在特拉法尔加击破拿破仑的海军,奠定英国海上的霸权,他也在这次海战中阵亡。
[2] 雷莱叶夫(1795—1826),俄国诗人,十二月党人领袖之一,起义失败后被处绞刑。

终于变得像是石头
在上流社会的麻木的狂欢里面,
在没有灵魂的骄傲的人们中间,
在显赫的蠢才们中间。

四七

在狡猾的,懦弱的,
放肆的乖戾的儿童,
既可笑而又讨厌的恶棍,
愚蠢的吹毛求疵的裁判者们中间,
在虔信上帝的风情女子中间,
在自愿的奴才们中间,
在日常的,时髦的排场,
文雅的,亲热的变心中间,
在残忍的虚荣的
冷酷的判决中间,
在审慎的思想和谈话的
可憎的空虚中间,
在这个深渊里面,在这里我和你们正在游泳,
亲爱的朋友们。

附录一八　七章八节草稿

……有一次在黄昏的时候
姑娘们中有一个走到这里;

她好像是烦恼着

秘密的痛苦。

被不由的恐惧所包围,

〔仿佛被恐惧所激动〕

她眼泪汪汪地在亲爱的坟墓前面站住,

低垂下她的头

并且颤抖地紧抓着手……

这时跨着急促的步子

一个年轻的骁骑兵赶上了她,

穿着紧身的制服,身材端称,面露红光,

捻着浓黑的八字胡子,

他弯下宽阔的肩膀

马刺就发出威武的声音。

附录一九　七章九节草稿

她瞧一眼这个军人:

他的眼睛里燃烧着怨恨——

于是静静地她伸出手,

但是什么也没有说。

于是连斯基的未婚妻默默地

从这个孤零零的地方

和他一起走开了,并且从此

不从山的那边出现了……

附录二〇　八章一至四节别稿

一

在那些日子，当在高等学堂的花园里，
我宁静地开始了青春，
好读《叶里塞》[1]，
而诅咒西塞罗[2]；
在那些日子，那时我对珍贵的诗篇
并不比投掷皮球更有兴趣，
认为烦琐哲学是胡说
并且越过栅栏跳进花园；
那时候常常有时候勤快，
有时候懒惰，有时候倔强，
有时候狡猾，有时候正直，
有时候温顺，有时候暴乱，
有时候悲伤，沉默，
有时候由衷地多言。

二

当站在课堂前面在惶惑中的时候[3]
有时候我失去了视觉和听力，

---

[1]《叶里塞》，俄国诗人玛伊科夫的诙谐诗作。
[2] 西塞罗（前106—前43），罗马政治家、散文作家。
[3] 学生回答问题，要走到教师面前，站在课堂之前回答。

于是竭力设法低声地说话

并且弄嘴边初生的胡髭,

在那些日子……在那些日子,那时候第一次

我注意到一个美貌的女郎的

生动的相貌,

于是爱情激动了年轻的血流,

并且我,无望地苦闷着,

被骗人的热情的幻梦所苦恼,

到处寻找她的踪迹,

深情地想念着她,

整天地等待片刻的邂逅,

并且知道了秘密的痛苦的甜蜜……

三

在那些日子,在幽暗的茂密的林荫里,

临着静静地流着的水边,

在高等学堂走廊的角落里

缪斯开始出现在我面前。

我的学生的斗室

直到这时缺少欢乐,

忽然地通明起来!缪斯在这里面

摆开了她的心机的宴会。

别了,冷淡的科学!

别了,早年的嬉游!

我变了,我是诗人……

在我的心灵里只有诗句

洋溢，活跃，

奔流成美妙的诗章。

四

到处不倦地和我在一起，

缪斯对我歌唱，重又歌唱

(Amorem canat aetas prima)[1]

关于爱情的一切，一切……

我就跟她唱第二部的歌声[2]；

年青的朋友们在空闲的时刻

都爱听我的声音。

他们以偏爱的心灵

热衷于兄弟的情谊，

给我戴上了第一个花冠，

让他们的歌人用它

来装饰他的羞怯的缪斯。

啊，天真的日子的胜利：

你的梦在我的心灵甜蜜！

---

[1]（青春的年纪总好歌唱爱情）——拉丁文。
　　别稿又作：她也苦恼着初恋的柔情。
[2]即指男声。

附录二一 八章二节别稿

德密特里叶夫也没有责难我们；
这个俄国风习的保存者，
他放下了碑铭，也来聆听我们，
并且抚爱胆怯的缪斯。
还有你，深深感动人的
无比卓越的歌人[1]，
你，孩子们的心的偶像，
不是你被偏爱所迷惑，
不是你向我伸出了手
并且召唤我走向真正的光荣？

附录二二 八章一六节草稿

在辉煌而且富丽的客厅里，
那时沉默的密集的人群中间，
仿佛有翼的百合花，
拉拉·卢克[2]袅袅地走了进来，
在低垂着头的人群之上
她的皇家的头放着光辉，

---

[1] 指俄国诗人杰尔查文（1743—1816）。
[2] 拉拉·卢克，英国作家慕尔（1779—1852）所作的长诗《拉拉·卢克》里的女主人公，美丽的印度公主。

那颗明星——哈里特中的哈里特[1]，
静静地飘荡了过去，
于是各色年岁的视线
飞射着，燃烧着嫉妒，
一会儿看着她，一会儿看着沙皇，——
只有叶甫盖尼一个人对她们不看一眼：
只被达吉雅娜一个人所打动，
他只看见达吉雅娜一个人。

看，尼娜走进客厅了，
她在门口停了下来
四射的目光顾盼着
周围注意的客人。
胸部起伏着，肩头闪着光，
头在金刚石中燃烧，
裹着身体的透明的花边的网
盘旋着颤动着。

并且丝的蛛网般的刺绣
透露出玫瑰色的肩头，
并且你们是在狂欢里，在天堂里，
在这幅媚惑的图画之前。

---

[1] 哈里特，即格莱斯，希腊神话里美、雅、善三女神的总称。意即：女神中的女
神。

附录二三　八章二四至二六节草稿

这里是 M—B 公爵，

娶了个又虚弱又驼背

又有七千个魂灵[1]的玩偶；

这里是名人中间的人物，

普拉维新，刚正的检查官

（不久以前这位严峻的凯妥[2]

因为受贿被免了职位）；

这里还有位睡眼蒙眬的议员，

和纸牌度过了他的一生，

对于政府却是必需的人物。

这里是一位对整个的世界不满，

对一切都愤愤然的杜林伯爵：

对女主人的太随便的家，

对女子的愚蠢，对男子的语调，

对赐给两个孤儿的花章，

对关于矫揉造作的小说的评论[3]，

对自己的妻子的空虚，

对成熟的女儿的身腰。

---

[1] 俄国古代称农奴为魂灵。
[2] 凯妥（前 234—前 149），罗马元老院议员，以严峻著名。
[3] 别稿：对报纸的文笔，对阴霾的日子。

这里是一个舞会的指挥者,
严格地,把跳舞当做职务的人……
靠着墙有一个年青的花花公子
像杂志上的图画一样地站着,
红红的脸,仿佛柳树节的赫鲁宾,
穿着紧紧的衣服,不动也不说话。

还有那位,她的青春微笑着——
盛开着生命的花朵,——
还有那位,她竟然打算
支配公众的议论,
还有那位,他的远远离开浮华的社交界的
质朴的心灵,
应该有那么一个时候
享受温柔的幸福,
还有那位,她的心里秘密地,
受着疯狂的热情的惩罚,
怀着嫉妒和恐惧,——
偶然地会合到了一处,
彼此的心里都合不来的她们,
在这里一个跟一个坐在一起。
谁也不想用冷冷的嘲笑
来对待这位老人,
当看到在丝围巾的领结下面的
衣领不合时式;

女主人也不用高傲

使一个外省的女地主难堪；

对于所有的客人她都是

一样的质朴，一样的亲蔼[1]。

只有一个过路的旅客，

派头十足的伦敦的倨傲的人物，

他的放肆的态度

引起了淡淡的微笑，

而迅速地交换的视线

就是对他的公正的评判。

在真正的贵族的客厅里，

没有浮夸的言辞，

也没有杂志上吹毛求疵的评论的

市俗的猥琐。

女主人，大方而且从容，

她用的是平民的语言，

并且它的异常的生动

没有惊吓任何人的耳朵，

另外一位深刻的杂志评论家，

在写他的批评稿子的时候，

对这点一定会要感到惊讶。

可是在世界上发生多少事情，

---

[1] 别稿：自然而且亲蔼。

它们或许，

我们没有一个杂志能够想到。

附录二四　八章三〇节草稿

日子过着，星期飞逝，

奥涅金只想着一桩事情，

他不知道自己还有别的目的，

只是为了公开地或是暗暗地

能在什么地方碰见公爵夫人，

看看她脸上的神色

哪怕是焦虑或是愤怒。

他抑制住自己的野性，

到处的，在夜会上，在舞会上，

在剧院里，在时装的女艺术家家里，

在冰冻了的河岸上，

在街道上，在前厅里，在客厅里，

他像影子一样追随着她。

竟有愿望了！他是怎样地不懒了。

附录二五　奥涅金的旅行别稿一

（苦闷着）……像是梅尔摩特[1]，

---

[1] 英国作家玛丘林（Maturin）作品里的主人公。

或是用另外一种假面具来炫耀,

有一次他在摩尔斯基大街的 Hôtel de Londres[1]里,

一觉醒来变成了一个爱国者。

俄国!……罗斯[2]!……一瞬间

他觉得异常地喜欢起来,

并且决定地——他是爱上了!

他只醉心于俄国!

他于是就憎恨起欧洲来,

以及她的逻辑的,〔枯燥的〕,

以及她的理性的空虚。

奥涅金旅行着——他看到

神圣的罗斯,她的田野,

乡村,城市和海洋[3]。

附录二六 奥涅金的旅行别稿二

我们一起在埃夫克新[4]的海滨

漫游了没有多久,

命运重又分开了我们,

并且派定了我们要有远行。

奥涅金,很冷淡,

---

[1] 伦敦旅馆。(法文)
[2] 罗斯,俄罗斯的古名。
[3] 别稿:(森林,草原)和海洋。
[4] 埃夫克新海,黑海的古名。

而且，凡是他看到的，都厌倦了，

他动身去到涅瓦河畔，

而我离开了可爱的南方的太太小姐们，

黑海的肥嫩的牡蛎，

歌剧，黑暗的包厢，

并且——谢谢上帝——离开了那个显宦[1]，

去到了三山村[2]的林荫，

去到一个遥远的北方的县城——

并且我的到来是悲哀的。

附录二七　奥涅金的手册（似可归附七章二十三节）

包着羊皮，镶着银边，

用银锁锁着，

它被写满了，画满了，

四处都是奥涅金的手迹。

在这些没有联系的涂写中间

隐约地显露出思想，见解，

肖像，文字，姓名，

以及秘密的思想的密码。

〔片断，信的草稿，

总之——一本真诚的札记，

---

[1] 指奥德萨的总督伏隆曹夫，一个骄横的官僚，普希金常受他的迫害。
[2] 三山村，普希金在 1824 年 8 月被沙皇政府从奥德萨流放到他父亲的田庄米哈伊罗夫村。三山村在附近，普希金常去游玩。

这是奥涅金写下来的，

在他年青的时候……〕

一

人们都不爱我并且诽谤我：

在男子的团体里我难以忍受，

姑娘们在我面前发抖，

女太太们斜着眼睛看我。

为什么？这为的是

我们都只喜欢谈论而不做事情，

对于无聊的人物胡说是重要的，

蠢才轻浮而且恶毒，

赤热的心灵的疏忽

或是触犯，或是嘲笑了

自私自利的小人，

因为才智之士，爱好自由，令人头痛。

二

你们怕女伯——伯爵，

爱丽莎·K，对他们说。

是的，粗鲁的 N.N. 回答了，

我们怕女伯——伯爵，

就像你们怕蜘蛛一样。

三

在《可兰经》里有许多健全的思想。

这就是例子:"在睡前祈祷,

躲开错路,

尊敬真理而不要和蠢人争吵。"

四

田野上的花,森林里的叶子,

在高加索的小河里化成了石头,——

在生活的波浪里

轻浮的和热烈的性格也都正像那样地死去。

五

六号。在 B. 家里,在舞会上:

客厅里够空的。

R. C. 像天使一样的漂亮:

举止是多么地从容!

在微笑里,在眼睛的娇弱的流转里

是什么样的柔情和心灵!

六

昨晚 R. C. 对我说

——"我早已等着见您了。"

"为什么?"——"全都对我说,

我会恨您的。"

"为什么?"——"为的是尖刻的谈吐,

为的是关于一切的轻率的意见,

为的是对于一切的讽刺的轻蔑。

然而这是胡说,

您可以任意地嘲笑我,

可是您全不是那么危险;

而您到今天可晓得,

您很质朴而且良善?"

七

严寒和太阳:美妙的日子!

可是我们的太太小姐们

显然懒得走下门口的台阶,

到涅瓦河畔炫耀冷艳的美色;

都坐着——铺了沙的花岗石[1]

引诱不动她们。

东方的制度是聪明的

并且古人的风习是对的:

她们生来是为了闺房

或是为了奴隶的束缚……

八

昨天,在 B. 家离开宴会,

R. C. 像赛菲尔[2]似的飞走了,

---

[1] 彼得堡涅瓦河畔有花岗石走道,冬天铺上沙,防行人滑倒。
[2] 赛菲尔,西风,西风是春的和风。

不理那些抱怨和责备，
我们就在油漆的楼梯上
像跟在年轻的土耳其宫妃后面的
扰攘的人群一样地奔跑。
我从她得到了
最后一句话的最后一个字；
我拿黑貂的披肩
披上她的漂亮的肩膀；
在可爱的头上的鬈发上面
我蒙上绿色的面巾；
我在涅瓦河的维纳拉前面
分开迷恋的人群。

九

今天我被介绍了给她，
看着那个丈夫有半个钟头。
他很神气，染着头发，
他凭着官爵就用不着智慧……

一〇

当然，个别的轻蔑
每一个蠢才是不难的，
随便的愤怒
个别的无耻的女子也是一样。
但是——奇怪！——

轻蔑所有的他们这就因难。

一一

这样,用坚强的意志的压力
我们抑制猛烈的热情;
用骄傲的灵魂忍受不幸,
用希望愉悦悲伤……
可是对烦闷?用什么来克制它?

附录二八　回到奥涅金

你劝我,亲爱的普莱特纽夫[1],
继续我的搁下的小说,
并且,用诗来飨宴,
用空虚的故事来款待这个铁的时代。
你想,可以把荣誉的骚扰
跟有益的目的结合起来,
(而为了这个,你劝告同行)
从读者拿适中的报酬,——
(一行诗十个卢布),
(共计〔这就有〕,〔每〕一节诗一百四十)
对现在的人是算不得什么的租税。

---

[1] 普莱特纽夫(1792—1865),作家、批评家,普希金的友人。他写信劝普希金继续写作《奥涅金》。普希金复信说:"你劝我继续《奥涅金》,相信我,我没有结束它……"(1835年9月1日至15日从米哈伊罗夫村寄往彼得堡。)

难道谁舍不得五个卢布？

算得什么！每个人都会不说多话地拿了出来！

从书商那里可以拿到，实实在在的。

你说，——奥涅金还活着，

那么小说就没有结束：没有理由结束它，

并且情节又好

……（结局）

从荣誉那里，接受它的使命，

收集赞美和詈骂的租税，

同时从可敬的读者那里

拿适中的报酬。

一本书五个卢布，

难道他们会舍不得它。

你们劝我重新来写奥涅金，朋友们，

在秋天闲暇的时候，

你们对我说："他活着并且没有结婚——

这样小说就还没有结束：这是一个宝藏！

在它的自由的，广阔的画幅里

你来嵌进一连串的图画，展开它的全景吧，

读者们会蜂拥而来，付给你入场费，

还要给你荣誉和收入。"

谢谢，我很高兴……

在我秋天闲暇的时候，

在我喜欢写作的那些日子，

你们劝我，朋友们，

继续丢开了的故事。

你们说得对，

小说，没有结束，

就奇怪地，甚至是唐突地把它中断……

把它送去付印吧，

〔别稿……付印，

把这部没有完的小说。〕

它的主人公应该

不论怎样，结婚

（曾经：违反命运……）

最低限度——穷困，

还添些别的人物，

给他们友好的敬礼，

从迷宫里面遣送出来。

你们说："谢谢上帝！

当你的奥涅金活着，

那么小说就没有结束。一点点地

来写它吧——不要懒。

从荣誉那里，接受它的使命，

收集赞美和詈骂的租税，

绘写那些都市的花花公子

和他们的可爱的小姐,
战争和舞会,宫殿和草屋,
顶楼,静室,闺房,
并且同时从我们的读者那里
拿适中的报酬:
一本书五个卢布——
这租税实实在在一点不重。"

你们说:"谢谢上帝!
奥涅金活着,那就一点一点地
(来写)这部美妙的(小说)
(主人公有了,出色的情节。)
(那么,上帝保佑)……
并且重新〔你〕要来倾听
赞扬和批评家的警告。"
(全都准备好了)……

你命令我,我的严厉的评判者,
照着以前的格调
把早已丢开了的主人公,
从前曾经出过名的
重新带上舞台,
因为……
你说
奥涅金活着

并且他还不会很快就隐藏起来，

关于他，你知道许多消息……

普希金论《叶甫盖尼·奥涅金》

我们的批评家们让我安静了很久。这给他们添了光荣：因为我当时是在远方，并且处在不顺利的境遇里。照例都假定我还是个很年轻的人。最初的有敌意的文章，记得是在《叶甫盖尼·奥涅金》第四、第五两章出版之后开始出现的。在《文学季刊》（Атеней）上发表的对这两章的评论，那种美好的腔调，美好的文体和奇怪的吹求使我惊讶。最平常的一些修辞的词藻和比喻惹了批评家的事，例如：可不可以说"杯子咝咝地响着"，不说"酒在杯子里咝咝地响着"？"壁炉冒着烟"，不说"热气从壁炉里出来"？不是太大胆了吗："嫉妒的猜疑"？"靠不住的冰"？你们怎么想呢，这样的句子是什么意思：

孩子们
用冰鞋响亮地划着冰

批评家总算是猜到了，这意思是：孩子们穿着冰鞋在冰上跑。
代替：

笨重的鹅穿着红蹼
（想要在水里面游泳）

小心翼翼地走到冰上……

批评家读做：

笨重的鹅穿着红蹼
想要游泳……

并且公正地指出来，穿着红蹼你是游不远的。

Б. 费多罗夫先生，在一个刚刚创刊的杂志上，够善意地分析了《奥涅金》第四章和第五章，不过他指示给我，有些描写秋天的诗句，我一连都用"已经"（уж）开头，他说这叫蛇的开头[1]，又说在修辞上叫做单起法。他又指摘"母牛"这两个字，并且谴责我，说我把出身高贵的小姐们，也许，还是官家的，叫做丫头们（这，当然，没有礼貌），同时怎么把普通的乡下丫头叫做姑娘：

在茅屋里姑娘哼着歌。

这句诗：Два века ссорить не хочу（我不想让两个时代吵嘴），批评家觉得不正确。文法说的什么？及物动词带否定小品词不能用役格，而要用生格[2]，例如：Я не пищу стихов（我不写诗）。但是在我的诗句里，小品词"не"（"不"）关联的是动词"хочу"

---

[1] 俄文 уж 有两个意思，一是"已经"，一是"蛇"。"蛇的开头"是讽刺的话，指第四章第四〇节起的诗句。
[2] 役格即第四格，生格即第二格。

（"想"），而不是"ccорηHтгъ"（"让……吵嘴"）[1]。Ergo（因此）这条规则在这里不适用。例如，我们再举下面这个句子：Я не могу вам позволить начать писать стихи（我不能容许你来写诗），这就自然不用стихов。难道否定小品词的电力应该穿过这一连串的动词去影响名词吗？我不这样想。

有些是诗的破格：在否定小品词"не"之后用役格，而不用生格；用времян代替времен（例如，巴秋希科夫[2]就写过：

То Древню Русь и нравы
ВПаДимира времян……）

这使得我的批评家大惑不解，但是这句诗比什么都更使他生气：

人的话语和马的足踏。

"学过古俄文文法的人，我们是这样表达意思的吗？能够这样地歪曲俄国语言吗？"后来在《欧洲通报》上也很厉害地嘲笑了这句诗。话语（谈话）是本来的俄国字。足踏代替足踏声（因此鼓掌代替鼓掌声）完全不违背俄国语言的精神，正像是咝咝代替咝咝声一样：

他作咝咝如蛇
　　　　　　　　　　　　——俄国古诗

---

[1] 别稿：但是在我的诗句里，动词"ccорить"（"让……吵嘴"）不是受小品词"не"（"不"）支配的，而是受动词"хочу"（"想"）支配的。
[2] 巴秋希科夫（1787—1855），普希金同时的一个有名的诗人。

不幸的是，这句诗完全不是我的，而是整个的从俄国故事里拿来的："于是他走出了城门，就听见马的足踏和人的话语。"（波瓦王子）

古代的歌谣、故事等等的研究，对于完全了解俄国语言的特性是必要的；我们的批评家们徒然地轻视它们。

没有人评论奥涅金第六章，甚至于《欧洲通报》上也没有指出印错的拉丁文。附带说一句：自从我出了高等学堂之后，我就没有打开过拉丁文的书，并且完全忘记了拉丁文。生命是短促的，没有功夫去重读。好书一本接着一本，而现在谁也不用拉丁文来写它们了。在十四世纪，正相反，拉丁文是必需的，并且应当认为是有教养的人的第一个标志。

在《北方的蜜蜂》上对第七章的批评我草草地读了一遍，那是在做客的时候，并且是在我没有心思想到《奥涅金》的时候……我只想指出一些写得很好的诗句和一个够可笑的关于甲虫的笑话。我说：

晚了。天暗了下来。
水静静地流着。甲虫嗡嗡地闹着。

批评家很高兴这个新人物的出现并且等待着他的性格写得比其他的人物更好。此外，似乎一点切实的意见或是批评的意思都没有。其他的批评家们我没有读，因为，真正地，我对他们没有兴趣。

附注：人们无故地认为《北方的蜜蜂》的这篇批评是布尔加林

写的,因为:(一)它里面的诗太好;(二)散文太糟;(三)布尔加林先生不会说,莫斯科的描写是抄的《伊凡·维益金》(《Ив. Выжигин》),因为布尔加林先生没有说,悲剧《波里斯·戈都诺夫》是抄的他的小说[1]。

那些省略的诗节不止一次成了责备的口实。《奥涅金》里有些诗节,是我不能或是不想付印的——这没有什么可奇怪的。但是,把它们省略了,就切断了故事的联系;因此我把它们本来所占的地方空出来。最好是用别的诗节来替换它们,或是把我保留的诗节重新熔化并且熔合起来。但是,对不起,对这个我是太懒了。我也来谦逊地承认一句,在《唐·璜》里也有两节省略的诗!

在其他的一些文学上的责难中间,有些人责难我把《叶甫盖尼·奥涅金》的价格定得太高,并且在这个定价里看到可怕的贪婪。这在生来没有卖过自己的作品或是他们的作品根本不卖的人,这种话还好说,但是怎么能够《北方的蜜蜂》的发行人再三地重复这个

---

[1] 布尔加林,波兰人,沙皇政府的密探,当时御用的政治报纸《北方的蜜蜂》的发行人,也写小说;常在自己的报纸上化名赞扬自己的小说,并且常说某某作家模仿了或是抄袭了他的作品。普希金常受到他的诬蔑和毁谤。1830年,普希金写过一首讽刺诗鞭挞这个卑劣的小人。
　　你是波兰人,这并不是不幸;
　　戈斯秋希科是波兰人,密茨凯维奇是波兰人!
　　好吧,哪怕你是鞑靼人,——
　　我也看不出这有什么羞耻;
　　哪怕你是犹太人——这也不是什么不幸;
　　不幸的是,你是维多克·菲格略林。
这首讽刺诗的手抄本传遍了莫斯科和彼得堡。维多克·菲格略林即指法节伊·布尔加林。(《普希金全集》十卷本,第三卷第一六八页。)

好听的责难呢？价格不是作家定的，而是书商。至于诗，要的人数目有限。他们都是花五个卢布在剧院里买一个座位的人。书商们，假定用一个卢布一本买了整个的一版，然而他们会卖五个卢布一本的。对的，在这种情形之下，作者可以着手印第二版，价廉的版本，但是书商那时候就会自己降低价格，这样来打垮这新的一版。这些商业上的花样在我们，平民作者们，是很熟悉的。我们知道，书的价廉并不就证明作者不贪，而是或者要的人很多，或者完全卖不出去。请问：哪样更赚钱些——印20000本书卖50戈贝克一本，还是印200本书卖50卢布一本？

克雷罗夫[1]，这位在各方面都是我们的最具人民性的诗人(le plus national et le plus populaire)[2]，他的寓言集最近一版的价格，就并不和我们所说的话矛盾。读寓言的（小说也一样）有文人，也有商人，也有交际家，也有太太小姐，也有婢女，也有孩子。但是读抒情诗的仅仅是爱诗的人。而他们多吗？

作者自己要知道他的作品在读者中间产生的印象，在我们这里是够困难的。从杂志上他只能知道出版人的意见，这种意见由于种种原因不能够信实。朋友们的意见，自然是偏颇的。而不认识的人们，当然不会把他的作品扔到他眼睛上去，即使它是值得如此的。

《奥涅金》第七章出版的时候，杂志上一般的对它的批评都很不好。我是很想相信他们的，假如他们的论断不太和他们关于我这部小说前几章所说的话互相矛盾。在他们加给这同一部作品第六章的，

---

[1] 克雷罗夫（1769—1844），俄国寓言诗作家。
[2] 最民族的和最通俗的。（法文）

那些过分而且不当的赞美之后，我奇怪地读到，例如，下面这段批评……[1]

在我们的一个杂志上说到第七章不可能有任何成就，因为我们的时代和俄国在前进，而诗仍然在先前的地方。这个论断是不对的（在它的结论里）。时代可能前进，而科学、哲学和公民的地位可能改进和变化，但是诗仍然在一个地方：它的目的是一个，方法也一样。诗的作品可能是拙劣的，失败的，错误的：真正应该负责的是诗人的才能，而不是走到他前面去的时代。

伟大的诗人们的作品仍然是新鲜的并且是永远年青的——但是古代的天文学、物理学、医学和哲学的伟大的代表人物却一个跟着一个变老了，并且一个个让出了地位，只有诗仍然保持它的地位，而且永不丧失它的青春。

大约，批评家想说，《叶甫盖尼·奥涅金》以及他的所有的从者对于读者已经不新鲜了，而且他使他们感到厌倦了，像他使杂志评论家们厌倦了一样。

不论它怎样，我决定要来试试耐性。这又是《叶甫盖尼·奥涅金》的两章——最后的，至少付印的。那些要在它们里面寻找有趣味的事件的人，可以相信，在它们里面比所有前几章里情节还要更少。第八章[2]我原来想完全取消，只把它换些罗马字，但是我怕批

---

[1] 批评从略——那里面拿《叶甫盖尼·奥涅金》和一本坏诗《叶甫盖尼·维尔斯基》比较，普希金对它加了一个注："叶甫盖尼·维尔斯基——我要请这位我不知道的诗人原谅，如果我大胆地来重复这个愚见。根据他的诗作的片断来判断，我决不认为自己是被侮辱了，如果有人觉得叶甫盖尼·奥涅金低于叶甫盖尼·维尔斯基。"（苏伏林版注）
[2] 原来的第八章是《奥涅金的旅行》，现在的第八章是第九章。

评家们，所以就把它的许多片断付印了[1]。

一八三〇年十月至十一月

---

[1] 这段文字，按照原先的预定，应该是《奥涅金》最后两章的序言，在它的署名里就写着"一八三〇年十一月二十一日。波尔吉诺。叶甫盖尼·奥涅金的序言。"——但是因为有一章（第八章）取消了，所以那时候没有发表。（苏伏林版注）

关于《叶甫盖尼·奥涅金》

一

一八二〇年,普希金因为他的革命诗被沙皇政府流放到南俄吉希纽夫。在吉希纽夫的时期(一八二〇至一八二三年),他和十二月党人有密切的往来,更热烈地燃烧着革命思想的火焰,更深沉地发展了现实主义的文学观点,在几篇短的作品之后,开始写一部长篇的诗体小说——《叶甫盖尼·奥涅金》。

在《叶甫盖尼·奥涅金》里,普希金绘写了两个主要人物:一个是厌倦贵族社会腐败荒淫的生活、深感没有出路的苦闷的奥涅金,另一个是具有纯朴的心灵和真挚的情感的达吉雅娜。在展开人物的故事的时候,诗人广阔地描写了俄国的社会生活,在第一章里描写了"一八一九年末彼得堡青年人的社交生活"[1],在第二章至第六章里描写了乡村贵族地主的生活,在第七章和第八章里描写了莫斯科和彼得堡的上流社会,在《奥涅金的旅行的片断》里描写了俄国重要地区的生活风习,在第十章的草稿里还描写了俄国的革命运动。同时,诗人在这部作品里完成了高度的诗的艺术,创造了现代俄国文学的语言。在这部"诗体小说"里,诗人交织诗和小说的样式,融合叙事、抒情、论理、批评、讽刺、寓言、预言为一体,并且用美丽的牧歌、欢乐的恋歌、沉痛的哀歌、民间的传说、真挚的书信、

---

[1] 普希金:《奥涅金》第一章(一八二五年版)的《序言》。

质朴的自叙，点染全部的画幅；诗人从人的生命、人的灵魂，写到社会的生活、风习，写到俄国的历史。

在俄国文学里，普希金是第一个人，《奥涅金》是第一部作品，以史诗的深度和广度绘写了社会生活的面貌，以深刻精炼的艺术塑造了典型人物，开创了现实主义的路，并且在诗里表现了觉醒的社会思想。

正如别林斯基所说，"《奥涅金》可以被称为俄国生活的百科全书和最高度的人民性的作品"，而且，《奥涅金》是"一部真正的'历史的'诗，虽然它的主人公里没有一个历史人物。这部诗作在俄国这一类的作品里是最初的也是辉煌的作品，因此它的历史的价值更高。在这部作品里，普希金不仅是一个诗人，而且是最初觉醒的社会意识的代表者：这是无限的功绩！"[1]

在普希金之后，莱蒙托夫在《当代英雄》（作于一八三八至一八三九年）里写了第二个奥涅金——彼秋林，一个阴郁冷淡、厌倦上流社会腐败生活的贵族青年。当彼秋林的朋友问莱蒙托夫："您好像，最近是在京城里的：那里的青年人全都这样么？"莱蒙托夫写道："我回答说，是有许多人在讲那样的话，并且大概，有些人讲的是真话。不过，这种失望的情绪，像所有的风习一样，从社会的上层开始之后，就传到了下层，在那里广泛地流行起来，并且现在，那些比所有的人都更甚并且真实感到苦闷的人们，都竭力隐藏起这种不幸，好像这是一桩罪过似的。"（《当代英雄》）

所以，在《叶甫盖尼·奥涅金》里，普希金所写的人物，是那一时代俄国社会中具有代表意义的典型人物——典型环境中的典型人物，并且通过他们表现了社会的本质和历史的动向，反映出广大的人民群众对于沙皇专制统治感到不满、苦闷以至于反抗的思想情

---

[1] 别林斯基：《亚历山大·普希金的作品》（《别林斯基选集》第三卷第五六六页、第四九六页）。

绪。——这是伟大的现实主义的艺术。

读了《叶甫盖尼·奥涅金》之后，人们清楚地看到沙皇专制政制的柱石，贵族阶级生活的真实面目，看到这个高踞在人民头上、依靠人民的血汗为生的社会集团（阶级），过着什么样腐败堕落的生活；并且看到它怎样窒息了聪明智慧、年轻有为的奥涅金，残害了纯真善良的达吉雅娜，就不能不猛然有所省悟，在想了又想之后，就不得不憎恶这个腐败的社会制度和它的统治人物，终于得出必须推翻和改造这个社会的结论。

这就是别林斯基所说的"无限的功绩"，这就是《奥涅金》的现实的意义，这也是它"受到大众那样热烈的欢迎，并且对当时的和后来的文学有那么巨大的影响"[1]的原因。《奥涅金》开始的创作道路，成为后来俄国民主主义作家的出发点，莱蒙托夫、果戈理以至托尔斯泰、契诃夫，都继续在这条道路上前进。

《奥涅金》不仅有它的历史的意义，就是在今天，也仍然有它的意义。它可以帮助我们认识旧社会的腐败和黑暗，增强我们革命的意志和建设新社会的信念，并且可以作为我们的借鉴，让我们更好地创造新的社会主义时代的史诗。

二

关于《叶甫盖尼·奥涅金》的第一个消息，是普希金在一八二三年十一月四日给甫雅柴姆斯基公爵的信（从奥德萨寄到莫斯科）里发表出来的："至于我的工作，现在写的不是小说，而是诗体小说——这有非常之大的差别。它类似《唐·璜》——关于出版的事连想都没有想。我们的检查官是这样的任性，简直不可能划分他们的

---

[1] 别林斯基：《亚历山大·普希金的作品》（《别林斯基选集》第三卷第五六六页）。

职权的范围——所以最好是不想它——如果要写，就决不能玷污了手。"[1]

在当时，普希金写作《叶甫盖尼·奥涅金》确实是困难重重的。一方面，它很可能被检查官禁止出版，因为它这样深刻地暴露了俄国的贵族社会和统治阶级。另一方面，它会受到"批评家"的攻击，因为这部描写日常生活的现实主义的诗作，和当时占统治地位的僵死的古典主义作品或空虚的浪漫主义作品，有根本的差异。

普希金不顾各种各样的责难和攻击，坚持着现实主义的道路，继续尽力写作，前后大约经过八年的时间（一八二三年至一八三〇年），终于完成了全诗。

《叶甫盖尼·奥涅金》全诗的写作大纲，普希金在一八三〇年曾经亲笔写在草稿里的一页纸上（当时准备全诗出书用的），注明了各章写作的年代和地点。

奥涅金

第一部　序言
　　第一章　《忧郁病》　吉希纽夫，奥德萨。
　　第二章　《诗人》　奥德萨。一八二四。
　　第三章　《小姐》　奥德萨。米哈（伊罗夫村）一八二四。
第二部
　　第四章　《乡村》　米哈伊罗夫（村）。一八二五。
　　第五章　《命名日》　米哈（伊罗夫村）。一八二五，
　　　　　　一八二六。
　　第六章　《决斗》　米哈（伊罗夫村）。一八二六。
第三部
　　第七章　《莫斯科》　米哈（伊罗夫村）彼（得堡）。

---

[1]《普希金全集》十卷本，第十卷第七十页。

玛林（尼基）。一八二七.八

第八章 《游历》 莫斯（科）。巴甫（罗夫村）。一八二九。波尔（吉诺）。

第九章 《上流社会》 波尔（吉诺）。

注　释

一八二三年五月九日吉希纽夫——一八三〇年九月二十五日波尔吉诺——

九月二十六日　А　П[1]

急于生活也忙于感受

К.В.[2]

七年四个月十七天。

不过，后来在普希金的草稿上，找到了各章注有更详细的年月和日期：

小说构思在一八二三年五月九日，吉希纽夫。

第一章——开始于一八二三年五月二十八日夜，吉希纽夫；二十三节注着：一八二三年八月十六日；完成于一八二三年十月二十二日，奥德萨。第二章——在第二天开始；十六节注着：十一月一日；十七和十八节：十一月三日；结尾（三十九节）：一八二三年十二月八日，夜。第三章——开始于一八二四年二月八日夜；二十二和二十三节：九月五日；完成于一八二四年十月二日。第四章——二十三节注着：一八二四年十二月三十一日及一八二五年一月一日；四十三节：一八二六年一月二日；五十一节：一八二六年一月六日。第五章——开始于一八二六年一月四日，完成于一八二六年十一月二十三日。第六章——开始于一八二六年，完成于一八二六年八月

---

[1] 亚历山大·普希金的省写。
[2] 甫雅柴姆斯基公爵的省写。这句诗就是第一章前面的引诗。

十日。第七章——开始于一八二七年三月十八日（在莫斯科）；春天写成描写莫斯科的诗节（在莫斯科和彼得堡）；十二和十三节：一八二八年二月十九日；完成于一八二八年十一月四日。《给 П. А. 普莱特纽夫》的献诗作于一八二七年十二月十九日。《奥涅金的手册》属于第七章，注着：一八二八年八月五日。第八章（后来加以节删，题名《奥涅金的旅行的片断》）——开始于一八二九年十二月二十四日；在先（最迟一八二七年）已经写了描写奥德萨的诗节；完成于一八三〇年九月十八日。第九章（后来移作第八章）——构思于一八二九年，完成于一八三〇年九月二十五日（在波尔吉诺）。一八三一年修改重写了几节诗（如一至四节，二十四至二十六节）；一八三一年十一月五日插入《奥涅金给达吉雅娜的信》。第十章——存有普希金的记录：《（一八三〇年）十月十九日焚毁第十章》。

《回到奥涅金》——写于一八三三年夏末秋初。一八三五年九月十五日普希金还写了构思中的小说续篇的两节开头的诗。

《叶甫盖尼·奥涅金》是陆续写作的，也是分章出版的：

第一章在一八二五年出版（二月十五日，彼得堡）。书前写着《给弟弟列夫·赛尔盖叶维奇·普希金》[1]的题词，并且有一个《序言》：

"这是一部长诗的开头，大约，它一时还不得结束。

《叶甫盖尼·奥涅金》有些篇或章，已经写好了。它们是在顺利的境遇影响之下写出来的，带有作者第一部作品《鲁斯朗和刘德密拉》所特有的欢乐的痕迹。

第一章是一个整个的部分。它限于描写一八一九年末彼得堡青年人的社交生活，并且令人想到《伯波》（Беппо），阴郁的拜伦诙谐的作品。

---

[1] 列夫·赛尔盖叶维奇·普希金（1805—1852），诗人的弟弟，一八二五年十二月十四日曾经参加十二月党人的起义。

远见的批评家们会指出来,自然了,情节的缺陷。每个人任意地判断整个小说的情节,他只是才读了第一章。还会指摘这位近似《高加索的俘虏》的主要人物的非诗的性格,以及用最新的哀歌的令人厌倦的样式写出来的那几节诗吧,'在那里面忧郁的情感吞没了其他的一切'。但是请让我们把读者的注意力转移到优点上来吧,这是讽刺作家们所罕有的:在风习的诙谐的描写里没有个人的侮辱,并且遵守着严格的礼貌。"

在这个序言之后还有一首诗《书商和诗人的谈话》。后来普希金把它编进了一八三五年版的诗集,在《奥涅金》里就不再印这首诗了。

第二章在一八二六年出版(约十月二十日,莫斯科)。

第三章在一八二七年出版(十月十一日至十二日,彼得堡),也有一个序言:"《叶甫盖尼·奥涅金》第一章,在一八二三年写成,一八二五年出书。过了两年才出第二章。这种迟缓是由于一些不相干的事情。从现在起将要保持不间断的程序出书:一章紧接着一章。"第四章和第五章在一八二八年合并出版(一月三十一日至二月二日,彼得堡),书前有一首《给 П. А. 普莱特纽夫》的献诗,后来就放在小说的开头,作为全书的献诗。第六章也在一八二八年出版(三月二十二日至二十三日,彼得堡)。第七章在一八三〇年出版(三月十八日至十九日,彼得堡)。第八章在一八三二年出版(一月,彼得堡),有一个序言(即现在《奥涅金的旅行的片断》前面的引言)。整个的小说在一八三三年(约三月二十三日)出版,这是第二版。第三版在一八三七年诗人逝世的前几天出版;一月三十日,在《俄国残废军人文学副刊》第五期上,登出普希金逝世的哀启,同时也刊载着这一版的介绍。

这些详细的写作和出版的年月,可供普希金研究者参考。《奥涅金》全诗出书的时候（一八三三年），第一次加进《叶甫盖尼·奥涅金的注释》（分章出版时只有第一章和第七章有注），并且加进《奥涅金的旅行的片断》。第十章直到十月革命之后，苏联学者重新整理研究了普希金的草稿，才把暗码译出，加进全诗里面。第十章也是在一八三〇年写作的，但是诗人在同年就焚毁了原稿，显然，这与一八三〇年欧洲革命的风暴和沙皇政府采取的严酷的反动政策是有关系的。从今天存留的残稿的片断看来，第十章的画幅将从一八一二年的卫国战争展开，到一八二五年十二月党人的起义收起，并且将欧洲的革命运动也着上诗的彩色。在这一章里奥涅金将要有什么变化，将要扮演什么角色，诗人将要给予我们什么思想的火花和艺术的形象，可惜无从知道了。

从诗人的写作年月我们知道，《奥涅金》基本上是在一八三〇年完成的。可是，斯汤达尔的《红与黑》也在一八三〇年方才完成，巴尔扎克的《人间喜剧》在一八三一年之后方才陆续面世。普希金不仅开创了俄国文学的现实主义的道路，而且也是世界文学上古典现实主义的伟大的创始人之一。

正如诗人自己所确信所预言的，诗人用他的作品建立了一座高耸在亚历山大纪念柱[1]之上的纪念碑，他的竖琴千百年地高扬着锵锵的乐章，把正义和自由的声音，传给俄国以至全世界的人民。

唯有人民的诗人才能不朽，整个文学的历史这样说明着，普希金的诗这样说明着。

吕 荧

一九五四年三月

---

[1] 亚历山大纪念柱，在彼得堡的冬宫广场上，一八三二年为纪念沙皇亚历山大一世（1777—1825）而建立。

校改后记

这一次校改，是根据苏联国家文艺出版局一九四九年的《叶甫盖尼·奥涅金》单行本，参照苏联科学院编辑的《普希金全集》（十卷本，一九五〇年版）进行的，原文和苏联国家文艺出版局一九三七年的《叶甫盖尼·奥涅金》单行本完全相同，只是标点有些不同，第十章的文字也略有不同，现有都参照这两种本子加以改动。《附录》部分因为没有别的本子，仍然根据一八八七年彼得堡苏伏林版（А. С. Суворин）。

这一次校改，文字方面改动很多，主要是使它更接近口语，更接近原诗。我很欣幸能够抽出时间把这个新译本改作出来，补偿从前的译文的拙劣和疏误。

关于韵律方面，和初译本一样，没有改变。普希金的原诗是有韵的，是诗人为写这部长诗独创的韵律，称为《奥涅金诗节》（Онегинская строфа），每一节诗十四行，韵脚和音节都有一定：

诗行 1 2 3 4 5 6 7 8 9 10 11 12 13 14
韵脚 а б а б в в г г д е е д и и
音节 9 8 9 8 9 9 8 8 9 8 8 9 8 8

全诗共约四百节，都在这样生动和谐的韵律中以抑扬格（ямб）起伏；不用同样的韵律，难以达到那种诗和音乐融和的境界。我因为病，也没有时间逐字逐句地推敲，不可能按原诗的韵律音节用谐意而且谐音的韵改译，只好仍用广义的韵和自由诗体。因为"如果勉强顾全音韵的格律，势必将要牺牲内容的完满和语言的纯朴，以韵害诗以词害意，不是普希金的道路，也不是我们的道路"（初译本《跋》）。

这一次校改的时候，注也校改过了。为了便于更明确地了解普希金这本重要的作品，并且增加了一些；主要根据布罗德斯基（Н. Л. Бродский）的《叶甫盖尼·奥涅金详解》（Евгений Онегин, Роман А. С. Пущкина）（一九五〇年莫斯科版），这是一本相当详细的关于《奥涅金》的注释。

初译本中胡风同志译的三节诗（第六章第十五节、十六节、三十八节），仍然保存，这使我的粗拙的译文添了光彩。

初译本的内封面是薛萌同志设计的，他已经逝世了，现在仍然保持原样，作为对死者的纪念。

中国在前进，诗在前进。在进行建设伟大的社会主义社会和百花齐放的人民文艺的今天，愿这本微末的译作，能够有略供爱好普希金和诗的同志参看的地方。

吕　荧

一九五四年三月

仲夏夜之梦

莎士比亚 著

译　　序

　　《仲夏夜之梦》是常常受到误解的一个剧。

　　资产阶级的学者，像对莎士比亚其他的剧一样，总是从他们的阶级观点来解释《仲夏夜之梦》，把它的内容庸俗化、浅薄化，加以各种适合他们的生活观念和思想意识的曲解。例如，当他们看到《仲夏夜之梦》里写了恋爱和结婚，就说这是专为某某贵族婚礼而作的插科打诨的笑剧；当他们看到《仲夏夜之梦》里出现了一些仙人，又题名为"梦"，就说这是一个浪漫主义的荒诞的想象的神话。资产阶级的学者总是这样在唯心论的形式逻辑里兜圈子，把莎士比亚解释成一个和他们一样的庸人，一个学识浅陋的、没有任何理想的、糊里糊涂的作家，甚至于是一个反动思想的宣传者；掩蔽了、歪曲了伟大的诗人的艺术和思想的实质。

　　《仲夏夜之梦》原来为庆祝某一贵族的婚礼而作，这是很有可能的，但不是一个插科打诨的笑剧。《仲夏夜之梦》里虽然有仙人和精灵的形象，但不是一个荒诞的想象的神话。它含有更深刻的现实内容和思想内容。

　　现实主义的诗人莎士比亚，他的创作总是从现实生活出发，面对人生、表现人生的，莎士比亚的主题永远是人和人生。

　　那么，什么是《仲夏夜之梦》的诗的意旨呢？

　　自然，在这里，首先我们应该考虑一下，《仲夏夜之梦》是否可能没有任何意旨,只是一个取悦观众的热闹的喜剧而已。

关于这个问题,莎士比亚自己在剧里给了我们暗示。当织布匠包吞姆(Bottom)爱情的"梦"醒了的时候,他说了这样一段话:

> 我做了一个梦,那是一个什么梦,不是人的聪明说得出来的;如果有人想来解释这个梦,那他只是一个驴子。我觉得我是——没有一个人能说得出来那是什么。我觉得我是,——我觉得我有过,——但是如果有人想来说明我觉得我曾经有过的是什么,那他只是一个穿花衣裳的傻子。……我要找彼得·品斯把这个梦写成一个歌儿:它得叫做"Bottom 的梦",因为它是没有 bottom 的……
>
> (四幕一场)

在这段话里,莎士比亚告诉我们这是一个不可解释的"没有 bottom(含义)的"梦;但是正在这个"没有 bottom 的"梦里,却明明有一个 Bottom(包吞姆)在的。在莎士比亚的剧里,当这种话由半呆半傻的丑角(即"穿花衣裳的傻子")说出来的时候,它的意思实际上就是:"它得叫做'Bottom 的梦',因为它是有 bottom(含义)的"。bottom 这个字,当时就是织布匠人绕线的"线团"(clew)。诗人用这个字做诗里重要人物之一的名字,并且由他说出这样的一些话,正暗示着这个"梦"是有它的内在的含义的。

这样一种暗示的写法,是莎士比亚剧作的特点之一。在莎士比亚的剧里,他的思想意旨总是含蓄地隐晦地交织在人生的画幅里,只是偶而像一道火光似的闪亮一下。由于时代的限制,也由于反动统治者的压迫,莎士比亚的最强烈的思想,也是用温和的语调和方式表现出来的,并且多半藉丑角的口,半呆半傻、半真半假地歌唱出来。我们只要想想《暴风雨》里冈札罗(Gonzalo)宣布的乌托邦的人道主义政纲[1]就够了。

所以诗人的这个暗示无异于是一个告白。此外,诗人在"梦"的最后一幕(五幕一场)又严肃地写下了一段:

> 诗人的眼睛,在敏锐的狂热的一转里,
> 就从天上看到地下,从地下看到天上;
> 并且,幻想想象出来的
> 不知名的东西的样子,诗人的笔
> 就把它们变成形象,而且给虚无的事物
> 一个居住的地方和一个名字。
> 强烈的幻想就有这样的本事。

这一段诗人的自叙,也说明是有些什么"从天上看到地下,从地下看到天上"的"幻想"要写在这个"梦"里的。

在"梦"里诗人并且告诉我们:"最好的戏都不过是些影子;最

---

[1] 《暴风雨》二幕一场里,冈札罗说:"如果这个岛是我的殖民地,而且我是这岛上的王,请猜我将要做些什么事情?

"在这个共和国里我要相反地实施一切的事情;我不许可任何种类的贸易;没有官吏的名目;不许有学问;富有,贫穷,雇佣役使,全都没有;契约,继承,疆域,地界,耕种,葡萄园,全都没有;不用金属,粮食,也不用油,酒,没有职业;所有的人全都闲散;女子也是如此,但是纯洁而且天真;没有君主,——大自然中一切的产物,都不需要辛劳或者苦力;叛逆,重罪,剑、戟、刀、枪,任何种的兵器,我都不要,只让自然自然地孳生万物,一切富裕而且丰饶,养育我的纯朴的人民。我要治理得如此完美,先生,超越过那黄金的时代。"

一六二八年出版《好人罗宾》里的木刻画

坏的也不算坏;如果想象来补救它们。"(五幕一场)后来勃克在收场白里又重复这个意旨,自称"我们这些影子"(五幕二场),所以这个"梦"以及"梦"里的那些仙灵,都是人生的影子,它们的内容的实质是人生的诗的升华;正仿佛在《罗米欧和朱丽叶》里马太婆(Queen Mab)的描写含有锐利的现实生活的讽刺,在《马克伯斯》里赫克特(Hecate)和女巫的道白象征着现实世界的黑暗和罪恶一样。

诗人起初称这个剧为《一本名为仲夏夜之梦的书》[1]。在这样

---

[1]《仲夏夜之梦》初版在一六〇〇年。出版之前,在一六〇〇年十月八日登记版权,书名为《一本名为仲夏夜之梦的书》(*A Book Called a Midsummer Night's Dream*)。

一本书里，我们看到虽然出现许多仙灵，他们扮演的却是一幕人生的喜剧，一个爱情的故事。这个剧第一幕就提出一个问题：爱情顺从家长的意志，还是依据自己的意志？从这里开始"梦"的故事，引出了奥伯朗和泰旦妮亚这些仙人，出现了勃克这个精灵；在剧的结尾，爱人们在奥伯朗和勃克的协助之下得到了胜利。——这是剧的主题，也是剧里的"线团"和纠结，包含着仙灵和"梦"的题旨。

在《仲夏夜之梦》里，勃克，奥伯朗，泰旦妮亚，都不是超人生的精灵，而是属于人生参与人生的精灵。正是因此，诗人打破了基督教的教义，也抛弃了希腊罗马的古典神话，用民间的精灵[1]代替正统的上帝和传统的神仙，用矮人的王[2]做仙人的王，用巨人族

---

[1]《仲夏夜之梦》里的仙人都是民间传说里的精灵，富有人民的气息。勃克（Puck）是英国农民中间传说的一个精灵，通常称他"好人罗宾"（Robin Goodfellow），据说他好开玩笑，爱淘气，但是很诚实善良，常常帮助农民做工（参看二幕一场）。莎士比亚把这个人民的幻想加以提高，称他为 Puck（即 pouke，字的本意为"精灵"）。那些仙人（fairies），莎士比亚称他们为豆花、蛛网、芥子、飞蛾，都是自然的化身的精灵。矮人（elves）来自北欧神话，当时在英国也很流行，这是一种半人半神的精灵，以通晓自然的秘密著名，他们特别熟悉矿山的宝藏，并且是最精巧的工匠，和那些手工业工人正好是同行的伙伴。在《仲夏夜之梦》里，莎士比亚把"仙人""矮人""精灵"当作同义语使用，并且把人的灵魂也称为"精灵"（spirit）（三幕二场勃克语）。

[2] 奥伯朗（Oberon），原来是德国神话里看守宝窟的一个矮人，名叫 Alberich，后来在法国中古时代的传奇《波尔多的尤昂公爵》（*Huon de Bordeaux*）里变成仙人的王，名叫 Auberon（因为 al＝au，法文字尾不用 ich，用 on）；这个传奇译成英文，他的名字就译为 Oberon。当时英国作家已经开始用这个名字，如斯宾塞（Spenser, 1552?—1599）的《仙后》（*The Fairy Queen*）。关于奥伯朗的身世，《尤昂公爵》里说他是仙人的王，王国在耶路撒冷东边的远方，他是一个矮人，只有三尺高，并且是一个凡人，他的父亲是罗马的凯撒（Julius Caesar），他的母亲是一个仙人，曾经和希腊亚历山大大帝（Alexander the Great）的祖父结过婚。《仙后》里说他是普罗米修斯（Prometheus）用野兽的身体所造成的人，爱尔夫（Elfe，意即"矮人"）的后裔，他继位做仙人的王，王国包括印度和美洲，功业超过以前所有的仙王，后来在光荣中逝世（见第二部第十章）。莎士比亚是参看过这两部作品的。

的后裔[1]做仙人的王后,并且以农民所亲切喜爱的好人罗宾为主要的形象。莎士比亚的仙人的人民性和进步性,只要和他同时代诗人的作品,例如斯宾塞的《仙后》[2]一加比较,立刻就鲜明地显现出来。莎士比亚在《仲夏夜之梦》里把人民的幻想提高到当代人文主义进步思想的高度,创造了新的神话,"文艺复兴"时代的人的神话。

所谓"文艺复兴"时代,正如恩格斯所说:"这个时代是从十五世纪后半期开始。国王的政权依靠市民,打垮了封建贵族底权力,建立了巨大的、实质上以民族为基础的君主国,而近代的欧洲国家与近代的资产阶级社会就在这种君主国里发展起来;……拜占庭灭亡时所救出来的手抄本,罗马废墟中所掘出来的古代雕刻,在惊讶的西方面前展示了一个新世界——希腊的古代;中世纪底幽灵在其光辉的形象面前消逝了;……在意大利、法国、德国都产生了新的最先的近代文学;英国与西班牙跟着很快地达到了自己的古典文学

---

[1] 泰旦妮亚(Titania),字的本意为"泰旦族的后裔"。按照希腊神话,泰旦族(Titans)是天神尤莱纳斯(Uranus)和地神基娅(Gaea)的儿女,都是巨人,后来被宙斯(Zeus)及诸神灭掉。罗马诗人奥维德(Ovid,前43—17年)在《变形记》(*Metarnorphoses*)里说宙斯底下有几个女神是泰旦族的后裔,如Latona(宙斯的爱人),Diana(月神),Circe(古太阳神的女儿)等。奥维德就用过Titania这个字形容Diana(《变形记》第三章)。莎士比亚在剧里虽然引用了《变形记》,不过Titania并不是指月神,而是在全新的意义上用它的。

[2] 《仙后》是一部寓意的神话诗。斯宾塞在书前有一封给罗里爵士(Sir Walter Raleigh)的信,说明诗的意旨和写作计划。这本书计划写二十四章,前十二章以古代英国阿塞王(King Arthur)为中心,阿塞王代表尊敬(magnificence);后十二章以仙后为中心,仙后代表光荣(glory),并指伊利莎白女皇(Empress Elizabeth);这本书前的题辞也是献给伊利莎白女皇的。在前十二章里,每章写一个武士,共十二个武士,代表十二美德,即(一)神圣(holiness),(二)中庸(temperance),(三)贞洁(chastity),(四)友爱(friendship),(五)公正(justice),(六)礼貌(courtesy)。(七)节操(constancy),第七章没有写成作者就逝世了。诗里所写的都是武士冒险杀毒龙除妖魔的故事,虽然也有它的一定的进步性,但是全诗笼罩着中世纪的阴影,因袭中古传奇的作风,诗里所赞扬的美德也和封建贵族与基督教的道德观一致。

时代。旧的世界底界限被打破了；只是这时候才真正发现了地球，奠定了以后的世界贸易以及从手工业过渡到工场手工业之基础，而工场手工业又是建立近代大工业的出发点。教会的精神独裁被击破了，日耳曼民族大部分都直接抛弃了它，接受了新教，同时在罗马人那里，一种从阿拉伯人吸收来的和从新发现的希腊哲学得到营养的明快的自由思想愈来愈根深蒂固，为十八世纪的唯物论作了准备。""这是一个人类前所未有的最伟大的进步的革命，这是一个需要和产生巨人的时代，需要和产生在思考力上、热情上与性格上，在多才多艺上与广博学识上的巨人的时代。"[1]

这是资产阶级兴起的时代，在这个时代，衰老的封建社会的经济基础和它的上层建筑正在崩解，新的社会意识和观念开始形成；教会的统治和封建的权力被打破了，科学兴起，从中世纪的梦中醒来的人，开始认识世界，也开始认识自己，要求人的解放，尊崇人的理智，相信人的意志和行动可以战胜一切，创造一切。莎士比亚（一五六四——六一六）正生活在这个时代，他的思想和作品里都反映着这"一个人类前所未有的最伟大的进步的革命"，这就是他在《仲夏夜之梦》里创造的新的神话的现实内容和思想内容。

不是偶然的，在《仲夏夜之梦》里，当泰旦妮亚对包吞姆说她爱他的时候，包吞姆就回答了：

> 我想，太太，你这是一点没有用理智的；然而呢，说句老实话，这年头理智和爱情难得会合在一起；更糟糕的是，没有哪位好邻居来撮合他们做朋友。呵，我有时也会说说笑话的。
>
> （三幕一场）

---

[1] 恩格斯：《自然辩证法导言》（中译本，解放社版，一——三页）。

这个并不是"笑话",这令我们联想到拉杉德尔对海仑娜的告白:

> 人的意志是受理智支配的;
> 而理智说你是更可敬爱的姑娘。
> ……　……
> 我……因为年青,到现在方才成熟;
> 到现在方才达到人的智慧的顶点,
> 理智方才成为我的意志的引导……

(二幕二场)

这两段对话,结合海仑娜对盲目的爱神的讥讽(一幕一场)。表现着莎士比亚对人的理智、意志、爱情的观念;在这个观念里,方才出现了奥伯朗、勃克、泰旦妮亚,以及那些丰富着人生气息的矮人和仙灵,方才创造出一种有支配爱情力量的花[1],并且交给勃克的手去完成一幕抗争的爱情的喜剧。

诗是诗人思想和心灵的表现。当诗人否定了上帝的宗教、命运的存在,相信唯有人、人的理智、人的意志和行动决定一切的时候,铁和铁相击之下迸出火花;于是从他的诗的幻想里迸出勃克这个精灵。但是,由于英国革命的保守性,由于诗人本身时代的限制,诗人虽然在"梦"里歌颂了解放的人性和自由的意志,并且让人民、贵族和仙灵扮演同等的角色,可是他的诗的幻想只能是神话。

然而这不是逃避现实的幻梦或者荒诞无稽的玄想,这是面对现实人生产生的诗。在这个"梦"里,爱和人生是主要的内容,四个

---

[1] 据莎士比亚研究者的考证,蝴蝶花(pansy)的花汁有支配爱情的力量,这是莎士比亚的创造,没有一本书里有过这种说法。

恋爱的青年以各自不同的性格、语言、行动活跃在英国的乡村田野和森林的画幅里，十六世纪末期代表英国社会特色的贫穷的手工业工人、辛勤困苦的农夫、地主的围场和羊栏、资本家的印度的商船，点染出这一画幅的背景，以"精灵里的乡下佬"勃克为首的那些仙灵，扩张了、加强了这一画幅的诗的氛围。这是一个"梦"，但是是一篇色彩鲜明的爱和人生的诗。

《仲夏夜之梦》是莎士比亚早期的作品，带有美丽的人生的憧憬，也带有轻快的欢乐的色彩。到后来，当他更向现实深处前进，更全面地认识社会生活内容的时候，于是产生了他的深广的沉重的悲剧。这样，他从"最好的戏都不过是些影子"（《仲夏夜之梦》）发展到"自有戏剧以来，它的目的始终是作为一面镜子反映自然"（《汉姆莱特》）；而勃克也从爱情自由的抗争者发展成为《暴风雨》里的爱理尔（Ariel），具有更强的力量，完成更大的功业，惩罚了恶，协助了善，并且和诗人的人道主义政纲一同出现。

莎士比亚后期的伟大的艺术和深刻的思想不是突然出现的，它的根源在早期的喜剧里已经萌芽了。在《仲夏夜之梦》里没有冈札罗，可是听听包吞姆唱的这一段罢（一幕二场），这多么像是后来的悲剧和《暴风雨》的序曲：

> 凶猛的岩石
> 和猛烈的冲击
> 要把牢狱门上的
> 铁锁来打破；
> 于是飞布斯的车子
> 将要从远处放出光明，
> 并且毁灭和改造

那糊涂的命运。[1]

　　憧憬人类的真正自由和幸福的诗人,他虽然看到"世界是一座牢狱",看到"广大的地狱都容纳不下的那么多魔鬼",却总是满怀希望,面对现实人生勇往前进;无论在诗里还是在"梦"里,都是如此。正是这样,诗人才能给与他的悲剧以典型的内容,给与他的喜剧以思想的光辉,并且允许他向诗的幻想飞升,而没有落进虚无的陷阱和庸俗的泥坑里去。

吕　荧
一九四八年六月初稿
一九五四年五月复稿

---

[1] 据莎士比亚研究者的考证,当时没有一个剧本里有这样的诗词或者类似的句子。显然,这是莎士比亚自己的话,借包吞姆——这个全书线索所系的人("线团")的口唱出来的。

剧中人物、地点

剧中人物

希修斯[1]　雅典公爵

伊吉斯　赫尔米亚的父亲

拉杉德尔　⎫
第米特里斯　⎬ 都爱赫尔米亚

菲罗斯特莱特　希修斯的娱乐总管

品斯　木匠

斯奈格　细工木匠

包吞姆　织布匠

弗鲁特　风箱修理匠

史诺特　补锅匠

施塔尔维林　成衣匠

西波丽达　阿玛森人[2]的女王，希修斯的未婚妻

---

[1] 希修斯（Theseus），古代希腊神话里的英雄，雅典公爵伊吉斯（Aegeus）的儿子，有许多英雄事迹。相传他曾经杀死人身牛首的怪物米诺佗（Minotaur），战胜阿玛森人，并且娶了她们的女王西波丽达，生的儿子就叫做西波丽达斯（Hippolytus）。

[2] 阿玛森人（Amazons），希腊古代相传住在昔西亚（Scythia）的女族，以勇猛善战著名，西波丽达是她们有名的女王，后来和希修斯结婚。

赫尔米亚　伊吉斯的女儿,爱拉杉德尔

海仑娜　爱第米特里斯

奥伯朗　仙人的王

泰旦妮亚　仙人的王后

勃克,又名好人罗宾

豆花
蛛网 ⎫
蛾子 ⎬ 仙人
芥子 ⎭

其他随从仙王仙后的仙人

希修斯和西波丽达的侍从

地点

雅典及其附近的森林

第一章

第一场　雅典，希修斯的宫里

　　希修斯，西波丽达，菲罗斯特莱特和侍从上。

希修斯　现在，美丽的西波丽达，我们的婚期快要到了：再过四天新的月亮就要出来；但是呵，我觉得这个旧的月亮去得好慢[1]；她拖延着我的希望，好像是，年老的后母或是寡妇长久地消耗着一个年青人的财产。

西波丽达　四天会很快地变成黑夜；四夜会很快地在梦里度过；到那时候，月亮就要像一个新弯的银弓，在天上照耀着我们大礼的夜晚。

希修斯　去，菲罗斯特莱特，鼓舞雅典青年的欢乐的情绪；唤醒活活泼泼的快乐的精神；把忧愁弄去送葬罢；这个苍白的家伙不适合于我们的盛典。

　　菲罗斯特莱特下。

西波丽达，我向你求婚是用我的剑[2]，在侵犯你的时候得到了你的爱情；但是我要用另一种方式来和你结婚，用盛典，用庆

---

[1] 古代雅典阴阳合历，年初依太阳而定，月初依月亮而定。
[2] 据说阿玛森人进攻雅典，先胜后败，最后讲和，希修斯和西波丽达结婚。

祝，还要用欢乐。

    伊吉斯，赫尔米亚，拉杉德尔，第米特里斯上。

伊吉斯　希修斯，我们英名远播的公爵，祝你幸福！

希修斯　谢谢，好伊吉斯：你有什么事情？

伊吉斯　我满心的烦恼，来控诉我的孩子，我的女儿赫尔米亚。站到前面来，第米特里斯[1]。我的高贵的大人，这个人已经得到我的同意和她结婚。站到前面来，拉杉德尔[2]。可是，我的仁德的公爵，这个人迷惑了我的孩子的心：你，你，拉杉德尔，你给她写些诗文，并且和我的孩子交换爱情纪念品；你在月光底下在她的窗前歌唱，用装模作样的声音唱装模作样的爱的诗词；并且骗中了她的心意，用你的头发编的手镯，戒指，小首饰，小花样，小玩意，小东西，花束，糖果，这些对容易感动的年青的姑娘最有力量的东西；你用诡计偷窃了我女儿的心，使她应该对我的孝顺，变成了倔强的忤逆。所以，我的仁德的公爵，如果她不在这里，在你面前，答应和第米特里斯结婚，我就要请求雅典古代的特权，因为她是我的，我就能够处置她；或者嫁给这位先生，或者是死，按照我们的法律正是在这种情形里所规定的[2]。

希修斯　你有什么话说，赫尔米亚？听劝罢，美丽的姑娘。对于你，你的父亲就是一个神；他造成了你的美貌，而且，对于他，你不过只像是由他印下来的一个蜡的模型，他有权力保留这个形

---

［1］［2］　这两行在原来"四开本"（the Quarto）和"对开本"（the Folio）里是指示动作的，近代的编者都把它们编进伊吉斯的台词里面。

［2］　按照雅典古代的法律，父亲对他的儿女操有生死的权力，不服从命令就可以处死。

象或是把它毁掉。第米特里斯是一个可贵的绅士。

赫尔米亚　拉杉德尔也是一样。

希修斯　他本身固然是的；但是，在这种情形，没有你父亲的同意，那一位就必定要看得更可贵些。

赫尔米亚　我愿我的父亲能用我的眼睛来看人。

希修斯　还是你的眼睛依从他的判断来看人罢。

赫尔米亚　我要请求尊贵的公爵宽恕我。我不知道什么力量使我变得勇敢，也不管对于我的贤德会有什么样的影响，在这样的地方来表白我的思想；但是我要请求尊贵的公爵，我可不可以知道在这种情形之下我会遭受的最坏的结果，如果我拒绝了嫁给第米特里斯。

希修斯　或者是死，或者是永久隔绝男子的社会。因此，美丽的赫尔米亚，问问你的愿望；想想你的青春，仔细思量你的情感，是不是，假如你不依从你父亲的选择，你能去穿上尼姑的道袍，永久地禁闭在阴沉的修道院里，终身做一个孤独的女尼，对着凄凉寂寞的月亮唱沉闷的圣诗。那些抑制住她们的情感，来过这种圣女生活的固然非常幸运；但是提炼过的玫瑰[1]，比在处女的枝头上开谢，孤芳自赏地生，长，死，要更多人间的幸福。

赫尔米亚　我宁愿这样地生，这样地长，这样地死，我的大人，与其把我的贞操交给一位先生，我的灵魂不允许我去受他的心不甘愿的束缚。

---

[1] "提炼过的玫瑰"比喻结婚的女子，因为她们的美丽，好像玫瑰的芬芳，在她们孩子的身上保留下来了。莎士比亚在《十四行诗》第五首里写道："但是那些提炼过的花，虽然她们临到了冬天，她们失去的只是外貌；她们的本质仍然保持着芬芳。"

希修斯　去考虑一下罢；到新的月亮出来的时候，——我的爱人和我完婚结成永久的伴侣的日子，——在那一天就得为了不服从你父亲的意志，准备去死，不然就如他的意思和第米特里斯结婚；或者就得在戴亚娜[1]的神坛上宣誓永远地贞洁地独身。

第米特里斯　心软软罢，亲爱的赫尔米亚；并且，拉杉德尔，放弃你那狂妄的念头，让给我的正当的权利。

拉杉德尔　你得到了她父亲的爱，第米特里斯；让我取得赫尔米亚的爱：你去和他结婚去罢。

伊吉斯　无礼的拉杉德尔！真的，他得到了我的爱，并且我的爱要把我所有的东西给他；而她是我的，那么所有我对她的权利我都给与第米特里斯。

拉杉德尔　我是，大人，出身和他一样的好，和他一样的有钱；我的爱情比他更多；我的财产，如果不超过他，无论怎样都能和第米特里斯平等；并且，比这一切更足以夸耀的，我是被至美的赫尔米亚爱了。为什么我就不应当争取我的权利？第米特里斯，我要当他的面宣布，他爱过尼达尔的女儿，海仑娜，而且得到了她的心；而且她，可爱的姑娘，现在还痴爱着，诚心诚意地痴爱着，偶像似的痴爱着，这个罪过的薄情的人。

希修斯　我得承认，这个我也听说过的，并且因此想和第米特里斯谈谈；可是，因为自己的事情太多，就把它忘记掉了。可是，第米特里斯，来，你也来，伊吉斯；你们都跟我来，我有一些私事要和你们两人谈谈。至于你，美丽的赫尔米亚，好好当心你自己使你的爱情顺从你父亲的意志，不然雅典的法律就得让

---

[1] 戴亚娜（Diana），罗马神话里的月亮女神，也是贞洁女神。

你，——这个我们没有法子能够减轻——去死，或者发誓去过独身的生活。来，我的西波丽达：好吗，我的爱？第米特里斯和伊吉斯，一起来：我得找你们预备一些我们婚礼的事，并且要和你们谈谈密切关系你们自己的事情。

伊吉斯 我们应当而且愿望跟随着你。

希修斯，西波丽达，伊吉斯，第米特里斯和侍从下。

拉杉德尔 怎样了，我的爱！为什么你的脸色这样的苍白？那里的玫瑰怎么凋谢得这样地快？

赫尔米亚 大约是因为需要雨，我眼睛里的暴雨可以好好地灌溉它们。

拉杉德尔 唉，就我所读过的就我所听到过的故事和历史来说，真的爱情的路从来都不平坦；或者，是因为门第的不同，——

赫尔米亚 好苦呵！太高贵的恋爱了低微的。

拉杉德尔 或者就是年龄方面的差池，——

赫尔米亚 好恨呵！太年老的许配了年青的。

拉杉德尔 或者就是由于亲人的选择，——

赫尔米亚 该死呵！用别人的眼睛来选择爱人。

拉杉德尔 或者，即使选择合意了，战争，死亡，或者疾病会来围攻它，使它短暂得像一个声音，迅速得像一道影子，短促得像一个梦，急促得像漆黑的夜里的电光，它，一闪烁间，现出了天和地，当人还来不及说"看呵！"的时候，黑暗的巨口已经吞噬了它：光明的东西就是这样快的临到灭亡。

赫尔米亚 如果真的爱人向来都遭受到苦难，这就是一个命运的法则：那末就让我们来练习忍耐罢，因为它是向例的苦难，是爱情所应该有的，正像思念，幻梦，叹息，希望和眼泪，那些可怜的爱的随从。

拉杉德尔 这个话真好：因此，听我说，赫尔米亚。我有一个守寡的伯母，一个非常有钱的寡妇，而她自己没有孩子：她的家离雅典有七俚[1]路；并且她把我当她的唯一的儿子看待，在那里，可爱的赫尔米亚，我可以和你结婚；到那个地方雅典的严厉的法律不能够追逼我们[2]。如果你是爱我的，那就明天晚上偷偷跑出你父亲的屋子，在城外一俚路的森林里，有一次我遇见你和海仑娜，去庆祝五月节[3]的地方，在那里我等候你。

赫尔米亚 我的好拉杉德尔！我对你发誓，凭着丘辟德的最厉害的弓，凭着他的最凶的金头子的箭[4]，凭着维纳斯的鸽子的真诚[5]，凭着一切结合心灵和增长爱情的东西，还凭着焚烧过迦太基女王的烈火，当她看见那个负心的特罗人扬帆而去的时候[6]，凭着男子所破坏过的一切的誓言——它们的数目比女子所说过的还要多——在你约定的那个地方，明天我一定要和你相会。

拉杉德尔 守约呵，爱。看，海仑娜来了。

　　　　海仑娜上。

赫尔米亚 你好，美丽的海仑娜！到哪儿去呀？

---

[1] 俚（league），现在一般认为约合三哩，莎士比亚时候认为约合一哩多。
[2] 雅典起初只是一个城，范围很小，二十哩以外的地方不在它的管辖之内。
[3] 这是英国旧的风俗，通常在五月一日庆祝五月节，少年男女早晨起来到野外去采花唱歌。
[4] 丘辟德（Cupid），罗马神话里的爱神，维纳斯（Venus）的儿子。相传他的箭有两种，一种金的，可以产生爱情；一种铅头的，可以消灭爱情。
[5] 维纳斯，罗马神话里爱和美的女神。鸽子是她的神物，象征爱情的真诚。
[6] 迦太基女王指黛多（Dido），特罗人指伊尼斯（Aeneas）。传说伊尼斯在特罗城陷落的时候逃出来，漂流到迦太基，女王黛多爱了他。后来伊尼斯跑到意大利去，遗弃了她，黛多在失恋的悲痛里架起木材把自己烧死了。

海仑娜　你称我美丽？这话还不如不说的好。第米特里斯爱你的美丽：幸福的美丽呵！你的眼睛是指路的明星！你的舌头的甜美的音调，比云雀对牧羊人的耳朵，当麦子青了，山楂花含苞的时候还更动人。病是传染的，呵！如果美貌也是如此，但愿我在走开之前，能够传染上你的，美丽的赫尔米亚；我的耳朵要记住你的声音，我的眼睛要学会你的眼睛，我的舌头要记住你舌头的甜美的声调。如果这个世界是我的，除去第米特里斯之外，其余的我情愿一概舍弃，只要能够变成你。呵！教给我你怎样地看罢，用什么样的本领你操纵着第米特里斯的心。

赫尔米亚　我对他皱着眉头，可是他还是爱我。

海仑娜　呵！但愿你的皱眉教给我的微笑这样的技巧。

赫尔米亚　我给他咒骂，可是他给我爱情。

海仑娜　呵！但愿我的恳求能够感动这样的爱情。

赫尔米亚　我愈加地厌恶他，他愈加地追求我。

海仑娜　我愈加地爱他，他愈加地厌恶我。

赫尔米亚　他的呆傻，海仑娜，不是我的过错。

海仑娜　不是别的，只是你的美丽；但愿那个过错是我的就好了！

赫尔米亚　放心罢：他不会再见到我的面了；拉杉德尔和我要逃开这个地方。在我看见拉杉德尔之前，雅典对我像是一个天堂：呵！在我的爱人身上有些什么魔力，他竟然把天堂变成一个地狱！

拉杉德尔　海仑娜，对你我们要揭露我们的心思。明天夜里，当菲比[1]在水波的明镜里现出她的银色的容颜，给草叶装饰上透明

---

[1]　菲比（Phoebe），希腊神话里月神阿尔泰米斯（Artemis）的别名。

的珍珠的时候——这个时候爱人们的私逃总不会被人发现——我们打算偷偷地逃出雅典的城门。

赫尔米亚 就在森林里,在那个你和我常常躺在柔软的樱草的花床上面,倾吐我们心中爱情的秘密的地方,在那里我的拉杉德尔和我将要相会;并且从那里我们要离开雅典,去找新的朋友和陌生的伙伴。别了,亲爱的友伴:请你为我们祈祷;愿幸运给你,你的第米特里斯!守约呵,拉杉德尔:我们必须忍住爱人们不会面的痛苦直到明天深夜。

拉杉德尔 我一定,我的赫尔米亚。(赫尔米亚下)海仑娜,再会;但愿像你对他那样,第米特里斯也钟情于你!

拉杉德尔下。

海仑娜 一个人胜过别人是多么的幸福!全雅典都认为我和她一样美;可是怎样呢?第米特里斯却不这样想;他不知道谁都知道只有他不知道的事情;他是错了,痴爱赫尔米亚的眼睛,而我也如此,羡慕他的人品。低劣和卑微的东西,都不算得什么,爱能够把它们变成美貌和高贵。爱看人用的不是眼睛,而是心;因此有翅膀的丘辟德才被画成盲目。并且爱神的心没有任何判断力;有翅膀没有眼睛表示疏忽的轻率:因此爱神据说是一个孩子[1],因为在选择中间他常常弄出错误。好像顽皮的孩子用发誓来开玩笑,爱神这孩子也这样地到处乱发誓言。在第米特里斯看上赫尔米亚的眼睛之前,他像下冰雹一样发誓说他是完全属于我的;可是当这些冰雹感到赫尔米亚一点热力,它就融化掉了,那些雨一样的誓言也都化为乌有。我要去告诉他美丽

---

[1] 相传丘辟德是一个孩子,眼睛是瞎的,背上长着翅膀,手里拿着弓箭。

的赫尔米亚逃走的事：那样明天夜里他就要到树林里去追她；如果因为这个消息我能够得到感谢，这代价可也真是不小：我这样做是增加我的痛苦，为了让他的视线到那里之后又再回来。

海仑娜下。

第二场　雅典，品斯家里的一间屋子

品斯，斯奈格，包吞姆，弗鲁特，史诺特，施塔尔维林上。

品斯　我们的人全都到齐了吗？

包吞姆　你顶好统统点他一遍，一个人挨一个人，按着那张单子。

品斯　这里是每一个人的名单，这些人，全雅典都认为够得上在公爵和公爵夫人面前，在他婚礼的晚上，演一出我们的小戏。

包吞姆　第一，好彼得·品斯，说说这出戏演的是什么；然后念一念演员的名字，这样也才有个头绪。

品斯　好的，我们的戏是，"最悲伤的喜剧，皮拉摩斯和茜施比的最悲惨的死亡"[1]。

包吞姆　这是一出好戏，我给你们担保，一定有趣。现在，好彼得·品斯，按着名单念出演员的名字来罢。诸位，大家站开。

品斯　我叫到你们就要答应。尼克·包吞姆，织布匠。

包吞姆　到。说出我要扮什么，再往下叫。

---

[1] 皮拉摩斯（Pyramus）和茜施比（Thisby），传说是古代巴比伦的一对爱人。据罗马诗人奥维德（Ovid）在他的《变形记》（*Metamorphoses*）第四章里记述，他们两个人隔墙居住，时时从墙缝里谈情；后来约好在城外尼纳斯（Ninus）墓旁相会。茜施比先到，看见一只狮子，她就逃走了，把外衣掉在地上。狮子刚吃过牛，满口血污，把外衣乱撕乱咬，染上了牛血。皮拉摩斯来了，看见血衣，以为茜施比死了，于是拔剑自杀。茜施比后来看见他死了，也用这柄剑自杀了。

品斯　你，尼克·包吞姆，你扮皮拉摩斯。

包吞姆　皮拉摩斯是个什么人？一个爱人，还是一个暴君？

品斯　一个爱人，他为了爱情非常勇敢地自杀了。

包吞姆　这要是演得真像，是会叫人流些眼泪的：如果我来演他，让观众当心他们的眼睛罢；我要痛哭流涕，我要大大悲痛它一番。叫下去罢：不过我顶拿手的是扮一个暴君。我能够把埃尔克里斯[1]演得非常出色，或者演个什么吼声如雷、惊天动地的角色。

　　　凶猛的岩石
　　　和猛烈的冲击
　　　要把牢狱门上的
　　　铁锁来打破：
　　　于是飞布斯的车子[2]
　　　将要从远处放出光明，
　　　并且毁灭和改造
　　　那糊涂的命运。

这是多么豪壮！现在叫其余的演员罢。这是埃尔克里斯的气派，

---

[1] 埃尔克里斯（Ercles），即希腊神话里的大英雄赫尔克里斯（Hercules）。当时在英国舞台上，《赫尔克里斯的十二武功》之类的戏很流行，都把他演成一个凶暴无比的人物，莎士比亚是反对这种作风的。赫尔克里斯并不是暴君，包吞姆像莎士比亚其他剧里的丑角一样，说话总是半聪明半糊涂，有庄严有诙谐，莎士比亚藉他的口说出许多深藏的思想。

[2] 飞布斯（Phibbus），即菲布斯（Phoebe）。希腊神话里太阳神阿波罗（Apollo）的别名，字的本意是"光明的"。据说每天太阳出现就是菲布斯驾着喷火的神马拉的车子驶过天空。

一个暴君的气派；一个爱人要悲伤一些。

品斯　法兰西斯·弗鲁特，修风箱的。

弗鲁特　有，彼得·品斯。

品斯　弗鲁特，你得扮茜施比。

弗鲁特　茜施比是个什么人？一个游侠的骑士？

品斯　那是皮拉摩斯要爱她的女人。

弗鲁特　不行，真正的，不要让我扮一个女人，我的胡子都长起来了。

品斯　那是一样的：你要戴上面具来扮她的[1]，并且说话你可以尽量的小声。

包吞姆　如果我可以遮上我的脸，让我来扮茜施比罢，我要用非常之细的声音说话，"茜施妮，茜施妮！""嗳，皮拉摩斯，我亲爱的爱人；我是你亲爱的茜施比，亲爱的爱人！"

品斯　不，不；你得扮皮拉摩斯；而弗鲁特，你扮茜施比。

包吞姆　好，念下去罢。

品斯　罗宾·施塔尔维林，成衣匠。

施塔尔维林　有，彼得·品斯。

品斯　罗宾·施塔尔维林，你得扮茜施比的母亲。汤姆·史诺特，补锅匠。

史诺特　有，彼得·品斯。

品斯　你，扮皮拉摩斯的父亲；我自己，扮茜施比的父亲[2]；斯奈格，细工木匠，你扮狮子的角色：并且，我想，这出戏的人选

---

[1] 莎士比亚的时候，英国剧院里，都是男孩子或者年青人戴上面具扮演女角。到十七世纪中，才有女演员在舞台上出现。

[2] 这几个角色后来都省掉了，改扮月亮和墙，品斯自己念开场白。

都很适当。

斯奈格 你把狮子的台词写下来了罢？请你，如果写下了，就把它给我，因为我的记性不大好。

品斯 你可以临时再记的，因为那没有别的，只是吼。

包吞姆 让我来演这个狮子罢。我要吼得每个人听到我的声音都心里高兴；我要吼得叫公爵说："让他再吼一回罢，让他再吼一回罢。"

品斯 如果你吼得太可怕了，你要吓坏了公爵夫人和太太小姐们，她们会尖声地叫起来；那就足够把我们全体都绞死了。

全体 那会把我们每一个人都绞死的。

包吞姆 我承认你们的话，朋友们，如果你把那些太太小姐们吓得发了昏，他们会毫不考虑地绞死我们的；但是我会加紧[1]我的声音，那样我会吼得你像一个初生的小鸽子那样温柔，我会吼得你仿佛是一只夜莺。

品斯 你不能演别的角色，只能演皮拉摩斯；因为皮拉摩斯是一个面貌好看的男子；一个漂亮的男子，像在夏天常常看到的一样；一个最可爱的绅士模样的男子；因此，你必须得演皮拉摩斯。

包吞姆 好，我就来演他罢。我演他的时候顶好是戴什么胡子呢？

品斯 那有什么，随你的便。

包吞姆 我演他是戴那草黄色的胡子，橙黄色的胡子，紫红色的胡子呢，还是法国头色的，那种纯黄色的[2]？

---

[1] "加紧"（aggravate），包吞姆的意思是"和缓"（mitigate）。包吞姆的话就是这样正正反反，好像词不达意，却又含意很深的。

[2] 莎士比亚时候，男演员演戏通行带胡子，胡子的颜色极多，一种颜色代表一种性格。

品斯　有些法国头是一根毛都没有的[1]，那末你就光着嘴演罢。但是，诸位，这里就是你们的台词：并且我要恳求你们，请求你们，要求你们，到明天晚上都把它们记熟，在月亮底下[2]，在城外一哩路[3]公爵的森林里和我会面：在那里我们要排演一下；因为如果我们在城里聚会，就要有人跟着我们，我们的玩意儿也就被人晓得了。现在我要开一张道具的单子，我们的戏里所需要的东西。我请你们，不要跟我失约。

包吞姆　我们一定会面；在那里我们可以更像样地更大胆地排演。下点苦工，把它演好；再会。

品斯　在那棵大橡树底下我们会面。

包吞姆　够了；失约的就不是人。

　　　　全下。

---

[1] 这句话是双关语。"法国头"（French Crown）有两个意思，一指法国的金币，一指因为性生活过度引起的秃头。

[2] 在《仲夏夜之梦》里月亮的日子不一致。剧的开头说要过四天才有新月，可是这里说夜里就有月亮。

[3] 前面用俚（league），这里用哩（mile），莎士比亚是把它们等同起来用的。

第二章

第一场　雅典附近的一座森林

　　一个仙人从一边上，勃克从另一边上。

勃克　好罢，精灵！你往哪儿游荡？

仙人　越过山岭，越过溪谷，穿过树丛，穿过荆棘，越过围场，越过园林，穿过水流，穿过火焰，我到处游荡，比月球还要迅速。我给仙后服务，润泽草地上她的仙环[1]：那高高的莲香是她的侍从；在它们的金袍上你看见许多斑点[2]。那些都是红的宝石，仙人的礼物，在那些斑点里有他们的芬芳：我要到这里来找一些露珠，给每一朵莲香的耳朵戴上珍珠。再会，你这精灵里的乡下佬。我要去了：我们的仙后和她的矮人们马上要到这里来了。

勃克　仙王今天晚上也要在这里游玩。当心仙后不要给他看到；因为奥伯朗正在非常的生气，为了她从一个印度国王那里偷来一

---

[1]　草地上茂盛的草，常常丛生成环形，民间的传说称为"仙环"（fairy rings），说是仙人跳环舞时用的，仙人常常用露水润泽它。
[2]　莲香（cowslip），据说是仙人喜爱的一种花。莲香的花深黄色，上面有许多斑点。

个可爱的男孩做她的侍从；她从来没有这样一个美丽的换童[1]；嫉妒的奥伯朗一定要这个孩子做他随从里的骑士，漫游荒野的森林；但是她，无论如何不放这个可爱的孩子，她给他戴上花冠，把他当做唯一的宝贝。现在他们只要一见到面，不论在树林里，在草地上，在澄清的泉水旁边，在灿烂明亮的星光底下，他们就要争吵；他们的矮人因为害怕，都钻进橡子壳里躲了起来。

仙人 要是我没有完全看错你的形状和像貌，你就是那个叫做好人罗宾的机灵而且淘气的精灵：你不是时常惊吓乡村里的姑娘；偷偷地掠掉奶皮，有时候阻碍推磨，使气都喘不过来的搅奶油的主妇白忙一气；有时候使酒发不出酵来；还引夜行的人迷路，嬉笑他们的遭殃？谁叫你做仙灵或是好心的勃克，你就给他们做工，他们就要遇到好运：你不就是他吗？

勃克 仙人，你说得正对；我就是那个快活的夜游人。我让奥伯朗高兴，使他发笑，我装做母马的声音嘶鸣，逗引肥胖精壮的公马；有时候，我藏在教母的杯子[2]里，变成一个烤熟的野苹果，当她喝酒的时候一下子跳上她的嘴唇，就把麦酒泼在她的干瘪的喉头上面。有时候，顶人情事故的老婶婶讲起顶伤心的故事，把我当做三条腿的板凳；我就从她的屁股底下溜走，一

---

[1] 这是当时流行的传说，说是仙人常常把美丽的儿童偷去，留下丑陋的矮人或是妖童做替身。通常称这种替身的孩子叫"换童"（changeling），这里是称偷换来的孩子。
[2] 教母的杯子（gossip's bowl），英国人招待教父、教母，或是其他老年亲友的饮料，总是一杯加香料的麦酒，里面放几个烤热的野苹果。这里不一定指教母，指一般的老年的亲友。

下子她摔了下来，一面大喊"坏鬼"[1]呵，一面咳嗽个不停；于是周围的人都笑得前仰后合；他们越笑越高兴，眼泪鼻涕都笑了出来，发誓说从来没有有过比这更开心的事。但是，让开，仙人！这里奥伯朗来了。

仙人　这里我的女主人也来了。他要是走开了才好！

　　　　奥伯朗带着他的随从从一边上；泰旦妮亚从另一边上，也带着她的随从。

奥伯朗　真不巧，月光底下遇到了骄傲的泰旦妮亚。

泰旦妮亚　什么！嫉妒的奥伯朗。仙人们，快快走开：我已经发誓不和他同床也不和他同在一起。

奥伯朗　等等，急躁的女人！难道我不是你的丈夫？

泰旦妮亚　那末我就必得是你的太太了；但是我知道你偷出了仙境之后，就化做珂林的样子整天地坐着；吹着麦笛，对风流的菲丽达[2]歌唱爱情。为什么你到了这里，从那遥远的印度的高原？只是为了，可不是，那个雄赳赳的阿玛森人，你的穿靴子的情妇，你的武爱人，要嫁给希修斯了，你这就跑来祝贺他们的新婚欢乐和昌盛。

奥伯朗　你怎么能够这样的不怕羞，泰旦妮亚，知道我知道你对希修斯的爱情，你拿西波丽达来影射我的名誉？你不是引他在朦

---

[1] 原文是"裁缝"（tailor），意义不明，解释很多。有的说或是有一个裁缝在座，或是有意暗示某个老太太的趣事。有的说突然从椅子上跌下来的时候喊"裁缝"是一种口头的俗语，因为裁缝是不用椅子，盘腿坐在衣案上的。有的说或许这是用来指声誉不好的裁缝的，意思大约相当"坏鬼"（the deuce）。这些说法都只是猜测的解释，缺乏强有力的论据。这里为文句的明快，采用最后一个解释。
[2] 珂林（Corin），古代牧歌里常用的一个男主人公的名字。菲丽达（Phillida）是常用的一个女主人公的名字。

胧的夜里离开他强奸了的白里金尼亚[1]？并且使他背弃了他和美丽的伊格尔斯，阿里亚德妮和安泰奥芭的盟誓[2]？

泰旦妮亚 这些都是嫉妒的造谣：自从这个仲夏之初起，我们只要在山上，在谷里，在森林，或是草地，在石子铺底的泉水或是芦苇丛生的溪流旁边，或是在海滨的沙滩上面，配合风的吹啸来跳我们的环舞，你就用你的吵闹扰乱我们的游戏。因此那风，白白地向着我们吹奏，愤恨极了，就从海里吸上来毒雾；这雾降到地上，使每一条细小的河流都猛涨起来，漫过了它的河岸。因此牛白白地拖了它的轭，农夫空丢了他的血汗，碧青的麦子还没有长出芒来就腐烂了；羊栏空空地站在水淹了的地里，乌鸦吃饱了瘟死的羊肉肥胖起来。摩里斯舞[3]的场子满是泥泞，茂盛的草丛里的错综的舞径，因为没有人踩都看不清了。人类也没有他们冬天的欢乐[4]，现在没有一天晚上有圣诗或者颂歌

---

[1] 白里金尼亚（Perigenia），著名的大盗新尼斯（Sinnis）的女儿。希修斯杀死了新尼斯。〔牛津版作白里果娜（Perigonna），这是勃鲁塔克（Plutarch）《名人传》（The Lives）里用的名字，现据"第一对开本"改回。〕

[2] 伊格尔斯（Eagles，牛津版作 Aegle，现据"第一对开本"改回），猎人派诺勃斯（Panopeus）的女儿。阿里亚德妮（Ariadne），克里特岛国王玛诺斯（Minos）的女儿。安泰奥芭（Antiopa），阿玛森女王，西波丽达的姐姐。

[3] 原文是"the nine men's morris"，有些注释者认为是一种户外游戏，流行于莎士比亚故乡左近的地方。游戏者在草地上画出方形，两个人各有九个石子或木块，从一定的位置向前移动，互吃对方的子，吃尽为胜。这种游戏类似下棋，法文名 merrelles，英文因此称 merills，后来讹误为 morris（牛津版和剑桥版《莎士比亚全集》都主张这种解释）。也有些注释者认为就是摩里斯舞，这是英国一种民间舞，亨利八世（Henry VIII，1491—1547）时开始流行，成为乡村节日的主要娱乐，后来特别用来庆祝五月节。这种舞七个人跳，一人指挥，一人拉提琴，共是九个人。因为它原来从西班牙统治下的摩尔人（Moor）传来，所以称为 morris（地球版《莎士比亚全集》主张这种解释）。后一个解释比较切合原文，也切合五月节的娱乐，当是正确的。

[4] 这一句的原文是"The human mortals want their winter here"；十分费解，许多注释者疑猜字有误排，可是说法不一，现在参照上下文采用比较合理的一个解释。

的声音[1]，因此那月亮，掌管潮汐的女神，气得脸都苍白了，把水汽布满整个的天空，弄得风湿病到处都是。由于这种天时的混乱我们看到季节也颠倒了：白头的寒霜倾倒在红颜的玫瑰的怀里，在年老的冬神的薄薄的冰冠上好像嘲笑似的，放上了鲜艳的夏天的蓓蕾的芬芳的花圈[2]；春天，夏天，丰饶的秋天，愤怒的冬天，都改变了他们素来的服装，惶惑的世界，看到这种情形，简直不知道是怎么一回事情。而这样的灾祸的结果是来自我们的争吵，来自我们的失和：我们是它们的根本和起源。

奥伯朗　那末你就来补救它好了；它完全在于你。为什么泰旦妮亚违拗她的奥伯朗？我不过只是要一个小小的换来的儿童，做我的随从罢了。

泰旦妮亚　收了你的心罢；整个的仙国也买不了我这个孩子。他的母亲是我的教派的一个信徒：而且，在香气浓馥的印度，在夜晚，她经常在我的身边闲谈，并且陪我坐在大海的黄沙上面，看波涛上满载的商船；我们一起笑着，看着那些船帆因为狂荡的风怀了孕，肚子大了起来；而她，用美妙的飘游的姿态也这样的——她的肚里那时怀着我的年青的侍从，——模仿着它，在陆地上摇摇摆摆地航行，她给我去拿各种东西，又再回来，正像是航海回来，满载着商品。可是她是一个凡人，因为生那个孩子死了；就是为了她的缘故我来抚养她的孩子，就是为了她的缘故我才不愿和他分离。

---

[1] 英国风俗，在冬天过圣诞节的期间，每天晚上都唱圣诗和颂歌。
[2] 根据莎士比亚同时代人的日记，一五九四年英国五月六月七月多雨，潮湿而且寒冷，像冬天一样。

奥伯朗　在这个森林里你打算逗留多久？

泰旦妮亚　大约，要到希修斯婚礼之后。如果你有耐性和我们来跳环舞，看我们月光下的游戏，就跟我们走；如果不然，避开我，我也决不到你去的地方。

奥伯朗　给我那个孩子，我就跟着你去。

泰旦妮亚　拿你的仙国来换也不成。仙人们，走罢！我们简直要吵架了，如果我再停留下去。

　　　　泰旦妮亚和她的随从下。

奥伯朗　好，去你的罢：你离开不了这个树林，不到我为了这个冒犯处罚了你。我的好勃克，到这里来。你记得罢，有一次我坐在海岬上，听见一个人鱼骑在海豚的背上发出甜美和谐的歌声，粗暴的海听到她的歌声变平静了，有些星星都疯狂地飞出他们的轨道，来听这个人鱼的音乐。

勃克　我记得。

奥伯朗　就在那个时候我看见，可是你不能够，在冰莹的月亮和地球之间，飞行着全副武装的丘辟德：他描准在西方宝座上一个美丽的贞女，从他的弓上猛地放出爱箭，好像要贯穿千万颗心。但是我竟看到年青的丘辟德的火似的箭熄灭在如水的月亮的冰莹的光辉里面，那皇家的贞女安然无事，在贞洁的思想里毫不动心[1]。这时我留意到丘辟德的箭落下的地方：它落在一朵西方的小小的花上，它原先是乳白色的，现在因为爱的创伤变成了紫色。姑娘们都把它叫做相思花[2]。去把那个花，有一回我指给你看过的；拿来给我：把它的浆汁涂在睡着的人的眼皮上，无论男子或是女子，就要疯狂地热爱醒来之后看到的第一个生物。把这个草去拿来给我；在鲸鱼能游一俚路之前你就得又回到这里。

勃克　我能在四十分钟之内环绕地球一周。（勃克下）

奥伯朗　只要有了这个花汁，我要守着泰旦妮亚，等她睡着，就把它的汁水滴在她的眼里；于是她醒来看到的第一个东西，不管是狮子，熊，还是狼，还是公牛，好事的猴子，还是忙碌的人猿，她都要用全心灵的爱去追求；在我给她的眼睛解除这个魔力之前——这我能用另外一种草来解除——我要叫她把她的侍童交出来给我。可是谁到这里来了？人是看不见我的，我要来听听他们的谈话。

　　第米特里斯上，海仑娜跟着他。

第米特里斯　我不爱你，因此你不必追随我。那里是拉杉德尔和美丽的赫尔米亚？一个我要要他的命，另一个却要了我的命了。

---

[1] "人鱼……贞女……"，这两段诗通常都认为是有所指的。"人鱼"指苏格兰的玛丽女王（Mary），玛丽曾经嫁给法国王太子，法国王太子的称号是 Dauphin，和 dolphin（海豚）的声音相似。玛丽后来因为苏格兰内乱，避难到英国，她本有继承英国王位的权利，并且有英国贵族拥护她，因此为伊利莎白女王所忌，设计告她谋叛，斩首处死。"贞女"指伊利莎白女王，因为伊利莎白终身没有出嫁。不过莎士比亚写这诗句的时候，伊利莎白已经至少有六十岁了，而她一生中宠幸的爱人之多，是人人都晓得的。所以这是一个锐利的讽刺，并不如一般恭顺的英王的臣民们所说的对女王的颂扬。

[2] 原文为 love-in-idleness，即 pansy，学名"三色堇"（viola tricolor），俗名"蝴蝶花"。

你告诉我他们偷跑到这个森林；现在我到了这里，并且在这个森林里发了疯，因为我不能会到我的赫尔米亚。走开！去你的罢，不要再跟着我。

海仑娜　你吸引了我，你这硬心肠的磁石；然而你吸引的不是铁，因为我的心像钢一样的真实：要是你去掉你的吸引的力量，我也就没有力量跟随你了。

第米特里斯　我引诱了你？我可曾对你说过好话？或者，反过来，我没有以最坦白的直率告诉你我不，并且我也不能够爱你？

海仑娜　就是为了这个我更加地爱你。我是你的卷毛的小狗；而且，第米特里斯，你愈加地打我，我更要向你摇尾乞怜：待我像待你的小狗罢，踢我，打我，冷淡我，不理我；只要你许可我，像这样不足道的我，来跟随你。我在你的爱里还能乞求什么更不如的位置——然而在我这是一个可贵的位置——看待我像你看待你的狗？

第米特里斯　你不要太惹我心里的厌恶：因为我一看到你我就不快活。

海仑娜　而我只要一不看到你我就不快活。

第米特里斯　你太不顾你的贞德了，离开了城市，把你自己交在一个不爱你的人的手里；拿你的宝贵的童贞交托给黑夜里的机会和荒野里的危险。

海仑娜　你的德行就是我的保障：因为只要我看见你的面孔它就不是黑夜，因此我觉得我并不是在黑夜里；而且这个森林里也不缺少同伴的人，因为你在我的眼里是整个的世界。那末怎么能说我是孤独的呢，当整个的世界在这里望着我的时候？

第米特里斯　我要跑开你去躲在树丛里面，让你去听那些野兽的处置。

海仑娜　那些顶凶的野兽也没有你这样的心。你要是跑走，故事可就要改变过了；阿波罗飞奔，而达芙妮跟着追赶[1]；鸽子追逐鹫鹰[2]；温柔的母鹿赶着去捉老虎：赶也无用呵，当弱者追逐而勇者飞奔。

第米特里斯　我不想听你的啰嗦；让我走罢；不然，如果你再跟着我，不要以为在森林里我就不会对你不起。

海仑娜　呵，在神庙里，在城市里，在乡下，你都对我不起。唏，第米特里斯！你的行为是对我们女性的侮辱。我们不能够争取爱，像男子们那样；我们应当被人求爱而不是来向人求爱。

　　　　第米特里斯下。

我要跟着你并且要把地狱变成天堂，死在我所深爱的人的手上。

（海仑娜下）

奥伯朗　再会，仙女：在他离开这个树林之前。你要逃避他，而他要来求你的爱情。

　　　　勃克又上。

你把花拿到了吗？欢迎，游荡的人。

勃克　呵，这就是它。

奥伯朗　我请你，把它给我。我知道有一处河岸，那里盛开着野茴香，那里长着莲香花和低垂的紫罗兰，顶上覆满了甜香的金银

---

[1] 阿波罗（Apollo），希腊神话里的太阳神；达芙妮（Daphne），河神皮涅斯（Peneus）的女儿。据说有一次丘辟德恶作剧，用金头的箭射了阿波罗，又用铅头的箭射了达芙妮。于是阿波罗穷追达芙妮求爱，达芙妮拼命地奔逃，最后变成一棵月桂树，所以月桂树是阿波罗的神树。
[2] 原文 griffin（狮鹰），这是传说里住在中亚细亚某地的一种半狮半鹰的怪物，口和翼像鹰，身体四肢像狮子。莎士比亚这里用来指最凶的猛禽。

花，芬芳的香玫瑰和野蔷薇；泰旦妮亚晚上时常睡在那里，躺在花里听悦耳的歌舞的催眠；在那里蛇丢下它的花斑的皮衣，足够做裹起一个仙人的宽大的长袍：我要用这个花汁去涂她的眼睛，使她充满种种丑恶的幻觉。你也拿它一些去，在这个树林里去寻找：一个可爱的雅典的女子，她爱着一个蔑视她的青年；涂上他的眼睛；可是要使他看到的第一桩东西就是这个女子。你可以从他穿的雅典的服装认出这个男子。做得当心一些，叫他要钟爱她，比她爱她的爱人更甚。并且你要在第一遍鸡叫之前和我会面。

勃克 不用烦心，我的主人，你的仆人会这样子去做。

奥伯朗、勃克都下。

第二场 森林里另外一处地方

泰旦妮亚和她的随从上。

泰旦妮亚 来，现在跳一转环舞唱一个仙歌；然后，在一分钟余下来的二十秒里，大家走开；有的去杀香玫瑰花苞里的蛆虫，有的去打檐老鼠，取下它们的皮翅膀，来做我的小矮人[1]的外衣，有的去赶走那吵人的猫头鹰，它夜夜都啼叫，对我们这些美丽的精灵感到惊奇。现在唱歌让我睡罢；然后去做你们的事情，让我休息。

---

[1] 这些仙人都很小，像矮人一样，所以檐老鼠（蝙蝠）的翅膀可以做外衣，蛇皮就是长袍，他们的时间也用秒计算的。

仙人们的歌

　　你们那些有叉叉舌头的花斑蛇，有刺的刺猬，都不许出来；蝾螈和蜥蜴，都不要胡闹；不要走近我们的仙后。夜莺呵，嘹亮地，跟我们一起来唱优美的催眠歌；睡罢，睡罢，睡睡罢；睡罢，睡罢，睡睡罢：一切灾害，一切符咒，一切魔法，都近不了我们可爱的夫人；呵，晚安，宁静地睡罢。

　　纺织的蜘蛛，不要到这里来；走开，你长脚的织网的，走开！黑甲虫，不要走近；毛虫和蜗牛，不要来冒犯。夜莺呵，嘹亮地，跟我们一起来唱优美的催眠歌；睡罢，睡罢，睡睡罢；睡罢，睡罢，睡睡罢：一切灾害，一切符咒，一切魔法，都近不了我们可爱的夫人；呵，晚安，宁静地睡罢。

仙人　走罢，走开！现在全都好了。一个站在远处去做守卫。

　　仙人们下，泰旦妮亚睡了。

　　奥伯朗上，把花汁挤在泰旦妮亚的眼皮上。

奥伯朗　当你醒来的时候，无论你看到什么，就把它当做你真正的爱人；爱他并且为他憔悴：不管它是狸，猫，还是熊，豹，还是有箭毛的野猪，当你醒来的时候，它在你的眼前出现，它就是你的爱人。当有什么丑怪的东西走到跟前你就醒来。

　　（奥伯朗下）

仲夏夜之梦

奥伯朗把花汁挤在泰旦妮亚的眼皮上

弗莱德立希·希伏勒尔　作画　戈尔培格　钢刻

>拉杉德尔和赫尔米亚上。

拉杉德尔 美丽的爱，你在这森林里奔走累了；说实话，我忘记我们的路了：我们休息了罢，赫尔米亚，如果你觉得好，就停下等待白天的安乐。

赫尔米亚 就这样罢，拉杉德尔：你去找一个床铺；因为我就在这河岸上休息我的头了。

拉杉德尔 一丛草就可以当作我们两个人的枕头；一个心，一个床，两个胸怀，一个盟誓。

赫尔米亚 不，好拉杉德尔；为了我的缘故，我亲爱的，你再睡开些，不要睡得这样靠近。

拉杉德尔 呵！亲爱的，了解我的纯洁的本意，爱人能够了解爱的谈话的意思。我的意思是，我的心和你的结合在一起，所以我们只能说是一个心；两个胸怀用一个誓言连系着；所以是两个胸怀一个盟誓。那末不要拒绝我在你的身旁就寝；像这样地睡着，赫尔米亚，我不是说谎。

赫尔米亚 拉杉德尔比喻得真好：让我的态度和骄傲不得好报，如果赫尔米亚的意思是说拉杉德尔说谎。但是，好朋友，为了爱情和礼貌，再睡远一些；在文雅的礼仪上，对一个有操守的少男和少女说得过去的那样距离，就隔那么样远；晚安，亲爱的朋友。愿你的爱情永远不变，直到你的幸福的生命的终结！

拉杉德尔 阿门，阿门[1]，对这个幸福的祈祷，我要说：到生命终结的时候我才终结我的忠诚！（稍稍移开一些距离）这里是我的

---

[1] 阿门（amen），基督教徒祈祷终了时的结束语，源出希伯莱文，意思是"心愿如此"。

床：愿睡眠给你一切的休息！

赫尔米亚　愿你同样地闭上你的眼睛！

　　他们睡了。

　　勃克上。

勃克　我已经走遍这个森林，但是雅典人一个没有找到，在那个人的眼睛上我要试验这个花的激动爱情的力量。黑夜和静寂！谁在这里？他穿的是雅典人的服装：这就是他，我的主人说过，蔑视雅典的女郎的人；而这里是这个姑娘，沉沉地睡着，在这潮湿而且肮脏的地上。美丽的人呵！她不敢睡得靠近这个无情的人，这个无礼的人。（挤花汁滴在拉杉德尔的眼皮上）坏蛋，在你的眼睛上我施下了这个法术所有的全部的力量。当你醒来的时候，让爱情禁止睡眠落上你的眼皮：等我去了你就醒来，因为我现在得去见奥伯朗。（勃克下）

　　第米特里斯和海仑娜上，跑着。

海仑娜　站住罢，哪怕你杀了我，亲爱的第米特里斯。

第米特里斯　我关照你，走开，不要这样追逐我。

海仑娜　呵，你就肯把我抛弃在黑暗里？不要这样做。

第米特里斯　站住，小心要你的命：我要独自一个人走路。（第米特里斯下）

海仑娜　呵，在这个痴心的追逐里我都喘不过气来了，我恳求得愈甚，我愈得不到他的欢心。幸福的是赫尔米亚，无论她在哪里；因为她有幸运的迷人的眼睛。她的眼睛怎么会这样的明亮？是不是因为咸的眼泪：如果这样，我的眼睛倒比她更常常用泪浸洗。不，不，我是像熊一样的丑陋；因为野兽遇到我都害怕得逃走；因此这就无怪乎第米特里斯那样，逃开我的面前，像逃开一个妖怪似的。我的镜子多么的使坏和做假,叫我来和赫尔米亚的明星似的眼睛相比?可是谁在这里呀?拉杉德尔!躺在地上!死了?还是睡了?我看不到血,看不到伤。拉杉德尔,如果你活着,好先生,醒醒罢。

拉杉德尔 (醒)我愿为了亲爱的你去赴汤蹈火。光明的海仑娜!自然显出了本领,它使我透过你的胸膛看见了你的心。第米特里斯在哪里?呵,那个卑鄙的名字多么该当死在我的剑上。

海仑娜 不要这样说,拉杉德尔;不要这样说。他爱你的赫尔米亚有什么呢?先生!有什么呢?既然赫尔米亚始终的爱你;那就满意了罢。

拉杉德尔 满意赫尔米亚!不:我真懊悔我和她在一起消耗的那些无味的时光。我爱的不是赫尔米亚,而是海仑娜:谁不愿意拿一只乌鸦去换一只白鸽[1]?人的意志是受理智支配的;而理智说你是更可敬爱的姑娘。万物的生长不到它的季节不能成熟;我也是这样,因为年青,到现在理智方才成熟;到现在方才达到人的智慧的顶点,理智方才成为我的意志的引导,并且引我到了你的眼前;在这里我读到写在爱情最丰富的书里的爱的故事。

海仑娜 为什么我要受到这样尖刻的嘲弄?为什么我该在你手里受到这种讥讽?那还不够么,那还不够么,年青的人,我从没有,不,从没有能够,得到第米特里斯的眼睛好好看我一眼,而你就该来嘲笑我的缺陷?真正的,你对不起我,实在的,你是如此,用这样讥笑的态度来向我求爱。可是再会罢:我可要老实

---

[1] 赫尔米亚比较黑,海仑娜比较白,所以拉杉德尔用乌鸦和白鸽做比喻。

说我先前以为你是一个更真诚文雅的绅士。呵！一个女子受到一个男子的拒绝，因此就要受到另外的男子的欺负！（海仑娜下）

拉杉德尔　她没有看见赫尔米亚。赫尔米亚，你睡在那儿罢；你再也不能走近拉杉德尔的身边了。因为，好像是顶甜的东西吃得过多引起了胃的深深的厌恶；或者，好像是人们所舍弃的异端邪说被受过它们欺骗的人所极端憎恶：你也是这样，我的过多的甜食和异端，是人人所憎恶的，可是尤其是我！来罢，我的所有的力量，把你的爱和才能去献给海仑娜，去做她的骑士！（拉杉德尔下）

赫尔米亚　（醒）救救我，拉杉德尔，救救我！你赶快从我的胸口拖开这条爬着的蛇。呵呀，天呵！这是一个什么样的梦！拉杉德尔，你看我是怎样的怕得发抖：我觉得有一条蛇来吃掉我的心，而你坐着对着它的残忍的吞噬微笑。拉杉德尔！怎么！换了地方了？——拉杉德尔！先生！怎么！听不见？走了？没有作声，没有留话？嗳呀！你在哪里？说罢，如果你听得见；说话呀，看在爱的份上！我怕得要晕倒了。没有？那么我就晓得你是不在附近了：我要是不死我就要立刻把你找到。

　　赫尔米亚下。

工作中的矮人们

阿塞·拉克汉姆 作水彩钢笔画

第三章

第一场　森林里，泰旦妮亚躺着睡

品斯，斯奈格，包吞姆，弗鲁特，史诺特，施塔尔维林上。

包吞姆　我们全都到齐了吗？

品斯　正好，正好；这里是我们排戏再好不过的地方。这块草地就做我们的戏台，这丛山楂树做我们的化妆室；我们要带着动作来演它，像是我们在公爵面前一样。

包吞姆　彼得·品斯，——

品斯　你说什么，能干的包吞姆？

包吞姆　在这出皮拉摩斯和茜施比的喜剧里，有些事情决不会讨好。第一，皮拉摩斯必须拔出剑来自杀，这个太太小姐们可受不了。你说那怎么办？

斯奈格　圣母娘娘，这吓死人了。

施塔尔维林　我认为总归到末了，我们必须删掉这个自杀。

包吞姆　一点用不着：我有个主意使一切都好。给我写它一段开场白；让这个开场白像这样说，我们的剑是不伤人的，皮拉摩斯也不是真死；并且，为了更放心一些，告诉他们说我这皮拉摩斯并不是皮拉摩斯，而是织布匠包吞姆：这就可以使她们不至于害怕了。

品斯　好，我们就来它这么一段开场白；并且它得用八六体来写。

包吞姆　不，再加它两个：让它用八八体[1]来写。

史诺特　太太小姐们会不会怕起狮子来？

施塔尔维林　我怕会的，我给你们担保。

包吞姆　诸位，你们得好好地想想：把一只——上帝保佑我们！——狮子带到太太小姐们中间，这是一桩顶可怕的事；因为没有比一只狮子更怕人的野玩意儿了，我们应当想想看。

史诺特　因此，就得另外来个开场白说他不是一只狮子。

包吞姆　不成，你得说出他的名字，并且把他的脸半露在狮子的颈项上；他自己还得说个清楚，说这样的话，或者诸如此类的话——"太太小姐们"，或者"美丽的太太小姐们，我谨愿你们"，或者，"我谨请你们"，或者，"我谨求你们，不要害怕，不要发抖：我拿性命担保你们。如果你们以为我是一只狮子到了这里，那我的性命可就惨了。不，我不是那样的个东西：我像别人一样的是个人"。然后，就实实在在地让他说出他的名字，明白地告诉他们他是细工木匠斯奈格。

品斯　好，就这么办。但是这里有两桩难事，那就是，把月亮弄进房子里去，因为，你们晓得，皮拉摩斯和茜施比是在月亮底下会面的。

史诺特　我们演戏的那天晚上有月亮么？

包吞姆　日历，日历！查查历书；找一找月亮，找一找月亮。

品斯　是的，那天晚上有月亮的。

---

[1] 八六体，一种普通歌曲的韵律，就是第一句八个音节，第二句六个音节。八八体就是全用八个音节的诗句。

包吞姆　是么，那么你可以把我们演戏的大厅的窗子打开一扇；月亮就可以从窗子里照进来了。

品斯　对呀；不然就让一个人拿一把刺柴，打一个灯笼进来，说他是假装，或是代表月亮的。那末，还有另外一件事：在大厅里我们得有一堵墙；因为皮拉摩斯和茜施比，故事上说，是从墙缝里谈话的。

史诺特　你怎样也弄不进一堵墙来的。你怎么说，包吞姆？

包吞姆　随便让哪一个人来代表墙；让他在身上涂点石灰，或者黏土，或者什么灰泥，表示是一堵墙，让他把他的手指这样举着，皮拉摩斯和茜施比就从那个缝里谈心。

品斯　如果能行，那末全都得了。来，坐下罢，哥儿们，演你们的角色罢。皮拉摩斯，你开始：你说完了你的话，就到那个树丛里去；这样每个人按着他的尾白[1]说下去。

　　　　勃克从后面上。

勃克　是些什么粗手粗脚的家伙在我们这里胡闹，这样的靠近仙后的卧床？什么！要演一出戏；我要来做个看客；或许还做一个演员，如果我有机会。

品斯　说罢，皮拉摩斯。——茜施比，站出来。

包吞姆　茜施比，那些花的甜蜜的芬芳的香味，——

品斯　芬芳，芬芳。

包吞姆　——甜蜜的芬芳的香味：你的呼吸就是这样子，我的最亲爱亲爱的茜施比。但是听，一个声音！你在这儿稍等一等，马

---

[1] 尾白（cue），十六世纪和十七世纪初英国戏剧上专用的名词，指前一个角色的台词的末尾一句话。

上我就回到你的面前。（下）

勃克　一个奇怪无比的皮拉摩斯要在这里演戏了！（下）

弗鲁特　现在该我说话了？

品斯　是的，不错，该你了；因为你得明白，他去只是看一个他听到的闹声，他就要回来的。

弗鲁特　顶漂亮的皮拉摩斯呵，顶白的百合花一样的白，又像灿烂的花枝上顶红的玫瑰一样的红，顶活泼的少年，顶可爱的宝贝，像顶忠实的马一样的忠实，永远都不变心，我要和你相会，皮拉摩斯，在宁尼的墓那里。

品斯　"尼纳斯"的墓，伙计。怎么，你还不该说到这个；这是你回答皮拉摩斯的话：你把你的台词连头带尾，一下子全都说了。皮拉摩斯，进来，你的尾白已经过了；那是"永远都不变心"。

弗鲁特　呵！——像顶忠实的马一样的忠实，永远都不变心。

　　　　勃克又上，包吞姆戴着一个驴子的头上。

包吞姆　真正的，美丽的茜施比，我是完全属于你的。

品斯　妖怪呵！鬼怪呵！我们遇到鬼了。祈祷罢，诸位！逃罢，诸位！——救命呀！

　　　　品斯，斯奈格，弗鲁特，史诺特，施塔尔维林下。

勃克　我要跟着你们，我要领着你们团团乱转，经过泥沼，经过树林，经过草丛，经过荆棘：一会儿我是一只马，一会儿我是一只猎狗，一只猪，一只野熊，一会儿是一团火；我嘶，吠，嗥，吼，烧，像马，狗，猪，熊，火，随处地出现。（下）

包吞姆　他们为什么都跑了？这是他们的诡计想来叫我害怕的。

　　　　史诺特又上。

史诺特　呵包吞姆，你被变了相了！在你头上我看到的是什么？

包吞姆　你看到的是什么？你看到你自己的一只驴头[1]，你是不是？　史诺特下。　品斯又上。

品斯　天呵你，包吞姆！天呵你！你被变了相了。（下）

包吞姆　我看出了他们的诡计：就是拿我当做一只驴子；这样来吓我，如果他们能够的话。可是我不离开这个地方，随便他们做些什么：我要在这里来回地散步，并且我还要唱起歌来，好让他们听到我是并不害怕的。

　　（唱）山鸟的颜色黑又黑呀，

　　长着一张老黄嘴，

　　画眉的调门真正准呀，

　　欧鹪的嗓子尖又高。

泰旦妮亚　（醒）什么天使把我从我的花床上叫醒？

包吞姆

　　（唱）那山雀，麻雀，百灵鸟，

　　那歌声单调的灰杜鹃，

　　它的声音人人都听到，

　　并且不敢回答一声不。

　　因为实在的，谁愿意来和这样蠢的一只鸟计较呢？虽然它总是

---

[1] 这是一句回答人家的俗话，意思是说对方觉得奇怪的事一点不值得奇怪。英国人骂愚蠢的人驴子。这里的意思是双关的。

在叫"cuckoo"[1]，谁想去骂一只鸟说谎呢？

泰旦妮亚　我请你，高尚的人类，再唱下去罢：我的耳朵非常爱慕你的音调；我的眼睛也这样迷恋你的形体；你的美貌的力量，真正的，这样地感动我，在第一次见面，就要说，就要发誓，我爱你。

包吞姆　我想，太太，你这是一点没有用理智的；然而呢，说句老实话，这年头理智和爱情难得会合在一起。更糟糕的是，没有哪位好邻居来掇合他们做朋友。呵，我有时也会说说笑话的。

泰旦妮亚　你的聪明和你的漂亮一样。

包吞姆　不是的，一样都不；如果我真聪明得能够走出这个森林，我早就救了我自己的急了。

泰旦妮亚　走出这个森林是不用想了：你得留在这里，不管你愿意或是不愿意。我不是一个平平常常的精灵；夏天向来得听我的调度；而我是真的爱你：因此，和我去罢；我要给你仙人来侍候你，他们要替你从海里采取珠宝；并且当你在花的床上睡觉的时候要给你唱歌；我还要洗净你的凡人的污脏，这样你就可以来去像一个轻飘的仙人。豆花！蛛网！蛾子！芥子！

　　　　四个仙人上。

豆花　有。

蛛网　我也有。

蛾子　我也有。

芥子　我也有。

四人全体　要叫我们到哪儿去？

---

［1］ cuckoo，杜鹃的啼声，和 cuckold（乌龟）声音相近，所以俗说这啼声是骂妻子不贞的丈夫的。

泰旦妮亚 去好好地殷勤地侍候这位先生；在他的路上跳跃，在他的眼前欢舞；给他吃杏子和醋栗，紫的葡萄，绿的无花果，还有桑葚。从马蜂那里去偷蜜囊，割下它们的蜡块做夜晚的烛火，用光亮的萤火虫的眼睛点着它们，照着我的爱人上床和起身；再去扯下五彩的蝴蝶的翅膀，扇开照着他的睡眠的眼睛的月光：对他点头，小仙们，给他行礼。

豆花 您好，凡人！

蛛网 您好！

蛾子 您好！

芥子 您好！

包吞姆 我真诚地，请求你们诸位先生的原谅；请教你阁下的大名。

蛛网 蛛网。

包吞姆 我希望多多和你结交，好蛛网先生：如果我割破了我的手指，我就得跟你冒昧了[1]。你的大名，高尚的先生？

豆花 豆花。

包吞姆 我请你，代我问候你的母亲，小豆荚太太，和你的父亲，豆荚先生。好豆花先生，我也希望多多和你结交。你的大名，我请问你，先生？

芥子 芥子。

包吞姆 好芥子先生，我很知道你的苦处：那恃强凌弱的大牛已经吞噬了你们家里许多位先生了。不瞒你说，你的亲戚们一直是令我的眼睛流泪的[2]。我希望和你多多结交，好芥子先生。

---

[1] 当时相信蛛网可以止血，手割破了就用蛛网缠缚。
[2] 这些话里的意思是双关的，也是诙谐的，暗示芥子的辛辣。

泰旦妮亚 来,侍候他;领他到我的卧房里去。我觉得,月亮好像是眼泪汪汪的;每回当她哭了,每朵小花也都哭了,悲悼被强奸了的贞洁。叫我的爱人不要说话,带他静静地去罢。

同下。

第二场 森林里另外一处地方

奥伯朗上。

奥伯朗 我不知道泰旦妮亚是不是醒了;也不知道,她的眼睛第一个看到,她必须拼命爱上的是个什么东西。这里我的使者来了。

勃克上。

怎样了,调皮的精灵!在这个仙林里现在有什么夜晚的娱乐?

勃克 我的女主人爱上了一个怪物。靠近她的隐蔽的神圣的卧房,当她沉沉酣睡的时候,一伙粗汉,粗鲁的匠人,在雅典街上做工吃饭的,聚会在一起排演一出戏,预备希修斯的婚礼的日子。那群蠢货里一个顶蠢的傻瓜,在他们的戏里扮演皮拉摩斯的,他退了场,走进一个树丛,当时我就乘着这个机会;把一个驴子的脑袋安在他的头上:过一会他得回答他的茜施比,我的这个演员就走了出来。当他们看见他时,好像雁看见悄悄走来的猎人,或是一大群灰顶的老鸦,听到枪声之后飞起乱叫,四面分散,仓皇地掠过天空;就是这样的,一看到他,他的伙伴们都逃走了,并且,听到我的蹬脚的声音,有的跟头连天地摔倒;有的大喊杀人了,向雅典高呼救命。他们的知觉本来鲁钝,这回给强烈的恐惧吓昏了,使那些无知觉的东西也来跟他们作对;荆棘和针刺都来抓他们的衣裳;有的抓袖子,有的抓帽子,从落了胆的人身上攫取一切。我在这样惊惶的恐惧里引走了他们，剩下变了相的美貌的皮拉摩斯留在那里；正当那个时候，于是这就发生了，泰旦妮亚醒了并且立刻爱上了一头驴子。

奥伯朗 这来得比我设计的还好。但是你可曾用爱汁滴过那个雅典人的眼睛，照我嘱咐你的那样？

勃克 我乘他睡着的时候，——把那桩事也办好了，——那个雅典女子就在他的身旁；当他醒来，一定她就要被他看到。

赫尔米亚和第米特里斯上。

奥伯朗 隐蔽起来：这就是那个雅典人。

勃克 这就是那个女子；但是这不是那个男人。

第米特里斯 呵！为什么你谴责一个这样爱你的人？把这样痛恨的话去骂你痛恨的仇人罢。

赫尔米亚 现在我只是骂你；可是我应该更厉害地对待你，因为你，我怕，已经有了让我诅咒的理由。如果你在他睡着的时候杀了拉杉德尔，既然血已经漫过你的脚，索性让它淹到膝头，把我也杀死了罢。太阳对白天也不如他对我那样的忠实。他怎么会从睡着的赫尔米亚身边偷偷地走了？我宁可相信整个的地球能够挖穿，月亮会穿过地心行走，去扰乱地球那边她哥哥[1]的白昼。那没有别的可能，除非是你谋杀了他；一个杀人的人才是这样的脸色，这样的惨白，这样的怕人。

第米特里斯 一个被杀的人才是这样的脸色，而我正是如此，被你用严酷的残忍刺穿了心；然而你，这杀人的人，是这样的光明，

---

[1] 指太阳，月神（Phoebe）的哥哥是太阳神（apollo）。

这样的清莹,好像远方的维纳斯[1]在她的光辉的星座里面。

赫尔米亚 这和我的拉杉德尔有什么相干?他在什么地方?唉,好第米特里斯,你可肯把他给我?

第米特里斯 我宁愿把他的死尸丢给我的猎狗。

赫尔米亚 滚开,狗!滚开,恶狗!你逼我超过了一个姑娘的容忍的界限。那末你杀了他了?从此算不得人了!呵!说一句实话,说实话,哪怕是为了我的缘故!你是在他醒的时候遇上了他,还是在他睡着的时候杀死了他?好勇敢的行为呵!能不能一条蛇,一条蝮蛇,做得这样的狠?这是一条蝮蛇做的,因为它的舌头比你多一个叉,可是你这条蛇,蝮蛇都比不了你。

第米特里斯 你把你的愤怒用在误会上了:我没有犯杀害拉杉德尔的罪,而且他也没有死,我想我能这样的告诉你。

赫尔米亚 我请你,告诉我那么他是好好的。

第米特里斯 如果我能告诉你,我可以因此得到什么?

赫尔米亚 得到永远不要再见我的权利。我也永远离开你这可恨的面前;不要再见我,不管他是死是活。(下)

第米特里斯 在她脾气这样凶的时候不能跟着她了:这样在这里我先停留一会儿。沉重的悲伤变得更重了,因为破产的睡眠欠了悲伤的债务;现在要稍微偿还它一点,让我在这里来休息一下。

(躺下睡)

奥伯朗 你做的是什么事?你完全弄错了,把爱汁放在一个真爱人的眼睛上面;因为你的误会必定就要发生真的爱人变了,而假的没有变成真的。

---

[1] 维纳斯,罗马神话里爱的女神,又是行星中的金星,这里的含意也是二重的。

勃克 那是命运的支配,一个人守住誓约,却有一百万个人不守誓约,用誓词来破坏誓词。

奥伯朗 去走遍这个森林,比风还要迅速,你去留心寻找雅典的海仑娜:她完全得了相思病,面容苍白,带着消耗她的鲜血的爱的叹息。你用幻象去把她带到这里来;我要迷上他的眼睛等着她的出现。

勃克 我去,我去;看我怎样地去;比鞑靼人的弓上出去的箭还要迅速。(下)

奥伯朗 这种紫颜色的花,丘辟德的箭射过的,落进他眼睛的瞳仁。当他看到他的爱人,让她光华灿烂,像是天上的维纳斯。当你醒时,如果她在附近,去求她的爱来补过。

   勃克又上。

勃克 我们仙界的首领,海仑娜这就来了,还有我弄错了的那个青年,正在乞求爱人的恩惠。我们可要看看他们恋爱的把戏?主呵,这些人类是些什么样的傻子!

奥伯朗 站开些:他们的声音要把第米特里斯惊醒的。

勃克 那就要两个同时向一个求爱;这必定是出无双的好戏;那些颠倒离奇的事情就顶能够叫我高兴。

   拉杉德尔和海仑娜上。

拉杉德尔 为什么你竟以为我的求爱是在讥笑?讥笑和嘲弄决不能流下眼泪;看,当我发誓的时候,我哭了;这样发出来的誓,生来就是万分的真诚。怎么能够,这些事情你觉得是讥笑?它们有忠心的标记,证明它们的真诚。

海仑娜 你真是愈来愈甚地施展你的狡诈。用真诚来杀死真诚,好个真真假假的把戏!这些誓是赫尔米亚的,你肯把她抛弃?拿誓约来称誓约，就会称出你毫无分量；你对她和对我所发的誓，放在两个秤盘里面，就会称出重量相等，而两个都轻得像是谎话。

拉杉德尔 我没有理智的判断，当我向她发誓的时候。

海仑娜 你也没有理智的判断，在我看来，现在你把她抛弃。

拉杉德尔 第米特里斯爱她，而他不爱你。

第米特里斯 （醒）呵海仑！女神，仙女，至美，神圣！我的爱，我拿你的眼睛跟什么相比？水晶都昏暗无光。呵！你的嘴唇是多么的红润，那香甜的樱桃，长得多么迷人；当你举起你的洁白晶莹的手来，高高的陶勒斯山[1]上随着东风飘扬的白雪，都变成黑色的乌鸦了：呵！让我来吻这个洁白的公主，这个幸福的化身！

海仑娜 呵可恨！呵该死！我看出你们都是有意地作弄我来给你们开心：如果你们是文雅的识礼的，你们不应该这样狠地来伤害我。你们怎能不恨我，我知道你们是如此，但是你们竟然齐起心来戏弄我么？如果你们是男子汉，像你们外表一样的是男子汉，你们不应当这样对待一个柔弱的女子；赌咒，发誓，夸赞我的才貌，然而我确实晓得你们的心里是在恨我。你们两个是对头，都爱着赫尔米亚，而现在又是两个对头，来戏弄海仑娜来了：一个了不得的功勋，一桩大丈夫的事业，用你们的嘲弄来逼出一个可怜的姑娘眼睛里的眼泪！没有一个高尚的人会这样欺负一个少女，使一个可怜的心灵难过，只是为了让你们开心。

---

[1] 陶勒斯山（Taurus），小亚细亚南部的高山。

拉杉德尔 你是不诚恳的,第米特里斯,不要这个样子;因为你爱赫尔米亚,这个你是晓得我晓得的。在这里,以完全的好意,以我整个的心,我把在赫尔米亚的爱里我的地位放弃给你;把你的海仑娜让给我罢,我爱她,并且要爱她到死。

海仑娜 从来戏弄人的没有说过比这更无聊的废话。

第米特里斯 拉杉德尔,保留你的赫尔米亚罢;我不要了。如果曾经我爱过她,那一切的爱都完结了。我的心对她不过像作客一样的寄寓,现在对海仑[1]它才是回到了家里,在这里它要长住下去。

拉杉德尔 海仑,那不是这样的。

第米特里斯 不要毁谤你所不知道的忠诚,不然小心你的性命,你得重重地为它赎罪。看罢!那边你的爱人来了:那里才是你的亲爱的。

　　　　赫尔米亚上。

赫尔米亚 黑夜,它夺去了眼睛的功能,却使耳朵的知觉更加灵敏;那损伤了视觉的,它给听觉加倍的补偿。你不是用我的眼睛,拉杉德尔,找到的;我的耳朵,我多谢它,把我带到你的跟前。可是为什么你那样无情地离开了我?

拉杉德尔 为什么他要停留,当爱情催促他走?

赫尔米亚 什么样的爱情能够催促拉杉德尔离开我的身边?

拉杉德尔 拉杉德尔的爱情不让他停留,美丽的海仑娜,她更光辉地照耀着黑夜,超过一切明亮的星星。为什么你来找我?这还不能够使你明白,我对你的厌恶才使我这样离开了你?

---

[1] 海仑(Helen),即海仑娜。

赫尔米亚　你说的不是你想的那样：它是不可能的。

海仑娜　看哪！她也是这一伙里的一个。现在我明白了，他们三个人联合在一起做出这套虚假的把戏来作弄我。欺人的赫尔米亚！顶负心的姑娘！可是你同谋，可是你跟他们设计用这种卑鄙的嘲笑来戏弄我？我们两人共有过的那些秘密，姊妹的盟誓，我们在一起度过的时光，那时我们骂过匆忙的光阴，因为它使我们分离，呵！这一切全都忘了？一切同学时期的友谊，童年的天真？我们，赫尔米亚，像两个手艺的神，曾经用我们的针两个人同绣一朵花，两个人共一个花样，坐在一个椅垫子上，两个人同唱一个歌，两个人共一个调子，仿佛我们的手，我们的身子，声音，思想，都结合在一起。我们这样在一起长大，好像并蒂的樱桃，看着是分开的，可是分开之中却又连在一起；我们是结在一个柄上的两个可爱的果子；外表上两个身体，可是是一个心；这两个身体，好像代表族徽的纹章，合成了一个，共有一个图形[1]。而你竟要破坏我们旧日的友爱，和男子联合起来讥笑你的可怜的朋友？这个不是朋友的行为，这个不是姑娘的样子：我们女性，以及我，都能为这个来骂你，虽然只是我一个人受到这种欺负。

赫尔米亚　我真惊异你的这些气愤的话。我并没有讥笑你：倒似乎是你在讥笑我。

海仑娜　你没有支使拉杉德尔，像讥笑似的，来追随我并且赞美我的眼睛和面貌？并且叫你的另外一个爱人，第米特里斯——他

---

[1] 英国中古时代传下来的习俗，男子和继承祖产的女子结婚之后，丈夫和妻子的族徽合成一个族徽，所以只有一个图形（crest）。

在一会儿工夫之前是用他的脚踢我的——来喊我女神，仙女，神圣，绝美，宝贝，天人？为什么缘故他说这些话，对一个他所讨厌的女子？又为什么缘故拉杉德尔会取消那样充满他的心灵的，对你的爱，竟然跑来对我奉献爱情，如果这不是你安排好的，不是得到你的同意？虽然我不是像你那样的得宠，那样的被爱人纠缠，那样的幸运，只是顶不幸的，爱人而人不爱，这又怎样呢？这个你应该怜悯而不应该轻蔑。

赫尔米亚 我不懂你说的这话是什么意思。

海仑娜 嗳，对，装下去罢，假装出一副苦相，等我转过身去就对我做鬼脸；互相地挤眉弄眼；把这个有趣的玩笑开下去罢：这一出戏，演得真好，将来会要记载下来的。如果你们有一点怜悯，情谊，或是礼貌，你们就不会把我当做这样一个主题。但是，再会罢。这一部分是我自己的过错，死亡或是别离不久就会将它补救。

拉杉德尔 站住，温柔的海仑娜，听我的话：我的爱，我的生命，我的灵魂，美丽的海仑娜！

海仑娜 呵真好！

赫尔米亚 亲爱的，不要这样地讥笑她。

第米特里斯 如果她的恳求不行，我就要来强迫。

拉杉德尔 你强迫也不会比她恳求还行，你的恐吓并不比她的央求更有力量。海仑，我爱你；凭着我的生命发誓，我爱你；我凭着我愿为你而牺牲的一切发誓，要证明那个说我不爱你的人是说谎。

第米特里斯 我说我爱你比他更甚。

拉杉德尔 如果你说这样的话，下去，来使它证明。

第米特里斯　快，来！

赫尔米亚　拉杉德尔，这一切是怎么弄的？

拉杉德尔　走开，你这黑鬼[1]！

第米特里斯　不对，不对，总是[2]……好像要挣脱的样子；装腔作势，像是你要跟来，却又不来：你是一个懦夫，走！

拉杉德尔　（对赫尔米亚）死开，你这猫，你这牛蒡子[3]！讨厌的东西，放手！不然我要把你像一条蛇一样地摔开。

赫尔米亚　为什么你变得这样的粗鲁？这是什么变化，亲爱的爱人，——

拉杉德尔　你的爱人！滚，又黄又黑的鞑靼，滚！滚，讨厌的东西！可恶的毒药，滚开！

赫尔米亚　你不是在开玩笑？

海仑娜　对了，真正不错；你也是如此。

拉杉德尔　第米特里斯，我一定对你守住我的约言。

第米特里斯　我但愿你能够守约，因为我晓得一条软索扣住了你了：我不敢相信你的话。

拉杉德尔　什么！难道要我害她，打她，把她杀死？虽然我恨她，我还不肯这样地伤害她。

赫尔米亚　什么！你伤害我还有什么能够比恨更厉害的？恨我！为什么缘故？呵呀！怎么一回事，我的爱人？难道我不是赫尔米亚？难道你不是拉杉德尔？我现在还是和我片刻之前一样的美

---

[1] 赫尔米亚比较黑，海仑娜比较白，所以称她"黑鬼"。原文为 Ethiope（伊西奥比亚人），即黑人。伊西奥比亚（Ethiopia）指古代埃及南部的地方。

[2] 牛津版《莎士比亚全集》原文作"No, no, he'll"，这是根据"四开本""对开本"作"No, no, sir"。

[3] 牛蒡子（burr），有芒刺，附着在人身上很难去掉。

丽。在晚上你还爱我;然而,在晚上你离开了我:为什么,后来你离开了我,——呵,天神都不容许的!——当真的这样么,我要说?

拉杉德尔　真的,一点不假;我永远不要再看见你。因此不用希望,不用发问,不用疑惑;确确实实的,没有事情比这个还真:这不是玩笑,我恨你并且爱海仑娜。

赫尔米亚　呵呀!你这骗子!你这啃花的蛀虫!你这爱情的贼!什么!你在夜里跑来偷去了我的爱人的心?

海仑娜　好呵,真好!你没有礼数,没有姑娘的羞耻,一点都不害羞?什么!你硬要从我的文雅的舌头讨难看的回答?呸,呸!你这装假的东西,你这木头人儿,你!

赫尔米亚　木头人儿!这是为什么:嗳呀,这回事的道理在这儿了。现在我明白了,她一定是拿我们的身材作过比较:她一定夸赞她的高;于是她就以她的姿态,她的高高的姿态,她的高,可不是的,讨了他的欢喜。于是你就被他看得那么样的高了,因为我是这样的小,这样的矮?我有多矮,你这涂脂抹粉的五月的棍儿[1]?说;我有多矮?我还不是太矮,如果我的指甲够得着挖到你的眼睛。

海仑娜　我求求你们,虽然你们戏弄我,先生们,不要让她来伤害我:我从来没有凶过;我完全没有泼辣的本事;我是一个胆小的本分的姑娘:不要让她来打我。你们或许会以为,因为她比我矮一点儿,我就能够打得过她。

---

[1] 五月柱(maypole),英国民间庆祝五月节的节目之一。在草地上立一根木柱,柱上涂着彩色,柱顶缚着花圈,四周牵出许多条布带,每一条布带由一个女子拉着,大家围绕柱子跳舞唱歌。

赫尔米亚　矮点！听呀，又是的。

海仑娜　好赫尔米亚，不要跟我这样的狠。我始终是爱你的，赫尔米亚，我向来都替你保守秘密，从来没有对不起你；只除去这一件事，因为爱第米特里斯，我告诉了他你私逃到这个森林里来。他来跟随你；因为爱，我跟随着他；但是他骂我滚开，并且威吓我，要打我，踢我，而且，还要杀死我：那末现在，你可以让我好好地走了，我要把我的愚蠢带回雅典，不再跟着你们了：让我走罢：你看我是多么的傻多么的痴。

赫尔米亚　怎么啦，去你的。谁来拦着你啦？

海仑娜　一颗痴心，我就把它留下在这里了。

赫尔米亚　什么！对拉杉德尔？

海仑娜　对第米特里斯。

拉杉德尔　不要怕：她不能伤害你，海仑娜。

第米特里斯　不能，先生，她不能的，即使你来帮她的忙。

海仑娜　呵，当她发起怒来，她又厉害又凶恶！她上学校的时候就是一个母老虎：虽然她只是小，可是她凶。

赫尔米亚　又是"小"！没有别的，只是"矮"和"小"！为什么你忍受得了她这样地嘲笑我？让我来找她。

拉杉德尔　去你的罢，你这个矮鬼；你这个小不点儿，碍事的爬根草[1]做的；你这个数珠子，橡子子。

第米特里斯　你对她是过于殷勤了，而她并看不起你的侍候。你随她去；不许说到海仑娜；不要你帮她的忙；如果你再要哪怕对她稍微表示一点爱情，你就得为它赎罪。

---

[1]　爬根草（knot-grass），英国民间相传这种草阻碍小孩和动物的成长。

拉杉德尔 现在她没有拉住我;现在来,如果你敢,来看看谁有权利,是你还是我,顶该爱海仑娜。

第米特里斯 来!好,我就跟你去,肩膀并着肩膀。

　　　　拉杉德尔和第米特里斯下。

赫尔米亚 你,小姐,这一切纠纷都是由你而起;喂,不要走。

海仑娜 我不放心你,我,不再和你这个凶人呆在一起。你的手打起架来比我快,然而,我的腿要长些,可以跑开。(下)

赫尔米亚 我真惊奇,不知道说什么是好。(下)

奥伯朗 这是你的疏忽:总是你弄错了,不然就是你故意使的鬼坏。

勃克 相信我,精灵的王,我弄错了。你不是告诉我说从他穿的雅典人的服装就能认出那个男子?这就证明我做的事情一点没有过错,我是涂了一个雅典人的眼睛;并且我十分高兴这是弄得如此,因为他们的这场争闹我看是一出好戏。

奥伯朗 你看这些爱人们去找地方决斗去了:因此赶快,罗宾,把夜遮蔽起来;你立刻用像冥河一样黑的浓雾遮上星光灿烂的天空;引这些气愤的对头都迷了路,叫这个走不到那个的跟前。有时候把你的声音装得像是拉杉德尔,用恶骂去激怒第米特里斯;有时候你又像第米特里斯似的骂他;就这样你叫他们彼此都会不到面,直到死一样的睡眠拖着铅一样沉重的腿和蝙蝠似的翅膀爬上了他们的额头;然后把这个草浆挤进拉杉德尔的眼睛;它的浆汁有这种良好的特性,能够用它的力量解除一切的错误,使他的眼球恢复往常的目光。当他们再醒来的时候,这一切的玩笑都似乎是一个梦和虚无的幻象;于是这些爱人们都要回到雅典,他们的相爱终生的永无尽期。在我派你去做这件事的时候,我要到我的仙后那里去讨她的印度孩子;然后我也要解除她的着了迷的眼睛,脱离那个怪物的幻象,于是一切的事情都要安宁。

勃克 我的仙王,这得要赶快去做了,因为夜的飞龙[1]在飞快地冲出云层,在远方黎明的先锋[2]已经放光;它一来到,在各处游荡的鬼魂,都赶紧奔回墓地:所有有罪的精灵[3],埋葬在十字路口和河流里的,都已经回到他们蛆虫的墓床;因为恐怕白天照出他们的丑相,他们自愿地逃开光明,只有永久地陪伴阴暗的黑夜。

奥伯朗 但是我们是另外一种精灵。我常常戏弄曙光的爱情[4];并且像一个守林的人,在树丛里巡游,甚至直到东方的火红的大门开了,放出美丽的灿烂的光芒照着大海,把苦咸的绿色的波涛变成黄金。可是,尽管如此,还是赶快罢;不要迟延:我们还是在天明之前做好这桩事情。(下)

勃克 跑来又跑去,跑来又跑去;我要领着他们跑来又跑去:乡下和城里全都怕我;一个精灵,领着他们跑来又跑去。这里来了一个。

　　　　拉杉德尔又上。

拉杉德尔 你在哪里,骄傲的第米特里斯?现在你说。

勃克 这里,恶棍!拔剑准备好。你在哪里?

拉杉德尔 我一下子就要追上你。

勃克 跟着我来,那么,到一个平点的地方。

---

[1] 当时神话里传说夜是驾着飞龙(即有翼的蛇)拉的车子驶过天空的。
[2] 黎明的先锋(aurora's harbinger),指晨星(即启明,金星)。
[3] 指没有举行宗教仪式死去的鬼魂。当时自杀的人是埋在十字路口的,投河的人尸体可能仍在河底,这些人的鬼魂据说是永远到处飘荡的。
[4] 曙光(黎明)女神奥罗拉(Aurora)相传爱一个猎人塞法勒斯(Cephalus)。

拉杉德尔追着声音下。 第米特里斯又上。

第米特里斯 拉杉德尔！再说话呀。你这逃犯，你这懦夫，你是逃跑了？说呀！在树丛里面？你在那里藏起你的头来了？

勃克 你这懦夫！你不是在对星星吹牛，对树林说你在找人决斗，却不敢来？来，懦怯汉；来，你这孩子；我要用根棍子打你：谁拔出剑来打你对他都是污辱。

第米特里斯 嗳，你在这里？

勃克 跟着我的声音走：这里不是我们比武的地方。（下）

拉杉德尔又上。

拉杉德尔 他在我的前面跑并且总是激我向前：当我到了他喊叫的地方，他却又走了。这个恶棍脚板比我灵得多：我追得快，但是他跑得更快；我就迷失在黑暗不平的路上了，我要在这里休息了。（躺下）来罢，行好的白天！因为只要你一给我露出你的灰白的光线，我就能找到第米特里斯报复这个仇恨。（睡）

勃克和第米特里斯又上。

勃克 嗬，嗬，嗬[1]！懦夫，为什么你不来了？

第米特里斯 等着我，如果你敢；因为我完全晓得你在我的前面跑，到处地躲避，可是不敢站住，也不敢和我对面。你在哪里了现在？

勃克 到这里来；我在这里。

第米特里斯 不了，你是开我的玩笑。你要好好地抵偿这个，只要我在白天一见到你的面：现在，去你的罢。疲乏强迫我要躺在这个冰冷的床上：小心在白天到来被我找到。（躺下，睡）

---

[1] 传说里好人罗宾的喊声。

　　　　海仑娜又上。

海仑娜 困人的夜呵！漫长的讨厌的夜呵，缩短你的时间罢！安慰，从东方来照耀罢！那我就可以在阳光底下回雅典去，离开这些嫌恶我这不幸的伙伴的人：睡眠，有时它能闭上悲伤的眼睛，让我离开我的孤单睡一会儿罢。（躺下睡）

勃克 可是只有三个？再来他一个；二男二女就是四个。这里她来了，苦恼而且悲伤，丘辟德是一个恶作剧的孩子，这样地使可怜的女性疯狂。

　　　　赫尔米亚又上。

赫尔米亚 从没有这样的疲乏，从没有这样的悲哀，被露水打湿了，被荆棘扯破了，我不能再往前爬，不能再往前走了；我的腿不能赶上我的愿望。在这里我要休息到天亮的时候。天保佑拉杉德尔，如果他们是去决斗！（躺下睡）

勃克 躺在地上睡得好香。我要来对你的眼睛，多情的爱人，加以补救。

　　　　（挤花汁在拉杉德尔的眼睛上）

当你醒来，你就会要真正欢喜眼睛里的你原先的旧人的容貌：有句乡下的俗话说得好，各人都有他的伴儿，在你醒来就会看到：人皆有偶；万事如意；个个都会团圆，全都皆大欢喜。

　　下。

第四章

第一场　森林里。

拉杉德尔，第米特里斯，海仑娜，赫尔米亚睡着。
泰旦妮亚和包吞姆上，仙人们随从着；奥伯朗隐随在后面。

泰旦妮亚　来，你来坐在这个花床上，我要摸摸你的可爱的脸，要把香玫瑰插在你的光滑的头上，要吻你的美丽的长耳朵，我的温柔的宝贝。

包吞姆　豆花在哪里？

豆花　有。

包吞姆　搔搔我的头，豆花。麦歇[1]蛛网在哪里？

蛛网　有。

包吞姆　麦歇蛛网，好麦歇，把你的武器拿在你的手里，给我在蓟草顶上去杀它一只红屁股的野蜂；并且，好麦歇，把它的蜜囊拿来给我。做的时候不要太着急，麦歇；并且，好麦歇，小心不要弄破了蜜囊；我可不愿意叫你被蜜囊淹了，先生[2]。麦歇

---

[1] 麦歇（monsieur），法文，即"先生"。
[2] 原文 signior，意大利文，包吞姆在摆弄他的外国文。

芥子在哪里？

芥子 有。

包吞姆 请把你的手给我，麦歇芥子。请你，不用多礼，好麦歇。

芥子 你想要我做什么？

包吞姆 没有什么，好麦歇，只是帮助蛛网先生[1]来搔搔痒。我得去理发了，麦歇，因为我觉得我脸上的毛多得不得了；并且我是这样一头敏感的驴子，如果我的毛一把我碰痒，我就非得去搔不可。

泰旦妮亚 怎样，你想不想听点音乐，我的亲爱的爱？

包吞姆 我的耳朵是很懂点音乐的：让我们来听听打响板罢。

泰旦妮亚 或者你说，亲爱的爱，你想吃些什么。

包吞姆 真的，来它一些草料：我能够嚼干香的燕麦。我觉得非常之想来它一捆干草：好干草，香干草，什么都比不上它。

泰旦妮亚 我有一个善于冒险的仙人，他会去找松鼠的贮藏，给你拿来新鲜的干果。

包吞姆 我倒宁愿吃一两把干豌豆。可是，我请你，让你的人一个不要扰乱我：我觉得我的瞌睡来了。

泰旦妮亚 你睡罢，我要把你搂在我的怀里。仙人们，去罢，到各处去罢。

　　仙人们下。

---

[1] 原文 cavelery, 即 cavalero, 由西班牙文 caballero 变来。蛛网是派去打野蜂的，搔痒的是豆花，包吞姆糊里糊涂地搞错了。

旋花[1]就是这样温柔地缠绕着甜香的忍冬；女性的[2]常春藤就这样地环绕榆树的粗壮的枝干。呵，我是多么地爱你；我是多么地迷恋你！（他们睡）

勃克上。

奥伯朗　（向前走）来得好，好罗宾。你看见这个亲爱的样子么？她的迷恋现在我开始可怜起来：因为，刚才在树林里面遇见她，正在为这个丑怪的蠢物找爱情的礼品，我就责备她并且和她吵了一场；因为她那时刚给他的毛茸茸的脑袋围上鲜艳的芳香的花环；这些花蕾上面的露珠，往常总是饱满得像滚圆的光亮的珍珠，现在都藏在美丽的小花的眼睛里，像是哭泣她们自己的耻辱的眼泪。在我任意地嘲弄了她一番之后，她低声下气地求我容忍，我于是就要她的那个换来的孩子；她马上就给了我，并且差她的仙人把他送到仙国里我的卧房。现在我有了这个孩子，我要来解除她眼睛上这个可憎的魔障：来，好勃克，从这个雅典伙计的头上拿掉这个变形的头壳，这样，他和他们醒来之后，可以一起重又回到雅典，并且把今天夜里的事情只当做是一场梦里的凶魇。可是我要先来解除仙后。（用草触她的眼睛）

恢复你原来的本性；恢复你原来的目光：戴安的苗[3]剋丘辟德

---

[1] 原文为 woodbine，通常即指 honeysuckle（忍冬，金银花），莎士比亚自己就这样用过。但是在这里，忍冬缠绕忍冬，似与下句不合。关于这点解释很多，现在多数人同意的一个解释：bineweed（旋花）。
[2] 意思就是"柔弱的"。
[3] 戴安（Dian），即戴亚娜（Diana），月神，也是贞洁女神。戴安的苗（Dian's bud）多数注释者认为即指黄荆（agnus castus），又名贞洁树（chaste tree）；相传戴亚娜手里是拿着一枝黄荆的，吃了黄荆能够使人保持贞洁的生活。

的花就有这样的力量和功能。

现在，我的泰旦妮亚；你醒醒，我的亲爱的王后。

泰旦妮亚 我的奥伯朗！我看到了什么样的幻象！我觉得我爱上了一个驴子。

奥伯朗 这里躺着你的爱人。

泰旦妮亚 这些事情是怎样发生的？呵，我的眼睛现在多么嫌恶他的面貌！

奥伯朗 不要响，等一会儿。罗宾，去掉这个头。泰旦妮亚，叫奏音乐；使这五个人全都睡得比平常的睡觉还要深沉。

泰旦妮亚 音乐，喂！音乐！奏催眠的音乐！

音乐响。

勃克 当你醒来的时候，用你自己的傻子的眼睛观看。

奥伯朗 奏起来，音乐！（柔和的音乐声）来，我的王后，帮帮我的忙，摇晃这些睡觉的人躺着的地方。现在你和我重又和好了，明天半夜要庄严地在希修斯公爵的宫里欢舞，祝福一切都美满昌盛。在那里这两对忠实的爱人也要结婚，和希修斯一起，全都满心欢喜。

勃克 仙人的王，注意，请听：我听见了早晨的云雀。

奥伯朗 那么，我的王后，让我们静静地，跟着夜的阴影去巡游；我们能够顷刻间环绕地球，比那漫游的月亮还要迅速。

泰旦妮亚 来，我的王，在我们的飞行里，告诉我今天夜里这是怎么弄的，我怎么会睡在这里，在地上和这些凡人在一起。（同下）

号角的声音在里面吹起。

>　　希修斯，西波丽达，伊吉斯和随从上。

希修斯　去，你们中间去一个人，把猎师找来；因为现在我们的节礼举行过了[1]；既然我们的时光还早，让我的爱人听听我的猎狗的音乐。把它们在西边的山谷里放开：赶快，我说，去把猎师找来。我们要，美丽的女王，上到这座山的顶上，去听猎狗的吠叫和应和的回声交响的音乐。

西波丽达　我有一次和赫尔克里斯、卡德摩斯[2]一起，他们在克里特岛[3]上一个森林里，用斯巴达[4]的猎狗猎熊[5]；我从来没有听过这样雄壮的吠声；因为，在树林旁边，天空，泉水[6]，附近的一切的地方，全都合成了一团号叫：我从来没有听到过这样热闹的音乐，这样美妙的轰鸣。

希修斯　我的猎狗就是斯巴达种，这样大的颚，这样土黄色的毛；它们的头上都垂着扫得掉早晨的露水的耳朵；屈曲的膝，下垂的颔好像西赛里[7]的公牛；跑起来慢，可是它们的吠声好像是些铜钟，一个配合一个[8]。从来没有一队猎狗或是号角的吹奏，比它们的吠声还更和谐，不论是在克里特，在斯巴达，还是在西赛里：你听的时候请你评判。可是，慢点！这里是些什么仙女？

---

[1] 指庆祝五月的节礼，在五月一日清晨举行。
[2] 赫尔克里斯（Hercules），卡德摩斯（Cadmus），都是希腊神话里的英雄。
[3] 克里特岛（Crete），在希腊东南地中海里。
[4] 斯巴达（Sparta），在希腊半岛南部。斯巴达的猎狗是著名的。
[5] 熊（bear），有的注释者认为是 boar（野猪）的误排。
[6] 泉水（fountains），有的注释者认为是 mountains（群山）的误排。
[7] 西赛里（Thessaly），在希腊半岛北部。
[8] 莎士比亚的时候，英国人选择猎狗不要同种的，而是选择吠叫的声音高低配合，可以得到音乐的和音的，编为一队。

伊吉斯　我的大人，这是我的女儿睡在这里；还有这个，是拉杉德尔；这个是第米特里斯；这个是海仑娜，老尼达尔的海仑娜：我不知道他们怎么一起都在这里。

希修斯　无疑地他们大早起来去行五月的节礼，并且，听到了我们的意思，到这里来祝贺我们的典礼。可是你说，伊吉斯，今天不正是那个日子，赫尔米亚应该回答她的选择的时候？

伊吉斯　是的，我的大人。

希修斯　去，吩咐猎手用他们的号角唤醒他们。

　　　　台后号角和叫喊的声音。拉杉德尔，第米特里斯，海仑娜，赫尔米亚，都惊醒跳起。

　　　　早安，朋友们。圣瓦阑丁节[1]过去了：这些林鸟到现在才来配对吗？

拉杉德尔　请宽恕，我的大人。

　　　　他和其余的三个人都跪下。

希修斯　我请你们全都站起来。我知道你们两个是敌对的仇人：这个文雅的和好是怎样来的，憎恨竟这样远远地离开了猜嫉，睡在恨的旁边，而不害怕敌意？

拉杉德尔　我的大人，我也弄不清这是怎么一回事情，一半睡，一半醒：可是就是现在，我发誓，我也不能清楚地认出我怎样到了这里；但是，我想——因为我要说实话，现在我想起来了，那是这个样子——我同赫尔米亚来到这里：我们的意思是想离开雅典，到一个地方我们可以，不受雅典法律的磨难——

---

[1] 圣瓦阑丁节（Saint Valentine），在二月十四日，英国古代传说群鸟在这一天配对。

伊吉斯　够了，够了，我的大人；你有的已经够了：我请求法律，法律，加在他的头上。他们想要私逃；他们要，第米特里斯，那样来打败你和我；使你失去你的妻子，使我失去我的许诺，我要她做你的妻子的许诺。

第米特里斯　我的大人，美丽的海仑娜告诉了我他们的私逃，告诉他们到这里，这个森林里来的目的；我在愤怒里就跟随着他们到了这里，美丽的海仑娜在爱里跟随着我。但是，我的好大人，我不知道由于什么力量——但是那的确是由于一种什么力量——我对赫尔米亚的爱，像雪一样地消融掉了，现在我觉得是好像在童年时期我曾经迷恋过的一桩无味的玩艺的回忆；而所有的忠诚，我的心意，我的眼睛的对象和快乐，只有一个海仑娜。对她，我的大人，在我看见赫尔米亚之前我曾经许过婚约；可是，像是病了，我曾经厌恶这个食物；可是，像是好了，我恢复了我原来的胃口，现在我想它，爱它，思恋它，并且要永远地对它忠实。

希修斯　美丽的爱人们，你们相遇得真是很巧：这段话等一会我们要再听下去。伊吉斯，我决意抑制你的意志，因为在神庙里，过一会儿，和我们一起，这两对也要永远地结成夫妻；并且，因为早晨现在快过去了，我们计划的打猎就放过一边罢。让我们一起，去到雅典：三个人和三个人，我们要举行一个盛大的隆重的宴会。来，西波丽达。

希修斯，西波丽达，伊吉斯和随从下。

第米特里斯　这些事情似乎微妙而且渺茫，好像变成了云雾的远山一样。

赫尔米亚　我觉得我看见这些事情用的是发花的眼睛，一切的事情似乎都有两面。

海仑娜　我也这样觉得：并且我得到了第米特里斯，好像是一个宝贝，是我的，又不是我的。

第米特里斯　是不是真的我们醒了？我似乎觉得我们还在睡着，还在做梦。你们是不是觉得公爵刚才在这里，并且吩咐我们跟着他去？

赫尔米亚　是呀；还有我的父亲。

海仑娜　还有西波丽达。

拉杉德尔　他还吩咐我们跟他到神庙里去。

第米特里斯　怎么，那么我们是醒了。让我们跟着他去；顺便让我们来细说我们的梦境。（同下）

包吞姆　（醒）当我的尾白到了的时候，喊我，我就回答：我底下的一句是，"最美丽的皮拉摩斯"。嗳呀——呵！彼得·品斯！弗鲁特，修风箱的！史诺特，补锅的！施塔尔维林！我的老天爷，偷着跑了，把我扔在这儿睡觉！我梦到一个顶稀奇的幻景。我做了一个梦，那是一个什么梦，不是人的聪明说得出来的；如果有人想来解释这个梦，那他只是一个驴子。我觉得我是——没有一个人能说得出来那是什么。我觉得我是，——我觉得我有过，——但是如果有人想来说明我觉得我曾经有过的是什么，那他只是一个穿花衣裳的傻子[1]。人的眼睛没有听到过，人的耳朵没有看见过，人的手不能够体味，他的舌头不能够想象，他的心也不能够说明，我的梦是个什么。我要找彼

---

[1] 古时英国王公的宫廷里专门说笑话的傻子，都穿五颜六色的花衣裳。这是莎士比亚剧里不可缺少的角色，他们说笑话，也说许多真理。

得·品斯把这个梦写成一个歌儿：它得叫做"Bottom 的梦"，因为它是没有 bottom 的；并且我要在一出戏的末尾来唱它，在公爵的面前：或者，把它做得更文雅点，我要在死了之后[1]唱它。

下。

第二场　雅典，品斯家里的一间屋子

品斯，弗鲁特，史诺特，施塔尔维林上。

品斯　你们派人到包吞姆家里去了吗？他回家了没有呢？

施塔尔维林　他的消息不会有的了。无疑的他是被变了相了。

弗鲁特　如果他不来，那么这出戏是吹了：它演不出来了，是不是？

品斯　那是不可能的：除了他，你在全雅典找不到一个人能演皮拉摩斯。

弗鲁特　不成；他可真是雅典所有的手艺人里顶聪明的。

品斯　是呵，并且也是顶好的人；并且他是一个道地的情人，有一副甜蜜的嗓子。

弗鲁特　你得说是"完人"：一个情人是，老天爷在上！一个一文不值的东西。

斯奈格上。

斯奈格　诸位，公爵正走神庙里出来，并且还有两三位贵人小姐也结了婚：如果我们的戏演得出来，我们全都要成了走运的人了。

---

[1] 原文"at her death"（她死的时候），还里的"她"，可能是指茜施比。有的注释者认为这是"after death"（死了之后）之误。因为这样含意较深，也和包吞姆的语调一致，所以采用。

弗鲁特 能干的包吞姆呵!他就这样把他终生六辨士一天丢掉了[1];他决跑不了六辨士一天;如果公爵不给他六辨士一天演皮拉摩斯,就把我绞死;他应该值得的:六辨士一天演皮拉摩斯,不然不干。

包吞姆上。

包吞姆 这些伙计们在什么地方?这些好人们在什么地方?

品斯 包吞姆!顶高兴的日子呵!顶快乐的时辰呵!

包吞姆 诸位,我要讲桩怪事:可是什么都不要问我;因为如果我告诉了你们,我就不是个真雅典人了。我要把一切都告诉你们,原原本本的一点不错。

品斯 让我们来听,好包吞姆。

包吞姆 不要说我的事罢。我所要告诉你们的一切是,公爵已经下了席了。把你们的衣裳收拾好,好线装上你们的胡子,新缎带系上你们的鞋子;即刻在宫里会齐;每个人温习一下他的台词;总而言之一句话,我们的戏是送上去了。无论如何,让茜施比穿件干净衣裳;并且不要让他,演狮子的修他的指甲,因为它们要伸出来当狮子的爪子。并且,顶亲爱的演员们,不要吃大葱和大蒜,因为我们要发出香甜的气息,我相信一定要听到他们说,这是一个甜蜜的喜剧。不多说了:走罢!去;走罢!

同下。

---

[1] 英国当时的王公大人,有时给艺人终身年金作为奖赏。辨士(pence)是英国的铜币。

第五章

第一场 雅典,希修斯的宫里

希修斯,西波丽达,菲罗斯特莱特,大臣和随从上。

西波丽达　那真奇怪,我的希修斯,这些爱人们所说的事情。

希修斯　奇怪得都不像是真的了。我决不能相信这些古怪的神话,这些神仙的奇谈。爱人和疯人都有这种沸腾的脑子,这种想象的幻觉,它们所意想到的,不是冷静的理智所能理解得了的。疯人,爱人,诗人,完全都是由幻想造成的:一个人看到广大的地狱都容纳不下的那么多魔鬼,这是,疯人;爱人呢,完全像发狂似的,能在一副埃及佬的脸上看到海仑的美貌[1];诗人的眼睛,在敏锐的狂热的一转里,就从天上看到地下,从地下看到天上;并且,幻想想象出来的不知名的东西的样子,诗人的笔就把它们变成形象,而且给虚无的事物一个居住的地方和一个名字。强烈的幻想就有这样的本事,它只要感到一种什么快乐,它就会想到带来那种快乐的东西;正像在夜里,想象着可怕的什么,多么容易把一丛树当做一只熊!

---

[1] 埃及人的皮肤是黑的,当时所谓的"埃及佬"都指矮小的黑人。而海仑(Helen)是古代希腊的美人。

西波丽达 可是他们所谈的昨天夜里整个的故事,以及他们全体的感情这样发生了变化,足以证明这不仅仅是幻想的想象,而是十分确实的事情;虽然,这真奇怪而且令人惊异。

希修斯 这些爱人们来了,满心的快乐和欢喜。

拉杉德尔,第米特里斯,赫尔米亚,海仑娜上。

恭喜,好朋友们!恭喜,愿美满的爱情的日子陪伴着你们的心!

拉杉德尔 愿更大的幸福伴随着你大人的行路,用餐,就寝!

希修斯 现在来;我们要有什么假面戏,什么跳舞,来消磨我们饭后和睡觉之间的这三个钟头悠长的岁月?哪里是我们日常的娱乐总管?预备了些什么游艺?有没有戏,来排遣这一段难过的时间的闷人?叫菲罗斯特莱特。

菲罗斯特莱特 有,伟大的希修斯。

希修斯 说罢,今天晚上你有什么节目?什么假面戏?什么音乐?我们怎样消遣这迟缓的时间,如果没有什么娱乐?

菲罗斯特莱特 这里有一张准备好了的游艺的单子:请挑选你大人想先看的那个。(递上一张纸)

希修斯 "与山佗人[1]之战雅典阉人伴竖琴独唱。"我们不要那类的玩意:那个我已经告诉了我的爱人,赞美我的亲戚赫尔克里斯的光荣的[2]。"酩酊的酒徒们的暴行,在狂怒中撕碎塞拉斯

---

[1] 山佗人(Centaurs),希腊神话里一种半人半马的人,住在希腊北部的西赛里,古代的英雄常和他们交游。有一次西赛里国王皮里塞斯(Pinthous)结婚,请山佗人参加婚礼。山佗人喝醉酒,胡闹起来,想抢走新娘,于是发生大战,希修斯首先奋起迎敌,终于打败了他们。这就是神话里有名的"西赛里人(Lapithae)与山佗人之战"(见奥维德《变形记》第十二章)。

[2] 赫尔克里斯,希腊神话里的大英雄。希修斯这里是自谦之辞,赫尔克里斯并没有参加这一次大战;仅仅在战争中有人说:"你还不逃,你就等着赫尔克里斯的箭罢。"(见奥维德《变形记》第十二章)

的歌人[1]。"那是一出老戏；并且在我上一次战胜从底比斯[2]回来就演过了。"九个缪司女神[3]哀悼新近讨饭而死的学问之神[4]。"那是个尖锐的批评的讽刺，不适合于结婚的典礼。"年青的皮拉摩斯和他的爱人茜施比的一幕冗长的短剧；非常悲惨的喜剧。"欢喜和悲惨！冗长和简短！那是，滚热的冰和非常烫人的雪。我们怎么能够在这种不调和之中得到调和？

菲罗斯特莱特 这一个戏，我的大人，只有几十个字长，它是我所知道的最短的一个戏；但是就是十个字，我的大人，它也是太长了，它使人觉得冗长；因为在整个的戏里没有一个字恰当，没有一个演员适合。并且它是，我的高贵的大人，悲惨的；因为皮拉摩斯要在里面自杀。当我看它排演的时候，我必得承认，使得我的眼睛流泪；但是放声地大笑，也从来没有流过更开心的眼泪。

希修斯 他们演这个戏的是些什么人？

菲罗斯特莱特 都是些粗人，在雅典这儿做工的，他们直到现在从没有用过思想，可是现在却辛苦他们没有练习过的记忆，搞出这么一个戏，准备你的婚礼。

---

[1] 塞拉斯的歌人（the Thracian singer），指希腊神话里大音乐家奥尔弗斯（Orpheus）。奥尔弗斯住在塞拉斯（Thrace），因为失掉妻子尤丽第茜（Eurydice），十分悲痛，对当地妇女的求爱一概拒绝，因此招受众怨。后来有一天，在酒神（Bacchus）节的狂欢之后，酒醉的妇女对他复仇，把他撕成碎片。（见奥维德《变形记》第十和十一章）

[2] 底比斯（Thebes），古代希腊的名城，在雅典西北。乔叟（Chaucer）在《坎特伯莱故事》（*The Canterbury Tales*）里说希修斯征服过底比斯（见《骑士的故事》）。

[3] 希腊神话里的缪司（文艺）女神有九人。

[4] "九个缪司女神哀悼新近讨饭而死的学问之神"，显然是一个有所指的讽刺。《仲夏夜之梦》约作于一五九四年，许多注释者认为它是指一五九二年九月著名的作家格林（Robert Creene）的穷困而死，格林后来靠行乞过活，死得十分悲惨。

希修斯　那末我们就来听听这个戏。

菲罗斯特莱特　不，我的高贵的大人；它不适合于你：我曾经听过它的，并且不成个东西，真正的不成东西；除非你对他们的心意觉得高兴，他们极端地卖力并且拼命地死记，想来为你效力。

希修斯　我要听听那个戏；因为当真心和诚意推荐了它，向来万事都不会错。去，带他们进来：请你们就坐罢，太太小姐们。

　　菲罗斯特莱特下。

西波丽达　我不爱看见过分的拙劣，破坏了他们效力的诚意。

希修斯　怎么，亲爱的爱人，你不会看到这样的事情。

西波丽达　他说他们演得不成东西。

希修斯　我们如果称许他们的不成东西，我们就更显得宽大。我们可以来看他们的错误取乐：可怜的诚意所不能做到的地方，宽大的看法在取它的努力，不在它的成功。我每到一个地方，那些大官们总是用预先准备好的欢迎辞来迎接我；可是他们看到了我就发抖而且脸色变白，在句子中间打顿，他们预备好了的话在恐惧里梗塞住了，并且，最后，拿哑默的中断当做结尾，并没有给我一句欢迎[1]。相信我，亲爱的，就是在这种哑默里我也领会到欢迎的意思；我在惶恐的忠诚的畏怯里，和从动听的大胆的口才的滔滔不绝的语言里，理会到一样的多。所以，爱人，张口结舌的真诚说得顶少也就是顶多，在我看来。

　　菲罗斯特莱特又上。

菲罗斯特莱特　遵公爵大人的意思，开场白准备上场了。

希修斯　让他上来。

---

[1]　暗示当时英国各地官员迎接伊利莎白女王的诚惶诚恐的情形。

喇叭的声音大响。

品斯上,念开场白。

开场白 如果我们犯嫌了,我们原是一番好意。要请你们想到,我们不是要来犯嫌,而是好心好意。想来表演我们粗笨的技艺,那是我们的目的真正的动机。想到这个我们才来专门讨厌。我们就不来为了想使你们满意,我们真心诚意。要叫你们欢喜,我们不会来到这里。如果你们觉得懊恼,演员们都齐备了;由他们的表演,你们就会晓得一切你们所想要晓得的。[1]

希修斯 这个家伙不在该停的地方停顿。

拉杉德尔 他念他的开场白,像是骑一匹撒野的小马;他不晓得什么地方该停。有句格言说得好,我的大人:光说不够,而要说得对。

西波丽达 实在的,他演的开场白好像一个小孩吹笛子;只是声音,但是不成调子。

希修斯 他的话像一根缠乱了的链子;没有什么不全,但是完全都弄乱了。底下是谁?

皮拉摩斯和茜施比,墙,月光,狮子上,像在哑剧里一样。

---

[1] 这段开场白,句读全念错了,正确的标点应该是:
"如果我们犯嫌了,我们原是一番好意。
要请你们想到我们不是要来犯嫌,
而是好心好意想来表演我们粗笨的技艺;
那是我们的目的真正的动机。
想到这个,我们才来;专门讨厌,
我们就不来。为了想使你们满意,
我们真心诚意要叫你们欢喜。
我们不会来到这里,如果你们觉得懊恼。
演员们都齐备了;由他们的表演
你们就会晓得一切你们所想要晓得的。"

开场白 诸位先生,或许你们奇怪这个场面,但是奇怪罢,等会事实就要使一切的事情明白。这个男子是皮拉摩斯,如果诸位要晓得,这个美丽的女子当然的,就是茜施比。这个人,带着石灰和泥土的,他代表墙,那堵把这两个爱人隔开的可恶的墙;这两个可怜的人,他们只有穿过墙缝低声地谈话,这要请大家不必奇怪。这个人,带着灯笼,狗,一把刺柴,代表的月亮。因为,如果诸位要晓得,这两个爱人并不以为丢人,在月亮底下在尼纳斯的坟旁会面,在那里,在那里谈爱。这个可怕的野兽,它的名字叫做狮子,忠实的茜施比,晚上第一个到了那里,就吓跑了,或者该说是吓坏了。并且,当她逃跑的时候,她掉下了她的斗篷,那个可恶的狮子就用血口染污了它。不久皮拉摩斯来了,一个高大的漂亮的青年,于是发现他的忠实的茜施比的斗篷毁了:因此?他就用剑,用那残忍的该死的剑,勇敢地刺进他的热血沸腾的胸膛;于是茜施比,在桑树的树荫里等候着他,拔出他的短剑,也就死了。至于其余的一切,让狮子,月亮,墙和这一对爱人,当他们上场的时候,来详细地告诉你们。

开场白,皮拉摩斯,茜施比,狮子,月亮下。

希修斯 我不知道,狮子会不会也要说话。

第米特里斯 没有什么奇怪,我的大人:许多驴子都会说话,一个狮子也是会的[1]。

墙 在这个小戏里面,我,一个名字叫史诺特的,要来演一堵墙;这一堵墙,我请诸位都要这样地想,在它上面有一个裂开的洞

---

[1] 英国俗话称蠢人为驴子,这里含有双关的意思。

或者是缝，经过它，这对爱人，皮拉摩斯和茜施比，常常偷偷地低声交谈。这个黏土，这个泥灰，这个石头都表明了我就是这一堵墙；实实在在的一堵墙；并且这就是那个缝，左边和右边都有，经过它胆小的爱人们要低声地谈心。

希修斯 石灰和棕毛能把话说得这样真是不坏，你们想怎样？

第米特里斯 这是我所听见过的顶俏皮的话，我的大人。

希修斯 皮拉摩斯走到墙跟前来了：静听！

皮拉摩斯又上。

皮拉摩斯 阴暗的夜呵！颜色如此漆黑的夜呵！夜呵，当白天去了的时候你就来了！夜呵！夜呵！嗳呀！嗳呀！嗳呀！我怕我的茜施比把她的约言忘记了。你，墙呵，呵亲爱的，可爱的墙呵！你站在她父亲和我的房子中间；你这个墙，墙呵！亲爱的，可爱的墙呵！给我看你的裂缝，我好用我的眼睛来瞧瞧。

墙举起他的手指。

谢谢，行好的墙：岳夫[1]为了这个要好好保佑你！但是我看见什么了？我可没有看见茜施比。呵，鬼坏的墙！经过你我看不到美人；你的那些石头真是该死，竟然这样来蒙骗我！

希修斯 这个墙，我想，是有知觉的，该要回骂了。

皮拉摩斯 不，实在的，在人，他不会。"蒙骗我"底下是茜施比答话；她现在就要上场了，我要穿过墙缝瞧她。你会看到，就要像我告诉你的那样做的。那里她来了。

茜施比又上。

茜施比 墙呵！多么常常的你听到我的悲叹，因为隔开了我的好皮

---

[1] 岳夫（Jove），即朱比德尔（Jupiter），古代罗马神话里众神之王。

拉摩斯和我：我的樱桃的嘴唇时常亲吻你的石头，用石灰和棕毛砌在你里面的你的那些石头。

皮拉摩斯 我瞧见一个声音：现在我要到裂缝那里去，瞧瞧能不能听到我的茜施比的面容。茜施比！

茜施比 我的爱人！我想，你是我的爱。

皮拉摩斯 随你怎样地想，我是你的多情的爱人；并且，像李曼德尔那样，我对你永远地忠实。

茜施比 我就像是海仑，直到命运之神杀死我的日子[1]。

皮拉摩斯 夏法勒斯对普罗克勒斯都没有这样忠实[2]。

茜施比 像夏法勒斯对普罗克勒斯，我对于你。

皮拉摩斯 呵！从这个可恶的墙的洞里吻我。

茜施比 我吻的是这个墙的洞，完全不是你的嘴唇。

皮拉摩斯 你肯不肯马上和我在宁尼的坟旁相会？

茜施比 不论是生，是死，我立刻就来。

　　　　　皮拉摩斯和茜施比下。

墙 这样我已经，墙，把我的角色扮演完了；这样，既然完了，墙也就得走开了。（墙下）

希修斯 现在这两个人家之间的墙壁倒了。

第米特里斯 没有办法，我的大人，要是墙都这样一声不响地来偷

---

[1] 李曼德尔（Limander），李安德尔（Leander）的音误；海仑（Helen），希罗（Hero）的音误。希腊传说里的一对情人。李安德尔是希罗的爱人，每天夜里渡过海峡（就是现在的达达尼尔海峡）去会她，后来有一天李安德尔渡海，遇到大风暴淹死，希罗也投海而死。

[2] 夏法勒斯（Shafalus），塞法勒斯（Cephalus）的音误。普罗克勒斯（Procrus），普罗克里斯（Procris）的音误，塞法勒斯的妻子。在希腊神话里，据说塞法勒斯被黎明女神奥罗拉所爱，可是他不为所动，仍然保持着对他妻子普罗克里斯的忠实。（见奥维德《变形记》第七章）

听人家的谈话。

西波丽达　这是我从来没有听见过的最愚蠢的胡说。

希修斯　最好的戏都不过是些影子；最坏的也不算坏，如果想象来补救它们。

西波丽达　那末那一定是你的想象，而不是他们的。

希修斯　如果我们想象他们并不比他们想象自己更坏，他们也可以算得上是优秀的人。这里上来了两头高贵的野兽，一个人和一个狮子。

　　　　　狮子和月亮又上。

狮子　你们，太太小姐们，你们，你们的温柔的心都害怕那在地板上溜跑的顶小顶细的耗子，可能现在或许要在这里又颤又抖，当一只凶暴的狮子真的大声怒吼起来的时候。那末要晓得我，一个叫斯奈格的细工木匠，只是一个狮子的皮[1]，也不是个母狮子；因为，如果我是一个狮子闯到了这个地方，我的性命也就难保了。

希修斯　这是一个很文雅的野兽，而且有一个好良心。

第米特里斯　就我所见到过的野兽来说是顶好的了，我的大人。

拉杉德尔　这个狮子就勇气来说只是一只狐狸。

希修斯　真的；就他的小心来说只是一只鹅[2]。

第米特里斯　不对，我的大人；因为他的勇气敌不过他的小心；而狐狸敌得过鹅。

希修斯　他的小心，我知道，敌不过他的勇气；因为鹅敌不过狐狸。

---

[1] 这句话应该是："既不是个凶狮子"，才和下句衔接。斯奈格把台词记错了。
[2] 英国人称呆子叫鹅。斯奈格这一段话揭穿了他自己，所以希修斯说他因为小心，做了呆瓜。

很好:随他的小心去罢,让我们听听月亮的话。

月亮 这个灯笼就代表有角的月亮;——

第米特里斯 他应该把角安在他的头上[1]。

希修斯 他不是新月,他的角在圆圈里看不见。

月亮 这个灯笼就代表有角的月亮;我自己好像是月亮里面的人。

希修斯 这是一切错误之中最大的错误。这个人是应该放在灯笼里面的:不然怎么是月亮里面的人?

第米特里斯 他不敢到那里面去,因为有蜡烛,你看,他已经生气了。

西波丽达 这个月亮我可够了:希望他也会变化变化!

希修斯 看他那糊糊涂涂的样子,他是在下弦的时候;然而,按照礼貌,按照道理,我们必须忍耐一下。

拉杉德尔 演下去,月亮。

月亮 一切我所要说的,是,告诉你们这个灯笼就是月亮;我,月亮里面的人;这把刺柴,我的刺柴;这条狗,我的狗。

第米特里斯 怎么,一切的这些都应该在灯笼里的;因为这一切是在月亮里面。可是,不要作声!这里茜施比来了。

   茜施比又上。

茜施比 这是老宁尼的坟。我的爱在哪里?

狮子 (吼)呵——

   茜施比跑下。

第米特里斯 吼得好,狮子。

希修斯 跑得好,茜施比。

---

[1] 英国人说妻子不贞的丈夫是头上长了角的,相当于中国的"戴绿帽子"。

西波丽达 照得好,月亮。真的,月亮照得很像样子。

> 狮子撕茜施比的斗篷,下。

希修斯 撕得好,狮子。

第米特里斯 皮拉摩斯这就要来了。

拉杉德尔 所以狮子这就不见了。

> 皮拉摩斯又上。

皮拉摩斯 可爱的月亮,我谢谢你,你的太阳似的光辉;我谢谢你!月亮,现在照得这样明亮;因为,藉着你的仁慈的,宝贵的,灿烂的光辉,我相信能够见到最真心的茜施比。可是站住,好苦呵!可是看,可怜的骑士,这里是多么可怕的不幸!眼睛,你看不看见?这怎么可能?呵可爱的宝贝!呵亲爱的!你的好好的斗篷,怎么!染上了鲜血!来罢,你这残忍的复仇女神!命运女神呵,来罢,来罢,剪断生命的线和结[1];死亡,毁灭,了结,完事!

希修斯 这种悲痛,还有一个亲爱的朋友的死,都会使一个人哀伤。

西波丽达 该死的,我倒真可怜这个人。

皮拉摩斯 呵!为了什么,自然,你要造出狮子?让那万恶的狮子在这里毁了我的爱人?她是——不,不,——她曾经是一切活着,爱着,欢喜,快乐的姑娘里最美丽的人。来,眼泪,流罢;出来,剑,来刺皮拉摩斯的胸膛:嗳,那左边的胸膛,心在那里跳的地方:这样我死了,这样,这样,这样。(刺他自己)现

---

[1] 希腊神话传说命运女神是三个妇人,她们用纺锤纺人的命运的线,到时候就用剪刀剪断,于是人的生命终了。"结"指线上的结头。

在我是死了,现在我是去了;我的灵魂到了天上:太阳[1],不用照耀了!月亮,赶快走路罢!(月亮下)现在死了,死了,死了,死了,死了。(死)

第米特里斯 不是这么多死了,只是一个死了,对他来说;因为死的只是他一个人。

拉杉德尔 比一个,一个人还要少些,因为他死了;他是零。

希修斯 找一个外科医生来,他还可以复活,然后告诉他是一个痴了的驴子[2]。

西波丽达 怎么弄的,月亮在茜施比回来发现她的爱人之前就走了?

希修斯 她会在星光底下发现他的。这里她来了;她的悲痛要结束这个戏了。

茜施比又上。

西波丽达 我想她不用对这样一个皮拉摩斯来上一大段:我希望她要简短点。

第米特里斯 这个皮拉摩斯,这个茜施比,他们来比好坏,真是半斤对八两:他做一个男子,上帝保护我们;她做一个女子,上帝保佑我们。

拉杉德尔 她已经用那副可爱的眼睛看到了他了。

第米特里斯 于是她就要悲泣了,Videlicet[3]:——

茜施比 睡了,我的爱人?什么,死了,我的鸽子?呵皮拉摩斯,

---

[1] 原文 tongue(舌头),许多人认为这是 sun(太阳)印错了或说错了,包吞姆是常常说错字的。

[2] 原文这几句用的是双关语(pun),dice(骰子)和 die(死),ace(一点,一个)和 ass(驴子,傻子),很有含义,中文很难找到这样谐音的字,只好勉强译为"死了""一个""痴了的驴子"等。

[3] 拉丁文,意为"那就是"。

起来！说，说呀！完全哑了？死，死了！一个墓坟就得盖上你的可爱的眼睛了。这个百合花似的嘴唇，这个樱桃样的鼻子，这个黄色的莲香似的面孔，都去了，去了；爱人们，伤心呵！他的眼睛绿得像是青葱。呵，命运的三个女神，来，到我这里来罢，你们的手白得像奶；可是把它们浸在血里，你们竟然用剪子剪断了他的丝做的生命的线。舌头，一个字都不要说了；来罢，忠实的剑；来罢，剑，血染我的胸膛；（刺她自己）这就再会了，朋友们；茜施比就这样完了。别了，别了，别了。（死）

希修斯 剩下月亮和狮子来埋死人了。

第米特里斯 是的，还有那墙。

包吞姆 （跳起）不，我告诉你们；隔开他们两家的墙已经倒了。你们是喜欢看收场白，还是听我们的两个伙计来跳一个贝戈舞[1]？

希修斯 不要来收场白，我请你们；因为你们的戏无需解释。决不需要解释；因为当演员全都死了，也就没有人该挨骂了。真正的，如果写这个戏的人来扮皮拉摩斯，并且他自己吊死在茜施比的袜带上，这会是一个绝妙的悲剧：这就已经，真的，演得很好了。但是，来你们的贝戈舞罢：丢下你们的收场白。

　　跳舞。

午夜的钟声已经打了十二点了；爱人们，去睡罢，差不多是神仙们的时候到了。我怕我们要睡过了明天的早晨，我们今天晚

---

[1] 贝戈舞（Bergomesk dance），一种乡间的小丑的跳舞，来自意大利威尼斯境内的贝加摩镇（Bergamo）。

上熬夜熬到这样的晚。这个粗得糙手的戏倒很好地消磨了夜晚的沉闷。亲爱的朋友们，去睡罢。这个盛典我们要举行半个月，夜夜都有游艺，和新的欢乐。

同下。

第二场　景同前

勃克上。

勃克　现在饿狮吼叫，狼向月亮长嗥；劳苦的农夫正在打鼾，被辛苦的工作完全累倒。现在余火还在发光，凄厉的猫头鹰在厉声啼叫，使得在苦难中的人们想到入殓的尸衣。现在是夜深了的时候所有的坟墓都张开大口，一个个放出它的幽灵，在坟地的小路上飘游；而我们这些仙人，随着三重化身的赫凯特[1]的车马，离开太阳的光辉，像一场梦似的跟着黑暗奔跑，现在我们要来欢乐了：不许有一个小老鼠骚扰这个神圣的屋子；我被派了带着扫帚，先来扫除屋里面的灰尘。

奥伯朗，泰旦妮亚，和随从上。

奥伯朗　在这昏沉的黯淡的火光，还在闪耀着的屋子里；每一个矮人和仙灵，像鸟在枝上一样轻巧地跳跃；跟着我唱这个歌曲并且轻快地跳起舞来。

泰旦妮亚　首先，复习你们记住的歌词，个个字都要合上歌谱：手拉着手，用仙人的风度，我们来歌唱祝福这个地方。

---

[1] 赫凯特（Hecate），希腊神话里的女神，在阴间称 Hecate，在人间称 Diana，在天上称 Luna，一个人有三个名称，所以称她"三重化身的赫凯特"（the triple Hecate）。

唱歌和跳舞。

奥伯朗 现在,直到天亮的时候,个个仙人都在这座屋子里四处巡游。我们要到大喜的新人的床边,让它受到我们的祝福;在这里生出来的儿女永远都将要幸福。所有这三对爱人他们也将要永远真挚相爱;自然的手的污点不会沾染到他们的儿女:不会有黑痣,缺嘴,斑痕,或是什么不祥的标记,那些生来被人轻视的东西,落在他们的孩子身上。带着神圣的野露[1]。每一个仙人走他的路;去祝福这个宫殿里的每一个房间,以欢乐的平安;并且祝福它的主人,永远地享受康宁。快快去罢,不要停留,天亮的时候一齐和我相会。

奥伯朗,泰旦妮亚,和随从下。

勃克 如果我们这些影子不合诸位的心意,只要这样地想,一切都会得到补救,只要想当这些幻象出现的时候,你们不过在这里睡了一觉。并且这个散漫无谓的戏文,无非只是一个梦而已,先生们,不要责备:如果你们原谅,我们要来补救。而且,我是一个诚实的勃克,如果我们有分外的运气现在能够免掉嘘嘘的声音,我们不久就要来补过;不然就叫勃克是个说谎精:这样,祝你们大家晚安。请给我你们的手[2],如果我们是朋友,罗宾一定要来补报。

下。

---

[1] 相传田野里的露水是仙人的圣水。
[2] 还有三种意思:(一)拍手,(二)表示友谊,(三)表示再会。

附录

吕荧年谱简编

吴腾凰、潘怡、潘悦

一九一五年

十一月二十五日，出生于安徽省天长县新何庄一个书香之家，原名何佶，行二，曾用名何云圊，笔名倪平、吕荧、林光耀、何勤等。父亲何锡麒，字葛民，母亲张氏，兄何俊，弟何倬、何偶。

一九一九年　五岁

丧母，由乳母张氏抚养。

一九二一年　七岁

在家发蒙读私塾。

一九二七年　十三岁

寄居扬州李富人巷亲戚家里，读小学。

一九二八年　十四岁

入南京中学实验小学读书。

一九二九年　十五岁

小学毕业，升入南京中学初中部，喜欢阅读革命文学作品，他阅读了鲁迅作品、苏联小说、左翼文学和革命文学理论书籍，还学习写诗和散文。积极从事左翼文艺活动，写诗、散文，向各报刊杂志投稿，还给小报编副刊。

一九三二年　十八岁

初中毕业，升入南京中学高中部。曾因参加革命宣传，被特务监视，得知后越墙脱险。

一九三四年　二十岁

四月，与同学自费出版《新野》杂志，发表小说《偷坝》和诗歌《一九三四年的春天》。

一九三五年　二十一岁

夏，高中毕业，考取北京大学史学系。

十二月九日，参加"一二·九"运动。

一九三六年　二十二岁

二月一日，民族解放先锋队成立，成为队员。

春，参加北平左联领导的浪花社，参与编辑刊物《浪花》。

暑假，到上海跟随一位德国侨民 S. Warletl 学习德文，细心服侍到上海住院做手术的乳娘。

本年，曾跟随一位白俄罗斯教授学习俄语。

一九三七年　二十三岁

八月初，到天津坐船南下，经天长老家取路费，设想与未婚妻张亮蓉同道外出参加抗日，遭张父反对而未遂。先到南京，后到武汉，年底随罗烽欲去延安，到西安后改去了山西临汾。

一九三八年　二十四岁

一月离开临汾，到四川成都休养，病势日趋严重，竟达到卧床不起的程度。

三月二十七日，在武汉参加"中华全国文艺界抗敌协会"成立大会。寄居罗烽、白朗家中。

初夏，拜访胡风，留下诗稿和小说稿请胡风审阅。胡风在《七月》第三集第二期刊发吕荧小说《北中国的炬火》，署名倪平。

一九三九年　二十五岁

秋，更换笔名为"吕荧"，取"有一分热，发一分光"之意。回到西南联大复学。参加中共领导的外围组织"群社"，与生物系学生、共产党员潘俊德恋爱。

一九四〇年　二十六岁

十二月，《七月》第六集第一、二期合刊刊发了他翻译 G. 卢卡契的《叙述与描写》，署名吕荧。

一九四一年　二十七岁

四月，《七月》第六集第三期，发表《人的花朵——艾青、田间合论》。

六月，《七月》第六集第四期，发表他翻译的《普式庚论草稿》（M. 高尔基作）。

秋，西南联大史学系毕业。历史系姚从吾先生推荐他去昆明联大附中任教，他把机会让给了同学。

秋，在昆明车家壁中学任教。开始翻译普希金的诗体小说《欧根·奥涅金》。积劳成疾。

九月，《七月》第七集第一、二期合刊，发表《鲁迅的艺术方法》。

一九四二年　二十八岁

八月，回四川涪陵岳父家，继续翻译《叶甫盖尼·奥涅金》。

一九四三年　二十九岁

一月二十五日，与潘俊德结婚。

四月，翻译的《普式庚论》（即《普希金论》，［苏联］卢那卡尔斯基等）由远方书店出版。

在四川酆都适存女中任教。

一九四四年　三十岁

夏，入四川涪陵中学任教。

九月，生长女玲玲（即潘怡）。

此间，经常去重庆，住在中华文艺界抗敌协会。经胡风介绍，认识共产党人邵荃麟、冯雪峰等，并接触重庆文化界，认识骆宾基等。

《叶甫盖尼·奥涅金》由重庆云圕书屋出版发行。

十二月，革命作家骆宾基因向学生宣传《新华日报》社论，被国民党特务逮捕，吕荧闻讯立即奔赴重庆向党组织报告，设法营救。

一九四五年　三十一岁

二月，在胡风主办的《希望》杂志上发表《内容的了解与形式的了解》，评述杨晦的《论曹禺》。

与何其芳合著《关于"客观主义"的通信》在《萌芽》发表。

夫妇筹资以"泥土社"名义出版论文集《人的花朵》。

一九四六年　三十二岁

春，应学友王德昭邀约，去贵州大学历史系任副教授，教西洋通史、西洋文化史、从文艺复兴到法国革命，同时兼教英语系的课程。翻译的《普式庚传》（即《普希金传》，[苏联] V.吉尔波丁著）由国际文化服务社出版。

与方敬、潘家洵等创办综合性刊物《时代周报》，共出十余期。

三月，生次女美美（即潘悦）。

一九四七年　三十三岁

二月，译作《欧根·奥涅金》（[俄]普希金著），由上海希望社再版。

译作《叙述与描写》（[匈牙利]卢卡契著），由新新出版社出版。

夏，受贵州大学保守势力攻击而愤然离校。

回安徽途中，经湘、沪、宁找不到工作，得友人介绍去台湾师范学院任英语教授。

《论创作的艺术》在《时与文》杂志第一卷第二十二期发表。

一九四八年　三十四岁

此间，为邵荃麟在香港主办的《大众文艺丛刊》撰稿。

十月，论文集《人的花朵》作为《七月文丛》由新新出版社出版。

一九四九年　三十五岁

四月，离台湾，出走香港，应邀去北平参加全国第一次文代会。

五月，应南开大学邀请讲学，谈革命文艺问题。

六月，在《文艺报》第十一期发表《新的课题》。

七月二日，出席中华全国文学艺术工作者代表大会，并加入全国文协。

九月，寓居北京前门旅社，等待分配工作。此间，与"浪花社"同人魏伯、碧野和友人袁水拍等欢聚。分配在《人民日报》社创作组工作，组长王亚平。

十月，随罗烽去大连了解、辅导工人文艺创作。

十月十九日，在《旅大人民日报》发表《鲁迅与人民文学》。

一九五〇年　三十六岁

六月，在《旅大人民日报》发表《加强学习毛主席〈在延安文艺座谈会上的讲话〉》。此间，先后阅读大连工人业余作者数百篇文艺作品，看过多次工人自编自演的文艺演出，实地考察工人文娱活动，组织工人文艺创作组，开展创作活动。《文学的倾向》由上海书报杂志联合发行所出版。

九月，离开大连。

十月，应山东大学中文系主任王统照邀请，担任教授。十九日在《胶东日报》发表《鲁迅的艺术方法》。

十一月，担任山东大学中文系主任，教授文艺学、俄罗斯文学和苏联文学史等。

一九五一年　三十七岁

四月，出席山东省第一届文学艺术工作者代表大会，作了题为《我对于〈实践论〉的体会》的报告。

五月，将学生李希凡《文艺学》的作业——《典型人物的创造》推荐给《文史哲》，十一月一日刊载，此为李希凡学生时代发表的第一篇学术论文。

八月，为山东省学生夏令营作《中国新文学的方向和道路》的讲演。

九月，在《文史哲》第一卷第三期发表《关于工人文艺》。

十一月，《文艺报》第五卷第二期的"关于高等学校文艺教学中的偏向问题"专栏中，发表了山东大学中文系资料员张祺《离开毛主席的文艺思想是无法进行文艺教学的》，揭发吕荧教学中资产阶级的教学观点和立场。

一九五二年　三十八岁

一月二十五日出版的《文艺报》刊出吕荧给编辑部的信，答复张祺的指责。后学校组织批判会对吕荧展开批判。

春末，经上海震旦大学何满子介绍，去上海新文艺出版社从事翻译工作。

三月，《关于工人文艺》由上海新文艺出版社出版。

十月，译作《列宁论作家》，由上海新文艺出版社出版。

一九五三年　三十九岁

一月，译作《列宁与文学问题》（A. 米雅斯尼科夫等）由国际文化服务社出版。

三月，与潘俊德在天津正式办理离婚手续。

夏，拒绝接受山东大学校长的返校邀请。应社长冯雪峰邀请，到人民文学出版社担任特约翻译员。

七月，美学论文《美学问题——兼评蔡仪教授的新美学》在《文艺报》第十六、十七期刊发，后收入《美学书怀》一书。

此间，在中央文学讲习所讲授外国文学课。

一九五四年　四十岁

三月，加入中国作家协会。

十月，译作《仲夏夜之梦》（［英］莎士比亚）由作家出版社出版。

秋，通过冯雪峰，邀请学生李希凡来家相聚。

秋，胡乔木建议人民日报社聘请吕荧和萧乾为文艺部顾问，吕荧任顾问到一九五六年。

十二月，《叶甫盖尼·奥涅金》校改译本由人民文学出版社出版。

一九五五年　四十一岁

一月，购置北京东城区土儿胡同二十一号（现六十七号）房一十八间。

五月二十日，在《人民日报》发表文章《评〈明朗的天〉》。

五月二十五日，全国文联主席团和中国作协主席团举行联席扩大会议，吕荧当众为胡风辩护。

六月十日，中共中央公布《关于胡风反革命集团的第三批材料》的"编者按"中，说吕荧是"胡风集团里面的人"。

六月十九日，被隔离审查。

一九五六年　四十二岁

五月二十六日解除审查。此时精神饱受摧残,健康状况恶化。

一九五七年　四十三岁

在北京养病。

十二月三日,《人民日报》发表吕荧的《美是什么》,该文文前"编者按"是经毛泽东主席审阅的,公开为其平反,恢复名誉。

五月,译作《论西欧文学》([苏联]普列汉诺夫)由人民文学出版社出版。

一九五八年　四十四岁

二月,《艺术的理解》由作家出版社出版。

四月,《美学论原》完稿发表在《哲学研究》第三期,后收入《美学书怀》。

十一月,《再论美学问题》完稿,后收入《美学书怀》。

一九五九年　四十五岁

在北京养病。

八月,《美学书怀》由作家出版社出版。

冬,去上海,被强行送进精神病院。

一九六二年　四十八岁

精神仍不正常,在北京养病,搜集古代字画。

九月十六日,在《人民日报》发表《关于"美"与"好"》。

一九六四年　五十岁

在北京养病，受到冯雪峰、李希凡、牛汉等人的关照。

一九六六年　五十二岁

六月，经公安部批准，收容强制劳动，被押送北京良乡收容所（代号二六八）。

十月，转到北京天堂河农场。

一九六七年　五十三岁

十月，被押送茶淀清河劳改。

一九六八年　五十四岁

继续在清河农场被批斗和强制劳动。健康状况日益恶化，不能起床。

一九六九年　五十五岁

三月五日，于冻饿中含冤去世，埋葬于清河农场。

一九七九年

五月三十一日，公安部为其平反，恢复名誉。

附　录

论吕荧美学思想的价值

朱志荣

同乡先贤吕荧先生，具有高尚的人格和卓越的才华。他虽然因为胡风事件的牵连，失去了工作的机会，乃至英年早逝，未能展开和丰富他的美学思想，而且其美学思想中也不可避免地带有时代的烙印，但是在当时的社会历史背景中，他的美学思想呈现出难能可贵的深刻性和洞察力。他从物我关系出发界定美，提出美是一种观念和一种社会意识，虽然不是严格意义上的美的定义，但是揭示了美的最重要的特征。在当时的社会背景下，他高扬人的主体性，超越了庸俗唯物主义反映论的美学观。他在美学大讨论的环境下提出的观点，实际上已经超越了美的本质的讨论，而重视审美的视角了。因此，吕荧不仅在气节上为人们所崇敬，而且他的美学思想极具创见，对于我们今天的研究仍然有着深刻的启示。

一、美的社会生活基础

吕荧立足于现实的生活基础讨论美，强调主体的能动性，重视实践活动对于美的价值和意义。他认为美不能脱离人的生活和实践。他把美与人的社会生活联系起来，认为美作为人的一种观念或意识与社会生活有关。吕荧是二十世纪五十年代少数受到马克思实践观点影响的美学家之一。吕荧曾经阅读了大量的马克思和恩格斯著作，阅读并翻译了许多马克思主义理论家的著作，汲取了其中的美学和文艺理论的精华。吕荧在论证中频繁地援引马克思等人的观点，并举出从古至今的社会实践活动来论证他的美学思想。他说："马克思所云事物的创造生产的诸规律就是'美的诸规律'，是在实践论的意义上而言的。"[1] 他主张美的东西是"对于人的生活有益，能够增进人的生活幸福的事物"[2] 同时也是按照美的诸规律创造出来的。他的美学思想中包含着实践论美学的萌芽。他还强调美"是人类社会历史的产物。人类在生产中，在社会生活中创造了美的事物，形成了美的概念和观念，这种概念和观念又转化为实在的新的美的事物。"[3] 他的思想中就包含着对实践观念的继承。他强调美的社会性和历史性，反对把美看成是一成不变的。

吕荧继承了车尔尼雪夫斯基的美学思想，重视美与生活的联系，并且比他更进一步，主张从现实出发去讨论美，重视生活的丰富性和复杂性。吕荧认为，美的观念与社会生活的丰富性与复杂性密切相关，其中包含着主体在生活经验中所形成的理想。他重视心灵对物象和事象的映照，强调美与人类生活实践的关系，从而批判了当时以蔡仪为代表的机械唯物主义的反映论观点。他反对蔡仪脱离现实和生活谈美，把客观的审美对象等同于美的机械唯物主义美学观，反对把美简单地等同于物的属性："美是人的观念，不是物的属性。人的观念是主观的，但是它是客观决定的主观，人的社会生活，社

---

[1] 吕荧著，李希凡编：《吕荧文艺与美学论集》，上海文艺出版社1984年版，第510页。
[2] 同上，第509页。
[3] 同上，第495页。

会存在决定的社会意识。"[1]吕荧强调美不是纯客观的存在,而是客观物象在主体心中所形成的观念。

吕荧接受马克思、恩格斯等人的观点,认为人是社会历史的产物,人的感官和感觉中包含着社会历史观念,突出了美的历史性特质。他认为:"美是一个复杂的问题。我们在研究了自古迄今的美的事实之后,可以知道美不仅与事物本身有关,而且与人有关,与人的社会生活、历史时代、各种社会意识有关。"[2]他说:"没有超社会超现实存在的'客观的美',没有超社会超现实的抽象的美学。"[3]吕荧强调美的社会性和创造性,强调美离不开人和社会生活。他反对独立自在的绝对观念,反对机械唯物主义把美看成物的属性。吕荧把艺术美看成一种依存的美,在社会意识形态中体现其价值。艺术作品中充分体现了主体的审美理想。美不能简单地等同于客观事物的特征,更包括主体的情感体验和想象力的创造。他主张美既不是物的属性,又不是超然物外的存在。他反对唯形式的艺术,主张艺术美的形态不只是外在形式,更包含着内在意蕴,强调艺术中形式与社会生活内容的高度统一。

吕荧把美看成是一种社会现象和人类社会历史发展的产物,强调美的社会性特质。他肯定审美对象对于人的社会价值,指出:"许多过去认为是美的东西,如自然界的花木,艺术的雕像等等,我们今天依然认为是美的,因为人类的社会生活共同以自然界为生活和生产的基地,共同进行艺术创作欣赏艺术作品的缘故。这种美的观

---

[1] 吕荧著,李希凡编:《吕荧文艺与美学论集》,上海文艺出版社1984年版,第495页。
[2] 同上,第503页。
[3] 同上,第419页。

念之所以有共通之处,仍然是社会生活决定的。"[1]人类在社会发展的历程中,有很多相同、相通之处,这也影响着人们的审美趣味和价值判断。古往今来的审美现象,包括反映社会生活的艺术作品,都因为社会生活和审美理想的共通性而获得共鸣。吕荧认为,美不是对象的纯形式,形式应当附着于意味。他反对把审美活动局限于艺术活动,但他把对于自然与人生的审美活动,也统一于艺术活动。自然是人化的自然,人生是艺术化的人生。

吕荧认为自然山水的审美价值在于它的社会性:"自然美也就是一种社会美"[2]。社会生活和社会实践在美中有着重要的价值和地位,他强调自然美的社会性。客观的物象、事象存在于特定的社会生活中和历史条件下。物象不只是孤立的物象,事象也不只是孤立的事象,而是与自然背景和社会背景等相联系的。他认为自然对象的审美价值,乃在于它是一种社会存在,而并非是物的自然属性。吕荧是国内学术界较早接受马克思、恩格斯"人化的自然"的观点来论述自然美的学者。他还指出:"这个人化的自然是人的劳动和历史社会的产物。"[3]美的价值不是物象的自然价值,而是人文价值,体现了自然性和社会性的统一。他强调美与社会生活相关,自然的美也同样与社会生活相关,古代的自然美与农业社会相关。

总之,吕荧继承并发展了车尔尼雪夫斯基美在生活的学说,指出美是一种社会现象,强调从人类社会生活中去阐释美。他批判了蔡仪的机械唯物主义美学观,指出美不是对象的物质属性,而是一种社会现象。他发展了马克思、恩格斯社会实践的观点,论述了自

---

[1] 吕荧著,李希凡编:《吕荧文艺与美学论集》,上海文艺出版社1984年版,第498页。
[2] 同上,第404页。
[3] 同上,第403页。

然对象对于主体的审美价值,重视自然美的自然性与社会性的统一,揭示了自然对象的审美价值与社会存在之间的联系,从社会生活的角度去考察自然美的人文价值。

二、审美的主体性

在二十世纪五六十年代的美学大讨论中,很多人从对象入手,缺少美学的基本知识,拘泥于"美"字加以阐发,其中虽然有一些思辩的成果,却必然地处于美学学科的行外。而拘泥于汉字中"美"字理解的发挥,也进入了一种误区。汉字中的"美"是一个含义非常广泛的字,用法也很复杂,从字源学的角度探索它的含义,需要非常严谨。吕荧引用《尔雅》中的解释,诸如"皇皇""休""懿"[1]等,都是形容美的感性形态给人们带来的感受,而不是拘泥于"美"字本身,从中体现出主体的感觉与判断。

吕荧把美与审美联系起来,强调美的主体性。审美与认识不同,美须依存于主体的意识而存在。他反对蔡仪美的绝对性的观点,重视美的相对性。他意识到美是在主观观照客观物象基础上,在主体心中生成的,主体性之中包含着相对性。他从主体性入手解释美的相对性,主体的差异性带来了美的相对性。这种美的相对性也是基于美的观念的差异。他主张没有脱离主体独立存在的美,美必须通过主体进行创造性建构。吕荧强调审美活动中的主观能动性。主体对审美对象的体验和判断,既有对物象的映照,也包含着主体的情

---

[1] 邵晋涵撰,李嘉翼、祝鸿杰点校:《尔雅正义》上,中华书局2017年版,第75页。

感投射，而不仅仅是消极被动的反映。吕荧客观上意识到美和审美是统一的。在《关于"美"和"好"》一文中，他所提及的康德美论，实际上是审美论。他认为美与好，即使是人对自然界的认识，也不能脱离人的社会。他批判蔡仪，认为美不是物的属性，也不仅仅体现在对象的典型性上，而在于主体感受审美对象的观念中。他认为美不是粉和胭脂的物的属性，强调美在于主体所体认的恰如其分的位置："如果胭脂不搽在脸上，搽在鼻子上，那就不美了。粉不搽在脸上，只搽在额头上或只搽在鼻子上，也就不美了。"[1]这就关乎人的社会生活和人的主观意识。又如花的美与不美，风雨凄凄或大雪纷纷并非物的属性，还在乎人的感受。同样的风雨，相对于不同处境的人来说，会有不同的体验。青蛙和癞蛤蟆，从物的属性来说，都体现了自身的完善性，但是青蛙被视为是美的，而癞蛤蟆被视为是丑的，取决于主体的审美观念。而车尔尼雪夫斯基认为俄罗斯人觉得"蛙的形状使人不愉快，何况这动物身上还覆盖着尸体上常有的那种冰冷的黏液；因此蛙就变得更加讨厌了。"[2]这同样与俄罗斯人的审美观念有关。

吕荧说美是人的社会意识和社会观念，审美判断不仅凭感觉，更凭观念。他提出："美是物在人的主观中的反映，是一种观念。"[3]他把美的观念看成是"社会意识形态之一"[4]，强调美的

---

[1] 吕荧著，李希凡编：《吕荧文艺与美学论集》，上海文艺出版社1984年版，第481页。
[2] 〔俄〕车尔尼雪夫斯基，周扬译：《艺术与现实的审美关系》，人民文学出版社2009年版，第9页。
[3] 吕荧著，李希凡编：《吕荧文艺与美学论集》，上海文艺出版社1984年版，第416页。
[4] 同上，第416页。

观念的现实生活基础，强调美的差异性。吕荧强调"社会意识"在美的元素中的重要地位，强调作品内在意蕴的审美价值。美不是一种自然现象，而是一种社会现象，具有人文的价值，其中包含着主体的主体观念。美的观念作为审美活动的尺度，体现在审美活动中，同时也体现在美的创造中。他认为美在于人的尺度，判断美的标准即在于该物是否有益于人[1]。美的生成需要主体的参与，通过创构来实现。美中包含着美的观念，但美的观念不等于美。美不只是是非之分，而主要是好恶之分。

吕荧阐释了美作为一种意识形态与善的类似性，并且论证了两者的相关性。吕荧重视美与善的统一性。艺术创造物为着欣赏，有益于人的精神生活。因此，所谓无利害感是不恰当的。准确地说，是无害而有利的。美不是超现实的，而是基于现实和功利的。在中国的日常用语中，美好不仅是指美，也指善。所以他认同《说文》的"美与善同意"[2]，说明美与善的相关性，并引用孔子的"里仁为美"[3]、孟子以仁义为美加以印证。康德说："美是道德的象征"[4]，说明美在内蕴上与道德的相通之处。在社会观念的层面上，美与善是统一的。在社会性上，道德有时代的烙印，也常常超越于时代的局限，美也是如此。善不是美，美不直接涉及利害，但美经常与善联系在一起。美丑不等于善恶，但美丑与善恶密切关联。我

---

[1] 吕荧著，李希凡编：《吕荧文艺与美学论集》，上海文艺出版社1984年版，第510—512页。
[2] 段玉裁撰：《说文解字注》，中华书局2013年版，第148页。
[3] 程树德撰，程俊英、蒋见元点校：《论语集释》，中华书局2013年版，第262页。
[4] 〔德〕康德著，宗白华译：《判断力批判》上卷，商务印书馆1964年版，第202页。

们通常说美感不涉及利害感，但美必须无害。

衡量美丑的标准，包含在美的观念之中，美的观念是社会历史的产物。美学作为一种人文价值科学，探讨外在物象和事象对于主体心灵的价值和意义。对象的美是相对于主体的审美观念而言的，离开了人，离开了人的观念，便无所谓美丑。美是主体在审美活动中基于对象能动创构的结果，而不只是消极的反映。他把美表述为"人对外在事物的主观反映"，这个反映不是机械唯物论的消极被动反映，而是包含着人的意识，包括人的审美尺度，体现主体的审美理想。在吕荧看来，美中包含着审美的观念，是社会意识的具体表现，审美趣味之中包含着主体在社会环境中所形成的审美理想。

吕荧从主体性出发，重视主体心灵的创造，论证美与审美是统一的。美产生于人们的主体观念之中，而这种观念又是基于物象的，在物象的基础上体现主观的特点。作为一种社会观念和人文价值的体现，美与善是相互统一的。这种对审美主体性的弘扬体现了作为审美主体的人的价值，彰显了人文情怀。

三、物我关系中的美

吕荧主张美在心物关系之中。他提出："美是人对物的观感和评价。"[1]他敏锐地感觉到美的问题在于物我关系。他认为："美是一个多方面的问题，它关系到物的存在，人的生活，人的概念和观

---

[1] 吕荧著，李希凡编：《吕荧文艺与美学论集》，上海文艺出版社1984年版，第499页。

念。"[1] 客观的物象和事象的审美价值依赖于主观的审美判断，而美正存在于物我关系之中。他既强调了美的客观基础，又强调了人的社会意识，并且重视实践的价值。美的特征是由人的价值决定的。尽管美是在主体的心灵里生成的，但是其中确实包含着客观的物象和事象元素。客观的物象或事象是美作为社会意识的根源，是水之源、木之本。

美中包含着物我交融。吕荧并没有否定美中的主观与客观的相关性，他重视美的主客观因素。他反对把美与审美对象简单等同起来，但不否认美的客观基础。他把对象作为美的客观基础的根源。在对美的界定中，吕荧强调主体精神的社会性，强调审美活动的主观能动性和心灵的作用，并没有否定物象和事象的基础。吕荧承认客观事物、社会生活的本源地位。他认为审美对象是客观的，但审美对象不等于美，客观存在的物的颜色、形状、声音等，只是美的基础。

对于客观对象与主观观念如何统一，吕荧与朱光潜先生的观点同中有异。他批判了朱光潜的"美是主客观统一"[2]说，实际上与其他几位论辩的学者观点相比，他与朱光潜之间有着更多的相通之处。他主张"美的观念（即审美观），一如任何第二性现象的观念，它是第一性现象的反映，是由客观所决定的主观，在它里面，客观性和主观性是统一的。"[3] 他承认事物、社会生活等作为第一性的

---

[1] 吕荧著，李希凡编：《吕荧文艺与美学论集》，上海文艺出版社1984年版，第515页。
[2] 朱光潜：《论美是客观与主观的统一》，《朱光潜全集》第5卷，安徽教育出版社1989年版，第51页。
[3] 吕荧著，李希凡编：《吕荧文艺与美学论集》，上海文艺出版社1984年版，第402页。

存在，并将美看成是一种观念或意识，是第二性的存在，是第一性的反映。故他提出美的观念中客观性和主观性的统一。他从审美的主客体关系中阐释美，强调美对事物和人的依存性，主张美存在于审美对象与人的关系之中。

吕荧说："美是一个复杂的问题，它包含着物的因素，也包含着人的因素，还包含着美的概念与其余一切概念之一定关系和联系。"[1] 吕荧认为，美包含着物的因素，客观物象和事象构成了美的基础和前提，肯定了物象和事象作为美和美感的基础和来源。同时他也强调美包含着人的因素，通过主体的观念和意识得以呈现。外在的流水白云、明月清风、花草树木等，都在主体体验的世界中以主观的意识和观念的形式得以呈现。他从物我关系去理解美，又在概念的层面上讨论美与其他概念的关系。美不是物的属性，美是意象的属性。他提出物和物的形象是不可割裂的。美不在事物本身，而常常包含在表象之中。美始终不脱离感性形态，无论是观念还是意识，都必须与物象的感性形态联系在一起。美不只映照了对象，更映照了自身，体现了人的主观体验。吕荧既强调现实生活中的物我关系，更强调观念和意识形态。美就体现在物象通过物我交融而创构的心象之中，因此属于意识的一部分。

吕荧认为，主体审美理想是美的重要特征和条件。他说："美的事物自身是不依赖人的意识为转移的客观存在，然而并不是世界上的一切客观存在的事物，都可以被认为是美的。因此，美的事物需

---

[1] 吕荧著，李希凡编：《吕荧文艺与美学论集》，上海文艺出版社1984年版，第488页。

要有一定的特征或条件（即美的条件），方才能被认为是美的。"[1]这种美之为美的特征和条件，便体现在主体的审美理想中。符合主体审美理想的美的特征和条件就具有审美价值。"美"中包含着审美理想。物象和事象的审美特征，必须符合主体的精神需求，符合主体的审美理想，其中的尺度就包含着主观差异。

因此，吕荧的这些观点与朱光潜的"美是主客观统一"是相通的。他从物我关系中去探讨美，强调美是在主体的审美判断和生活实践之中生成的，认为物象和事象是美作为社会意识生成的根源和基础。他肯定物象和事象作为美的基础，认为美是主体审美理想的体现。他强调美不脱离于感性形态，存在于物我交融的心象之中，指出美和美感是相互统一的关系，是主体审美意识的重要组成部分。

四、美与美感的统一性

吕荧超越当时美学大讨论的寻常思路，将美和美感统一起来思考，打破了当时唯物论和唯心论在美与美感二分上的美学认知困境。在吕荧看来，美不同于认识论的所谓"真理"，美感也不只是由对象而产生的感官快适和心理快适。审美现象与本质是统一的。他强调"审美观念"在审美判断中的价值和意义。在吕荧看来，快感是美感的基础，但是仅仅停留在生理的快感，还不是美，只有包含着主体审美理想的审美观念，美才能成立。人们对于美的判断体现了主体的审美观念。是否美、美的程度、美的意义，都需要通过意识判断。个人的判断，包含着社会的、历史的、时代的烙印，因而与观念相

---

[1] 吕荧著，李希凡编：《吕荧文艺与美学论集》，上海文艺出版社1984年版，第401页。

联系。吕荧说:"辩证唯物论者不仅认为美的意识,美的观念具有社会的历史的内容。而且认为美的感觉,美感或快感也是如此。"[1]他还强调美的动态变化,主体心态的差异,影响着主体的审美判断。

吕荧认为,主体通过意识判断对象,这是一种"不需要多加思考"的直觉判断。如果一定要划分美和美感,那么美和美感两者是统一的,不可分割的。他从以情感为中心的心理体验入手,主张要从美感中重视基于现实生活所形成的美的观念,于是形成审美关系。他批评蔡仪把美和美感割裂开来,认为蔡仪的做法是错误的。吕荧充分认识到美(美的观念和美的概念)与美感(美的感觉)是统一的,强调人的观感和评价,主张美通过审美判断得以成立。

吕荧反对把美感归为生理学的范畴,反对把美的感受等同于感官的生理快感,要求美感超越于快感。吕荧提出美感超越于一般的生理快感,包含着理智的成分。其中他尤其强调了理智的成分。在审美活动中,物我为一,瞬间感官的快适和心情愉悦的美感体验中包含着美的观念,而不只是生理的快感。我们在研究审美活动时,对于理智成分的具体价值和地位,对于强调理智成分的度的把握,则是需要加以重视的。

吕荧强调,在主体性的基础上,既有审美趣味的共同性,也因个体的差异而有着一定的差异性。美与美感的共同性和差异性,都受到了审美观念的支配。艺术美的创造,不仅仅在形式上符合美的规律,还包含着世界观和人生观。我们欣赏古代伟大的艺术品,是因为我们在审美观上与古代有一致之处,但是又有一定的差异。艺

---

[1] 吕荧著,李希凡编:《吕荧文艺与美学论集》,上海文艺出版社1984年版,第505页。

术杰作如云岗石窟等，确实体现了艺术家的审美观念，同时也被历代人们的审美所接受，从中引发共鸣。即古今之间的审美观念是有共同点的，尽管其中也必然有着差异。我们既要看到审美的时代差异性，更要看到跨时代的共性。伟大的艺术品历经千年，魅力依旧，并且形成审美的传统。

吕荧不仅认为美是一种感受，而且将它上升到感性与抽象的统一。感性具体的审美活动，受着抽象的审美观念的支配，体现着包含审美理想的审美观念。这尤其体现在艺术美的创造和欣赏中。这种思想的合理性在于，它把美感中的感受和体验，与审美判断区分开来了。审美判断之中包含着主体的审美理想和审美尺度，因而属于审美观念。在审美活动中，人们正是通过意识和观念，参与审美的体验和创造的。

吕荧更重视在审美快感基础上运用审美观念的判断，所以他不满足于停留在美感的基础上，而更重视基于理智的审美观念的判断。他认为美感作为感官快适，只是美的前提基础，而美的价值和意义，则是奠定在主体意识的基础上的，通过意识进行判断，以美的观念作为标准，从中体现了感性和理性的统一。物象和事象之所以被判断为美，是因为物象和事象符合主体的审美理想，可以带来美感。在吕荧看来，审美需要通过观念作出判断。美是主体以心映物的结果，这就不同于镜子式的反映，不是一种简单的认知反映，而是通过以情感为中心的主体心灵进行能动体验的，主体通过心镜的映照获得审美愉悦，心镜之中必然包含着主体的观念，审美的心灵中包含着理智和判断。他把感觉、美感与判断区别开来，重视判断中主体的社会历史因素，重视观念和意识形态的内涵。

总之，吕荧把美和美感统一起来，超越了主客二分的模式来讨论美，强调美的社会生活基础和物象基础。这是超越传统思维模式的一次大胆尝试，是超越时代的深度思考。他主张从主体思维视角重新判断美和审美。其中既展现了"物"的对象性特性，同时也饱含了主体的意识。人们在美的体验中产生了对美的认知和判断，在审美主体性的社会意识中获得对于美的全新理解和感受。

五、吕荧的理论贡献

吕荧有着很高的理论素养。他在熟悉西方美学的基础上，研究美学问题。在当时国内研究资料贫乏的背景下，他阅读了大量的英文和俄文著作，包括柏拉图、鲍姆嘉通（吕荧译为"邦格腾"）、康德、黑格尔、叔本华、克罗齐、车尔尼雪夫斯基等人的著述，在一定的程度上受到了他们的影响。在二十世纪五六十年代，吕荧在掌握西方美学的基础上，撰写并发表了几篇美学系列论文（1959年曾辑其中的四篇由作家出版社出版《美学书怀》专书），在当时就引起了广泛的重视，呈现了他对美学思考的深刻性。他认为美是一种观念，属于社会意识形态，虽然不能简单地等同于美的定义，但有着深刻性和合理性，从而开拓了研究美的视角和途径，迄今仍具有启发性。

由于时代的局限，参加美学大讨论的学者，几乎都要给自己贴上唯物主义的标签，把论敌贴上唯心主义的标签。吕荧在一定程度上突破了时代的局限，反对机械唯物主义的那种承认美是客观的就是唯物论，承认美是主观的就是唯心论的观点。美学大讨论中的几位干将都试图从美的本质角度去讨论美的问题，但是他们对美的界定都不是严格意义上的美的定义，吕荧的界定也不例外。但是，如果我们超越美的本质和定义来看待他的美学思想,就会发现其中的价值和意义。

虽然二十世纪五六十年代的美学大讨论有四派之说,实际上主要限于美的本质、美学研究的对象和自然美问题的讨论,这四种观点很难说是美学的四个派别,更不能算是四种美学体系。如果说朱光潜、蔡仪二人解放前已经通过专著建构了自己的美学体系,而吕荧、高尔泰和李泽厚在当时尚未形成自己的美学体系。吕荧先生发表在1953年《文艺报》第16、17期上的《美学问题——兼评蔡仪教授的〈新美学〉》客观上是美学大讨论的前奏,稍后又发表了系列论文。他以自己理论思辩的才华、精湛的外语水平和惊人的勤奋,深刻阐明了自己的美学观,从中体现了他的睿智,其中包含着卓见。可惜他后来失去了从事美学研究、深入思考和展开自己美学思想的机会,令人扼腕痛惜。

以往有的学者将吕荧的美学思想划归为唯心论的说法具有片面性。吕荧是从现实生活和实践出发反思美学问题的,具有一定的客观性。他态度鲜明地指出了美的观念基于客观存在的事物,并继承了车尔尼雪夫斯基的美来自生活的观点,认为美是社会的产物[1],表现出基于现实的实践活动开展审美活动的态度。他提出"美的观念是社会生活的反映"[2]的观点,尽管具有反映论色彩,但是不能抹杀他以现实生活为基础的美学思想。吕荧还坚决反对脱离实践、从主观的观念出发思考美的本质问题。这都说明,吕荧超越了时代

---

[1] 吕荧著,李希凡编:《吕荧文艺与美学论集》,上海文艺出版社1984年版,第416页。
[2] 吕荧著,李希凡编:《吕荧文艺与美学论集》,上海文艺出版社1984年版,第404页。

的唯物、唯心之分，体现出主客观相统一的美学追求。

吕荧的理论贡献更在于，他开拓了我们的研究思路。吕荧的美学观基于社会生活，又重视主体性，从物我合一的审美关系中探讨美。打破当时美学研究思路的局限，从美感中体悟与判断美，开拓创新研究视域。吕荧说美是一种观念，一种社会意识，都算不上是一种美的定义，或是美的本质的表述，但是，它们是美的一种重要特征，美中包含着主体的观念，是一种意识的表现。美中包含着主体感知和理智的成分。在审美判断中包含着主体的美的观念，通过审美尺度对物象和事象作出反应。如果我们把他的美是一种"社会意识"或一种"观念"的观点，只是看成是一种特征的概括，而不是美的本质的描述或美的定义，我们便会在他思想的基础上，思考美在何种意义上被视为一种"社会意识"，又在何种意义上被称为"观念"。

总而言之，吕荧从社会生活出发研究美的问题，一方面承认美是感性具体的，具有客观的成分，另一方面也阐明人的精神风貌、人生的状态影响着美和审美。他一再强调美的现实性和社会性，具有一定的现实感和历史感。人们对美的评价，受到人的社会性影响。他重视心与物的融合为一，高扬人的主体性，由此也阐明了美的差异性和相对性。在审美活动中，他主张美与美感是统一的，并且将其上升到观念的层面，强调了美中的观念成分和意识形态特征，是二十世纪五六十年代美学大讨论中的代表性观点，迄今仍有着重要的启示。今天重新审视吕荧美学思想的价值，它的启发性是多方面的，绝不是一个简单的"主观派"可以概括的。我们应当继承吕荧美学思想中有价值的思路，推进当下的美学研究。

二〇二一年三月于上海

编后记

许振轩

吕荧先生是著名文学家、美学家、翻译家,是我们安徽人的骄傲。2021年是吕荧先生逝世五十二周年,我们郑重推出《吕荧全集》,作为献给先生的一瓣心香。

吕荧(1915—1969),原名何佶,曾用名何云圃,笔名倪平、吕荧、林光耀、何勤等,后以吕荧行世。安徽省天长县新何庄人。吕荧先生是诗人,他有"十年诗存",说明他有很长时间进行诗歌创作,他的言行与著译饶有诗人气质与诗的韵味。他较早接受马列主义,并用马列观点观察生活,研究文艺,指导文艺批评。他是翻译家,他精通英文,自修了俄文,在文艺理论方面,他翻译了列宁、普列汉诺夫的著作,向中国作家、学者介绍马列主义文艺理论;在文艺作品方面,他翻译了普希金与莎士比亚的代表作,特别重视对普希金的研究和介绍。他立足点极高,绰有大家风范。

20世纪50年代,他参加"美学大讨论",与朱光潜、蔡仪论争。朱光潜被称为"美是主客观统一"一派的代表,蔡仪被称为"美是客观"一派的代表,吕荧认为"美的起源和发展说明它是一种社会意识",他被称为"美是主观"一派的代表。

关于吕荧,著名作家骆宾基有很高、很准确、很真切的评价,他说:"吕荧有他的基本译著在,这将永远流传于后世。在社会风气中,将起着洁化的作用。它们将永远散播着芬芳,因为译作者本人就是我们民族的花朵。"这好像是对今人说的，这标志着吕荧译著有着顽强的生命力。

关于《吕荧全集》的编选，我设定了四条原则：一是将著作与译作分为两部分；二是著和译各按时代先后编次；三是每卷字数尽量相近，不致畸厚畸薄；四是若内容相近，则作适当调整，而不拘泥于年代次序。

按此，我将《吕荧全集》编为五卷，分为著作卷和译作卷。辑佚文章依内容收于《集外文存（一）》《集外文存（二）》。

著作卷分上、下两卷。卷一，著作卷/上，收《火的云霞》《人的花朵》和《文学的倾向》。卷二，著作卷/下，收《关于工人文艺》《艺术的理解》和《美学书怀》。

译作卷分为上、中、下三卷。卷三，译作卷/上，收《普希金论》《普希金传》和《叙述与描写》。卷四，译作卷/中，收《列宁论作家》《列宁与文学问题》和《论西欧文学》。卷五，译作卷/下，收《叶甫盖尼·奥涅金》和《仲夏夜之梦》。

我不是美学家，不懂美学，但我爱读美学著作，景仰几位美学大家，喜欢编辑美学书籍。我在编辑《邓以蛰全集》《朱光潜全集》《宗白华全集》，并在为《王朝闻全集》和《蔡仪全集》（这两部全集后来未能于安徽教育出版社出版）组稿时，我开始关心吕荧。1993年退休以后，我开始正式收集、整理资料，准备编《吕荧全集》。经我申请，安徽教育出版社将其列入了选题计划。后因我去编《阿英全集》，加之掌握的资料还不够完善，便将《吕荧全集》搁置起来了。这一搁就是二十多年，直到吕荧先生逝世五十二周年，在华东师范大学朱志荣教授极力催促下，黾勉从事，才编成这部五卷本的《吕荧全集》。

编辑出版大家的全集，我以为最好是作者授意下着手进行。因为资料收集、体例安排都能在作者的亲自指导下进行；可以不定卷数，续写续出。这个想法曾得到王朝闻先生的首肯，按这个思路，在简平同志帮助下，我编出了最符合作者理想的、最完美的《王朝闻全集》（后叫《王朝闻文集》）。

我在编邓以蛰、朱光潜、宗白华和阿英的全集时，虽然作者已辞世，但有单位和家属支持，一旦出版社同他们谈妥出版意向，子女即把保存完好的书稿奉献出来，所以编辑工作也进行得十分顺利。

编《吕荧全集》却没有这样顺利了。在很长一段时间，我找不到吕荧的亲人，直到最近才找到吕荧的女儿潘怡，她在美国生活。潘怡除了对我表示感谢、让我全权负责外，为全集提供了照片、手迹等珍贵资料。在此，对她表示感谢。

出于热爱与理想，我独自承担起了书稿收集、整理、编辑工作。先是收集吕荧著作。由于历史原因，多年来，出版社没有再版吕荧的译著，书店不卖吕荧的书，一些大中院校图书馆所藏的吕荧的书也大多封存或销毁了。我好不容易从"合肥×中"处理品中找到了一本《艺术的理解》，上面盖了"图书污染"章；从北京"××学院"图书馆处理品中找到一本《火的云霞》，上面盖了"封存注销"章，可见资料不容易找到。我的办法是到朋友的书房里寻觅，到书摊上高价收买。其次是到大图书馆找书复印。年代久了，不能复印，我便抄，整本地抄。

个人力量毕竟有限，我编《吕荧全集》，主要靠朋友们的支持。我到芜湖访书找到安徽师范大学的王明居和陈育德，两位教授都是研究美学的，听说我要编《吕荧全集》，将他们珍藏的四本吕荧著作无偿地赠给了我。到北京访书，中央美术学院的沈宁同志从处理品中找到吕荧著作复印给我。给予我支持最大的是上海交通大学的任雅君同志。吕荧早期著作，难得一见，雅君同志都一一为我找到，一一为我复印。其中一本《普希金传》（吕荧译《普式庚传》），当时我没有看到关于吕荧翻译这本书的记载，而雅君同志找到了并复印给了我，还注上什么时间、哪家出版社出版的。复印这么多资料，他们都自掏腰包、不要一分钱。他们不是我的同学，不是我的同事，更不是我的亲戚，只是朋友，且不常来常往，他们不计名利，所做的一切，只是出于对朋友的关心，对编辑《吕荧全集》的支持。可以这样说：没有朋友的关爱支持，就不会有《吕荧全集》。在《吕荧全集》出版之际，我对这几位朋友谨致以最真挚的感谢。

此外，我还约请华东师范大学中文系朱志荣教授撰写了《论吕荧美学思想的价值》专论，约请学者吴腾凰同志撰写了《吕荧年谱简编》。这对读者阅读吕荧、研究吕荧是极有价值的，我和读者都对他俩表示衷心的感谢！

我曾把大家全集的编辑工作概括为"全""精"二字，至今仍适用。安徽教育出版社对这套全集的编辑出版非常重视，做到"精"的程度，大概是不会有悬念的。至于不"全"，是我没有尽到责任。我不能用"全集总是不全"的套话来推卸责任，大概还有吕荧的著作和译文没有能收进来。但我是八十八岁的垂暮之人，今天只能做到这个地步，补订工作只好期待来哲了。

二〇二一年五月于面壁斋